不屈の鉄十字エース

〝ブロンドの騎士〟エーリッヒ・ハルトマンの闘い

HOBBY JAPAN
軍事選書

THE BLOND KNIGHT OF GERMANY

レイモンド・F・トリヴァー
トレヴァー・J・コンスタブル
時実雅信 訳

Hobby JAPAN

アドルフ・ガーランド元中将（戦闘機部隊総監1941〜1945）による序文

友人のレイモンド・F・トリヴァー大佐とトレヴァー・J・コンスタブル氏から、エーリッヒ・ハルトマンの伝記の序文を依頼され、喜んで引き受けた。それには以下に述べるようにいくつかの理由がある。

まず、第二次世界大戦中に私の指揮下にあった歴代の戦闘機パイロットの中で、トップの成績を収めた人物にこのような形で敬意を表することを私は光栄に感じる。〝ブビ〟・ハルトマンと私は、彼が十年半にわたるソ連での監禁から解放されて以来、個人的な友人でもある。もし、一九四五年に私が第44戦闘団（JV44）に加わるよう言った時に彼がそれを承諾していれば、彼の人生は変わっていたかもしれない。東部戦線にいた彼が部隊に帰りたいと望んだために、十年半もの間、ソ連の支配下に置かれるという災難に見舞われたのだ。

ドイツ人戦闘機パイロットの仲間たちは、エーリッヒ・ハルトマンの物語を世界に紹介する役目を担うのは、誠実で公正な尊敬すべき二人のアメリカ人作家こそが適任だと考えている。二人のおかげで第二次世界大戦におけるドイツ人戦闘機パイロットの記録が、国際的かつ歴史的に認識されるようになったのだ。エーリッヒ・ハルトマンの撃墜三五二機という世界記録を含めた偉業は、本書によって裏打ちされ、光を当てられることになると信じている。

アメリカの友人たちが、エーリッヒ・ハルトマンを長年にわたり丹念に研究し書きとめたこの物語は素晴らしい内容を持っている。ハルトマンがどのように独自の戦術を確立していったのかが詳細に語られているだけでなく、感動的な人間ドラマも描かれている。読者は、単なる戦闘機パイロットや軍人ではなく、兵士としての権利を剥奪され孤独な十年半の間、その人格を試され続けた男に出会える。その背景には、この困難な世の中で必要とされる生涯の愛情物語がある。

これは戦闘機パイロットについて書かれた最も注目に値する本である。そして、彼が一流のパイロットとして生きたゆえに、なおさら注目に値するのだ。本書は航空史に加えられるべき価値を持っており、著者は国際的な親善と相互理解に貢献した。

私は著者にこう言わなければならない、「私たちドイツ空軍の元戦闘機パイロットは、あなたたちに感謝している」と。

謝辞

著者として、この本の制作に際して協力が不可欠だった多くの人々に謝意を表したい。ミュンヘンのドイツ航空史家の故ハンス＝オットー・ベーム氏は、著者たちをエーリッヒ・ハルトマンに紹介し、この物語を世に問ううえで重要な役割を果たした。ミュンヘンのドイツ戦闘機パイロット協会の資料専門家で、かつてハンス＝オットー・ベームの助手だったハンス・リング氏は、ベームの著作を英語に翻訳するなど著しい貢献をしてくれた。

エーリッヒ・ハルトマンの家族の協力もまた計り知れない価値があった。妻のウルスラ（ウーシュ）とその母親、弟のアルフレート・ハルトマン医師と母親のエリザベート・ハルトマンは本書に多大な貢献をしてくれた。第52戦闘航空団にいた多くのドイツ人戦闘機パイロット、航空医官らの要員の方々は数限りない質問を許してくれた。また、ソ連に抑留された多くの元ドイツ人捕虜は、監獄でのつらい思い出を提供してくれた。エーリッヒ・ハルトマンの整備班長だったハインリッヒ・〝ビンメル〟・メルテンスは、世界で最も成功した戦闘機パイロットの人物像を描くために彼独自の視点から貢献してくれた。

第52戦闘航空団の生存者が東ドイツから秘かに持ち出した第52戦闘航空団第Ⅲ飛行隊の作戦日誌

を入手できたことは、とりわけ喜ばしいことでった。

名前は伏せておくが、我々の労力を大幅に軽減してくれた文書を提供してくれたある人物に深い恩義を感じている。

この十年間、お世話になった方々をすべて挙げると間違いなく数ページを費やしてしまい、それでも意図しない漏れが出てきてしまう。そこで、ご協力いただいたすべての方々に心からの感謝を捧げる。

著者

はじめに

　歴史は空の英雄を寛大な態度で手厚く扱ってきた。航空史において活躍した人物のほぼすべては、後世のためにその功績が詳細に記録されており、中でも戦闘機パイロットは尊敬をもって扱われてきた。彼らは二十世紀が生んだ新しいタイプの戦士であるだけでなく、大量の物質が支配する近代戦の非人間性に飲み込まれることがなかった唯一の兵士であった。

　戦闘機エースたちは、今や古めかしい正々堂々とした戦いの概念を、数十年の間ではあったが、存続させたのである。個人の戦闘技量や闘志が勝敗を左右するような人間同士の戦いは、陸戦や海戦では姿を消したが、航空戦ではそれが中心的な要素であった。騎士道精神は空の戦闘において現代的な様相をもって保たれていた。

　各国を代表する戦闘機エースたちには、必ずロマンスがつきまとう。それは、機械化された戦争が、戦闘員だけでなく女性、子供、老人をも大量に殺戮するようになった時代においても、飛行家同士の戦いには、まだ美しさが残されていたからかもしれない。フォン・リヒトホーフェン、マノック、フォンク、リッケンバッカー、ベルケ、ボング、ジョンソン、ガーランド、バーダーなどのエースが名を残しているが、これまで最も成功した戦闘機エースであり、すべての国とすべての戦争で最も成功した戦闘機エースであるドイツのエーリッヒ・ハルトマンは忘れ去られている。エーリッヒ・ハルトマンは第二次世界大戦終結から四半世紀近く絶った今でも、ほとんど無名の存在である。もちろん、戦う飛行士たちの功績を信仰するがごとく熱愛する航空史愛好家には認知されているが、エーリッヒ・ハルトマンの人生と経歴はごくわずかな信奉者だけの間で劇的な出来事として流布していたにすぎない。

また戦後の出来事や彼自身の事情も重なり、元軍人エーリッヒ・ハルトマンについて語る機会は阻まれてきた。激しい戦争が終わると彼はソ連の収容所に入れられ、十年半の間不法に監禁されていた。戦後世界は彼の不在のうちに進んでいった。彼はその試練の中で、何百万人もの人生を変えた冷戦における無名の英雄となっていた。ソ連の秘密警察との孤独な闘いは、戦闘機パイロットとしての功績をはるかに凌ぐ価値があるものと著者は見ている。

三五二機という驚異的な空中戦の勝利記録は、戦闘機による究極の偉業だった。ドイツ軍戦闘機パイロットの撃墜数は連合軍の最高記録の数倍にも上るため、戦後数年間、連合国側にはあまり受け入れられなかった。連合国から見れば、到底信じられないような撃墜数を説明しなければならなかったからだ。

この点に関して連合国側では、まったくのデマだけでなく、中途半端な真実や誤解が広く流布された、そのため、不心得者はドイツの撃墜記録が疑わしいものだと信じ込んでしまった。典型的なのは、ドイツ軍パイロットは墜落した航空機に付いているすべてのエンジンを撃墜数として数えていたとか、中隊長は部隊の勝利をすべて自分の手柄にしたといった主張である。一九五〇年代半ばに共著者であるトリヴァー大佐（当時、駐英アメリカ空軍第20戦術戦闘航空団の指揮官）が、ドイツ空軍の記録法を徹底的に調査するまで、こうした偽りが広く流布していた。

こうした努力によりドイツ軍の撃墜数はその信憑性に疑いはなく、さらにドイツ空軍が戦闘機パイロットに撃墜認定を与える際の綿密な手続きは、第二次世界大戦中のアメリカ軍やイギリス空軍よりもはるかに厳格であると判明した。ドイツによる撃墜確認方法は、著者の前著『Fighter Aces』『Horrido!』『Fighter Aces of the Luftwaffe』で詳述している。したがって、読者はエーリッヒ・ハルトマンの三五二機撃墜の記録を、確かな検証を経たものとみなして良い。

ドイツ軍の撃墜認定手続きに関する調査は、やがて著者とエーリッヒ・ハルトマン、そしてその家族との間に個人的な温かい友好関係を築くきっかけになった。ソ連の牢獄での十年が過去の出来事となるにつれ、彼はあの苦難と非道な残酷さの時代について、より多くを語れるようになった。著者は、この控えめな男が自分の体験を話すようになるにつれ、彼の物語は戦争に対する告発としてだけでなく、世界が内務人民委員部（ＮＫＶＤ）型の精神支配に置かれた場合に、何が待ちうけているのかを明確に警告するものとして語られるべきであると確信した。

レイモンド・Ｆ・トリヴァー退役大佐
トレヴァー・Ｊ・コンスタブル

カリフォルニア州ロサンゼルス
一九七〇年

目次

カバーイラスト
黒川健史

カバーデザイン
金井久幸
［TwoThree］

本文デザイン
川添和香
［TwoThree］

編集協力
アルタープレス合同会社

●本文中の語句に付された数字は、各章末にまとめた原注の番号に対応する。●訳者・編者による注は本文内に[]で挿入した。●本文中、原著者の見解などが述べられる部分での「いま」「今日」「現在」などは、原著が上梓された時代（1970年）を指す。また、文中で触れられている人物の経歴・肩書きなども当時のものである。

第一章　英雄の度量

世界は勇者に対する陰謀を絶え間なく繰り返している。
――ダグラス・マッカーサー陸軍大将

第二次世界大戦終結から八年後、ウラル地方のディアテルカ収容所で、痩せこけたドイツ兵たちは人生にほぼ望みを失っていた。彼らは復讐に燃えるソ連政府によってロシアの奥地に監禁されている。兵士としても人間としてもあらゆる権利を剥奪され、祖国では半ば忘れ去られた存在となり、文字通り途方に暮れていた。ドイツへ帰還し愛する人々に再会できると信じる者はほとんどいなかった。収容所の日常生活では、自分たちの境遇に無関心で禁欲的な態度でいるほかなかったが、一九五三年十月の朝、あるドイツ人捕虜が到着するとの噂は新たな希望となった。

エーリッヒ・ハルトマン少佐は心に傷を負った捕虜たちに、再び生命力を掻き立てる特別な資質を備えていた。ディアテルカの厳しい兵舎では彼の名がささやかれ、捕虜たちはその到着を待ち望んだ。ハルトマンはドイツで最も名声を得た戦闘機エースであり、騎士鉄十字章にダイヤモンドを加えた最高位の勲章を授与されていた。彼らにとってハルトマンはソ連の秘密警察と長年にわたり戦ってきた大いなる英雄で、抵抗の象徴だった。

人として指導者としての彼の真価は、ディアテルカに到着した時の光景に現れていた。土煙を上げながら捕虜を乗せた護送車が走ってくると、痩せこけた捕虜たちが収容所の敷地を金網に向かって猛然と押し寄せた。緊迫した雰囲気が収まると、武装した看守が注視する中、新参者が降りてきた。型崩れした囚人服姿の捕虜の中で、亜麻色の髪に青く鋭い目のひょろ長い中年男はひときわ目立った。

金網にしがみつく捕虜の一人が「彼だ。ハルトマン！」とつぶやいた。

柵の向こう側にいる痩せこけた群衆は、故郷で行われるサッカーの試合を観戦するように、耳障りな歓声を上げて手を振っている。金髪の男は彼らの自発的な挨拶にニヤリと笑って手を振ると再び歓声が沸き起こった。緊張した看守がハルトマンと仲間の捕虜たちを金網の内側に押し込んだ。武装したロシア人もハルトマンについては聞いており、ディアテルカで監視されている貧相なドイツ兵と同じように、ここに真の指導者が現れたことを理解した。彼はソ連にとって最も価値があり、しかも厄介な捕虜だった。

ハルトマンはハンガーストライキで何度も死の淵をさまよい、そうした反抗的な行動は前年のシャフティ収容所で頂点に達した。シャフティでは戦犯とされた元ドイツ兵が奴隷として炭鉱で使役されていた。ここでハルトマンが労働を拒否したことがきっかけとなって小規模な反乱が起こり、この出来事は収容されているドイツ人の精神をことごとく高揚させた。

これは脱獄不可能な囚人たちが味わった物語である。彼らは日々人間性の喪失に抵抗し、生命力を消費していた。シャフティ収容所のロシア人当直士官とその部下は制圧され、同志によって独房から解放されたハルトマンは、収容所の悲惨な状況を是正するため先頭に立って活動した。彼は冷徹にも多くのドイツ人捕虜が脱走するのを思いとどまらせ、代わりにシャフティの奴隷収容所を調査する国際委員会の設置を要請した。

これに激怒したロシア人はハルトマンをあえて殺さず、ノヴォチェルカスクにある別の収容所（ディアテルカ）で独房に幽閉した。シャフティで反乱を起こした彼の仲間はディアテルカに送られ、反乱の噂話が伝わることとなった。厳重に管理されたディアテルカ収容所で、捕虜たちはハルトマンを熱烈に歓迎した。

ウラル山脈のスベルドロフスク近郊にあるディアテルカには、ソ連の手中にあるドイツ要人のために、刑務所の中の刑務所というべき特別な内部区画があった。鉄条網の向こうには一二人の衰弱したドイツ人将校がおり、いずれもドイツ名家の著名人やエーリッヒ・ハルトマンのような〝戦争犯罪人〟だった。最大限の厳戒態勢にある囲いの中で大歓迎を受ける金髪の男は、もはやロシア人の目には自国の法律と従来の兵役規定の下で義務を果たしただけの兵士ではないと映った。ソ連の秘密警察に対する彼の執拗な反抗は、ソ連のいかさま裁判で戦犯としての〝有罪判決〟につながった。

一九四五年、ハルトマンはドイツ空軍第52戦闘航空団の飛行隊と共にアメリカ軍の戦車部隊に降伏し、その後ソ連側に引き渡されたが、ソ連や東ドイツの手先として働くことを断固拒否した。脅迫や誘惑、賄賂で釣ろうとするロシア人に六年も抵抗し続けた。ソ連の工作員として祖国ドイツで働くなら家族の元に帰れるという、最上の褒美をともなう取引にも抵抗した。六年後、ソ連はハルトマンが自分らに協力することはないと確信し、彼を戦争犯罪人として裁判にかけて二十五年の重労働を課した。彼の返事は「銃殺しろ」だった。

ソ連での苛酷な監禁は長期間にわたり、捕虜の人格は厳しく試された。あらゆる地位のドイツ人が魂を蝕む苦痛にさらされ、多くの者が屈服した。今日、アメリカには、アジアの共産主義者に捕らえられ、同じように戦争犯罪人の烙印を押された若者たちが、こうした監禁の刑罰を受けているという悪夢のような情報が寄せられている。不屈に見えたハルトマンにも限界があった。何年もの間ソ連での監獄生活を耐えた者は、あのような非人間的な状況では誰だろうと限界点があると口をそろえる。

監禁生活においては上級将校が兵卒よりも弱いことが証明され、実際のところ、彼らが破局を迎えた時はひときわ哀れだった。内務人民委員部の挑戦に対処した将校は、下士官よりも弱いことが実証済みだった。年齢、経験、家柄や教育など、人格や知性の形成を支配する各種要素は、人格の崩壊を防ぐのにほとんど、もしくはまったく役に立たなかった。最も長く試練を生き延びるのに、力の源泉となるものが二つあった。

その一つ、宗教はソ連の監獄に収監された者にとって個人的に力強い拠り所をもたらした。信念に従おうと狂信的であろうと、信仰を保てば抵抗できた。もう一つは無条件に円満な家庭生活を経験し、それゆえに家族はきっと自分を待っている、と信じ続けられた者が高潔さを保てた。彼らは愛の鎧を身にまとうことでとりあえず持ちこたえ、この不思議な力に支えられた。エーリッヒ・ハルトマンは後者の部類に属した。

ソ連に拘束された彼の精神的、道徳的な力の源泉は「ウーシュ」と呼ばれる妻のウルスラだった。戦争の栄光の日々が潰え、ソ連による幽閉という黒いベールが彼と人類の間に引かれた時、彼女は魂の光となった。彼女は彼の業績に決して欠くことのできない存在である。彼女がいなければ、彼は十年にわたりソ連の監獄で生き延びることもできず、再生の奇跡も起きなかっただろう。

ハルトマンはソ連で監禁されている間、捕虜仲間の誰もが認める最強の男であるだけでなく、天性の指導者として選ばれた者の一人だった。ドイツが廃墟と化し、すべての軍規が自然消滅すると、ドイツ人捕虜は彼らの間から自然に立ち現れた指導者のみを認めた。こうした自然な流れから頂点に立つ者が出てきたのである。

階級、勲章、年齢、学歴は何の意味もない。人を従わせる手練手管は何の価値もない。ソ連の監獄には役立たずで裏切り者の将軍もいれば立派な下士官もいた（不屈の下士官が腐敗した将校と肩を並べていた）。立ち現れた指導者は人格、意志の力、忍耐力においてドイツ人として最も力強い男らしさを持っていた。

ソ連の手に渡った時、二十三歳の若さだったにもかかわらずハルトマンは頂点に上り詰めた。彼はほとんど筆舌に尽くしがたい肉体的・精神的な苦難にあって、自分自身と多くの同胞を十年以上支えることができた。歴史上、そして現代の状況下でも、これほど長期にわたり堕落を誘う悪巧みに晒された戦争の英雄は稀だ。こうした試練を乗り越えたことは、勲章よりも彼の英雄的な資質を明瞭に証明している。

ハルトマンの強さの源泉は内務人民委員部の手の届かないところにあった。それらは彼の家庭環境、自由な生い立ち、生来の男らしさにあり、美しい女性（彼の妻）の不滅の愛によって強化され重なり合っていた。彼の性格は両親の長所を併せ持っている。医師だった父親は物静かで礼儀正しく、昔のヨーロッパ人医師が持つ仲間に対する深い思いやりと、現代人に大きく欠ける透徹した実践的な知恵を持っていた。母親は、私がこの原稿を書いている今も健在だが、若い頃は陽気で精力的、進取の気性に富み、向こう見ずで活気に満ちた外向的な女性だった。

ハルトマン医師は仕事の息抜きにビールを飲みながら静かに哲学するのが楽しみで、豪放な金髪の妻はドイツで女性がすることかどうか社会的に認知される前に飛行機で飛んでいた。思い切りの良さとどこまでいけるか見極める賢明さ（これが戦闘機パイロットとしてエーリッヒ・ハルトマンを最も成功させた重要な要素）は、両親の資質に由来する性格の特徴である。こうした遺伝的な資質と、彼自身の独自な才能が出会い、混ざり合ったのだ。

彼には勝利と克服に対する激烈な意志があった。彼の率直な思考と言葉は、偽善者を不安にさせ、小心者を奮い立たせ、勇者には挑発的なもとなる。群衆効果と服従の時代にあって、彼は手に負えない個人主義者である。最強の戦闘機エースであるだけでなく、真っ向から人生の難局に立ち向かう意味でも根っからの戦士である。

問題を堂々めぐりするようなことは人生をかけてもできない。外交官の役をするにはぶしつけで鼻につくが、スポーツマンでありフェアプレーを愛する。争うのと同じぐらい簡単に握手するのだから、公正で正直な者が彼を恐れることはなかった。フェアプレーの概念が希薄になった現代において彼はある意味、時代錯誤で、かつての騎士のように鞍から叩き落としたばかりの敵をすぐに拾い上げるのだ。

飛行兵として彼は空中戦で多くの敵パイロットを殺したが、日常生活では意識して他人を傷つけないようにした。彼は、ソ連において屈することのなかったドイツ人を賞賛し尊敬していたが、彼自身は特に宗教的ではない。彼の信仰は良心によるもので闘争心の延長線上にある。かつてジョージ・バーナード・ショーは「自分自身を犠牲にしようとも、決してやってはいけないことがあると考えるタイプの人間が確かにいる。そんな人物は宗教家と呼べるかもしれない。あるいは〝紳士〟と呼ぶこともできる」と表現した。エーリッヒ・ハルトマンの行動規範（ある意味で彼の宗教）は、彼が悪いことだと確信すれば何であれやらない、というものだ。

この変わり種の黄金律は、人生でいささかも曖昧さを認めない白黒をつける信念からきている。

彼は、おそらく父親から受け継いだ古風な道徳観と、今日の若いドイツ人パイロットに慕われるような真実を求める姿勢を持っている。ソ連の監獄で彼の精神力は、愛しいウーシュの姿に集中した。正式な宗教の信仰で生き延びた者と同様に、妻を中心にした平和な家庭の心象風景は、家に戻れば万事うまくいくという確信を彼にもたらした。ウーシュへの信頼は揺るぎなく、百倍にもなって心を満たした。

エーリッヒ・ハルトマンは自分自身とウーシュのことだけを考える利己的な人物だったのか？とんでもない。実際は彼がソ連の監獄に身を晒す必要はなかった。終戦直前、ハンス・ザイデマン将軍は彼にメッサーシュミット戦闘機で自分の部隊と一緒にチェコスロヴァキアを離れ、ドイツ本土に向かうよう命じた。将軍は降伏先をイギリス軍にするつもりだったのだ。ザイデマンはソ連が空戦の宿敵であるハルトマンに復讐するのが分かっていた。この安全な所に向かえという命令は、彼が戦時中に上層部から受けた最後の命令になった。

だが、金髪の若い少佐はこの命令にあえて背いた。ドイツ難民（女性、子供、老人）や彼の飛行隊に所属する男たちの親族が何千人もいる。軍の命令であり従うべきだったが、それよりも士官として人間として、ここに残るのは避けられない責務だと信じた。無防備な民間人と共に留まる決断によって、ハルトマンは人生の十年以上を犠牲にすることになったのだ。謙虚なことに、彼が自分の払った犠牲について語ることはなかった。謙虚さは青い瞳や金髪と同じように彼の一部なのだ。その証拠に、本書の準備のため十二年以上も交流した間に、彼はザイデマン将軍の命令について著者たちに一度も話さなかった。この情報は他人から得た。それについて尋ねるとハルトマンは肩をすくめただけだった。

自分に厳しく、ソ連の圧力に屈した同志を内心では許している。どんな人間にもある限界に達するのが早い人間もいる。それがハルトマンの考え方だった。ドイツにいる妻が欠席裁判で離婚を成立させるなど、感情を極限までめちゃくちゃに打ちのめされた仲間の捕虜を力づけようと尽くした。なだめて現実に引き戻すために平手打ちもした。彼自身が困難な道にあったので、仲間は独自に行動しないかぎり彼に従った。

一九五五年、アデナウアー首相によって彼の釈放が決まった時点で、ソ連にはまだ多数のドイツ人捕虜が残っていた。すでに西ドイツでは人々が自由を手にしており、帰国した彼を祝ったのは元捕虜仲間とその家族だった。十年ぶりに触れた自由の地であるヘルレシャウゼンの鉄道駅は騒然としており歓迎の熱狂に包まれていた。後日、故郷のヴァイル・イム・シェーンブッフ近郊のシュトゥットガルトで、大規模な祝賀会が計画されていると彼は聞かされた。戦争捕虜協会が主催し公人も参加が予定されていた。

痩せこけたハルトマンが感動したのは明らかだ。しかしその後、「そんな歓迎会は必要ない」と言い出して出迎えの人々を驚かせた。そんなお祭り騒ぎには参加できないという。新聞記者は「なぜ、シュトゥットガルトの仲間が心から歓迎するのを受けないのか」と尋ねた。

「ロシア人は私たちとは人生観が違うので。このような祝賀会を行ったと知れば、ソ連はドイツ人捕虜をこれ以上釈放しないと決めるかもしれない。私はロシア人をよく知っている。ソビエト連邦で同胞が投獄され続けており、この点を恐れている。彼らが全員帰国したらお祝いをしましょう。その間、ソ連で捕虜となっているすべてのドイツ兵が送還されるまで、私たちは安らいではならないのです」

ソ連の秘密警察と十年にわたる闘いでハルトマン本来の率直さは強まったが、ソ連の捕虜になるずっと前からその気質を持っていた。どこまでも率直で間違ったことはあけすけにものを言う。ナチス政権時代、ヒトラーに継ぐ地位にいたゲーリング元帥でさえ自分の間違いを指摘したハルトマンを服従させられなかった。

第三帝国の防空が航空機よりも深刻なパイロット不足に悩まされていた一九四四年一月、ハルトマンはユーターボーク近郊に住む母を訪ねた。天候が悪化する中、彼は近くの航空基地に降り立った。彼自身も二十二歳だったが、この飛行場を拠点にする戦闘飛行中隊のパイロットがあまりにも若くて衝撃を受けた。以前ソ連に駐屯する彼の部隊でも若者を目にしていたが、ここのパイロットたちは高校生にしか見えなかった。

母を訪問して基地に戻ると、数時間前に着陸した時に崩れ始めていた悪天候を突いて部隊が出撃していた。彼らはアメリカ軍の爆撃隊を迎撃するのが任務だった。限られた訓練とさらに少ない実戦経験のために、この悪天候では爆撃機を見つけられず一発も銃弾を撃たずに十人の若者が墜落して死んだ。激怒した金髪の騎士はゲーリング元帥に手紙を書いた。

元帥殿

今日もあなたの命令でこの飛行場から悪天候を突いて戦闘機隊がアメリカの爆撃機を発見し撃墜するために飛び立ちました。天気が悪かったので私は離陸に気乗りしませんでした。あなたが送り込んだ戦闘機は敵機を見つけられず、とても若い十人のパイロットと飛行機が敵に一発も撃つことなく失われたのです。

私がこの部隊で言葉を交わした今は亡き若いパイロットには、飛行時間が八十時間に満たない者がいました。晴天でも爆撃機に勝利できないのなら、悪天候で若者を死なせるのは犯罪行為としか言いようがありません。

快晴を待って爆撃機が来てから、ある程度の成功確率で一気に全員を送り込み急襲させるべきでしょう。今日のように若者の命を無駄にするのは恥ずべき行為です。

敬具

E・ハルトマン大尉

第52戦闘航空団

エーリッヒ・ハルトマンは手紙に現住所を明記し普通郵便で直接ゲーリングに送った。手紙の口調と内容は、たとえ一流のエースでも処分を受けるのに十分だったが、ゲーリングからは彼を世界で最も成功した戦闘機パイロットとして讃える電報が来た。手紙は元帥に届くよう意図して書かれ郵送されたが、おそらくゲーリング本人は金髪の騎士の手紙を目にしなかっただろう。

ハルトマンの人生は栄光と挫折の繰り返しで戦争と平和の戦士だったために、これまで出版された限られた資料では彼の明るい性格はほとんど考察されていない。彼には人生を大いに楽しむ才能があり、母親に似て陽気でユーモアのセンスがあり、友人や旧友、新生ドイツ空軍の若いパイロットが集まる懇親会では老練な戦士がもてはやされる名士となる。この若者の中身は成人男子とはほど遠く、遊びが好きな少年だ。

一九四二年に彼が東部戦線に行くと、その少年っぽさからたちまちドイツ語で少年や若者を意味する「ブビ」のあだ名がついた。当時の彼は実に面白い男で、長年にわたり個人的な友人でもある戦友のヴァルター・クルピンスキーは、ブビ・ハルトマンがベルヒテスガーデン（総統の山荘）の高尚な雰囲気の中でさえ、ヒトラーから直々に勲章をもらう前におどけたと語っている。

一九四四年三月三日、第52戦闘航空団を代表する四人のエースは、勲章を授与されるためヒトラーの「鷲の巣（ベルヒテスガーデン近郊にあるヒトラーのゲストハウス）」に向かった。このエースとはゲルハルト・バルクホルン、ヨハネス・〝クバンのライオン〟・ヴィーゼ、ヴァルター・〝プンスキー伯爵〟・クルピンスキー、ブビ・ハルトマンだった。彼らの軍歴はハルトマンと交差しており、いずれも本書の後半で扱うが、この日のバルクホルンはドイツで二番目に高位の勲章である柏葉剣付騎士鉄十字章を授与された。

ザルツブルクに向かう列車で知り合った四人は車掌とも仲良くなった。車掌はパイロットが四人とも喉元に騎士鉄十字章を着けて、明るく若々しく親しみやすいことに惹かれたのだ。そして、車掌室からシュナップス、ビール、ワイン、コニャックなどの飲み物を魔法のように際限なくふるまい始めた。酒瓶が現れるやいなや四人は中身を空けていった。

鷲の巣から数キロのところで車掌に列車から降ろされた彼らは、総統に会える状態ではなかった。駅舎に入るとヒトラーのドイツ空軍副司令官で金髪長身のフォン・ベロウ少佐に出くわした。親切な老紳士のフォン・ベロウは、四人がみっともない状態なのを見て卒倒しそうになった。二時間もしないうちに総統と会見する予定だ。なんとかしなければならなかった。

外はバイエルン・アルプスに特有な三月上旬の気候だ。地面には八センチほど雪が吹きだまりになっている。雪は近くの山頂から吹き下ろされ、曇り空からも降り続いていた。気温はマイナス四度である。フォン・ベロウは待機させていたメルセデスのオープンカーの運転手に幌を畳むように命じ、冷たい空気の中、四人を鷲の巣に運ばせた。

彼らは凍てつく寒さに晒されてから車を降りて少し歩いた。それから総統と会見する約束の数分前、鷹の巣に押し込まれた。彼らはまだ酔いが醒めていなかった。

美しい建物のロビーに入るとハルトマンが近くのスタンドに軍帽がかかっているのを見つけた。その帽子にモールがついているのを見て、「そうだ、俺の帽子だ」と言った。彼は歩み寄りすぐにそれをポンと頭にのせると、感心して眺める仲間のエースたちに振り返った。彼らは大笑いした。

一六センチの頭に乗せた一八・四センチの帽子が耳にかかっている。

フォン・ベロウは笑っていなかった。迷路のように入り組んだ儀礼と手続きを必要とする訪問者の案内役をヒトラーから指名され、頭を悩ませていたこの側近は、ハルトマンに駆け寄ると頭から帽子をひったくった。

「それを寄こせ。総統の帽子だ!」

パイロット四人は倒れることもなく勲章を受け取ったが、金髪の騎士がうっかり総統の帽子を拝借した話は今でも四人の誰かが会うたびに笑いを誘っている。彼はとても厳しい任務でも抜きん出ており、さらに冷酷な戦後を生き抜いた。ハルトマンのユーモアのセンスは世間からは隠されたままだった。それでもなお、彼の人格を形成する本質の一部であり、その影響力なしに彼は存在しえない。

ハルトマンほどの英雄は戦史上そう多くはなく、短い航空史の全体を通しても少数だ。三五二という彼の撃墜数はすべて確認されており、今でも戦闘機パイロットの世界記録である。最も近いライバルのゲルハルト・バルクホルンでさえハルトマンより五一機も少ない。ドイツにおいて金髪の騎士は第一次世界大戦で最高の撃墜数を上げた不滅の戦闘機エース、レッド・バロン(赤い騎士)、マンフレート・フォン・リヒトホーフェンの四倍以上を撃墜している。

ハルトマンほど出撃と空中戦の回数が多い戦闘機パイロットは、人使いが粗いドイツ空軍でもほんの一握りである。一四〇〇回以上も出撃し、実際に八〇〇回以上の空中戦を記録した。一九四二年秋から四五年五月まで、絶え間なく続く空中戦に疲れも見せずに耐えたのは、彼の肉体と精神の回復力による。

彼は一度も負傷していない。敵に犠牲を強いながら無傷でいる能力は、ただのまぐれではなかった。成功した戦闘機パイロットが皆そうであるように彼は幸運だったが、革新的な戦術に相当する個性的で特色ある空中戦のスタイルを確立した。彼は格闘戦を避けていた。戦後、彼の副官だったヴィル・ヴァン・デ・カンプ（*1）は、ハルトマンが成功したのは攻撃の組み立て方によるものだと言った。それは男らしい、至近距離からの直接射だった。

ヴァン・デ・カンプは、戦後になってウーシュ・ハルトマンに「もしすべての戦闘機パイロットがエーリッヒの戦術を採っていたら、彼は世界で最も成功した戦闘機エースにはなれなかっただろう」と語ったことがある。ハルトマンの成功は、過去の戦術を打ち破ったからだとヴァン・デ・カンプは見ており、金髪の騎士がどのように戦術を進化させたか、本書で詳述する彼自身の話は、かつての副官の評価を裏付けている。

彼は多くの誤りや欠点を持っており、その大部分は楽観的な性格に起因する。しかし分析的で直感的、そして現実的な彼は扱う問題の核心に迫り、その根元にある種を摘み取ることができる。営業ならこうした特性が彼を大物にしたかもしれないが、今日の軍隊では財産であると同時に負債にもなる。

若い頃、彼の率直さは衝動的で、しばしば危険な行為として表面化した。成熟するにつれそれは致命的な気配りの無さとして明らかになった。次々と様相を変える英雄にますます夢中になる現代の文化にあって、彼は生き生きとした時代錯誤の存在として出現する。その活力と腰の軽さは彼の心を若々しく保ち、老猫になったと主張する彼の内では虎の心臓がまだ鼓動している。今日のハルトマンは、全力で疾走する戦闘機エースであり、時にだらしない格好を見せ、常に冒険的で絶え間なくロマンチックだ。軍歴を追求する四十代後半の男にとっては危険なほどこれらが表面化している。

ストレスに対して完璧なほど冷静な男で神経質とはほど遠い。空では銃撃する前に度々三〇メートル以内まで敵に接近する。これは確実に撃墜するか空中衝突するか紙一重の危険な距離だ。東部戦線では十四回も撃墜されたが生き延び、そのたびに新しい航空機を得るとすぐに離陸した。柏葉・剣・ダイヤモンド付騎士鉄十字章を手にした彼は、二十二歳の若さにもかかわらず謙虚さと慎み深い生来の資質を損なわなかった。

世界各国の軍隊でハルトマンよりもかなり年配の男たちが、自らと国の品位や信望を帯びた英雄になれなかった。かつてアメリカ海兵隊の戦闘機エースだったグレゴリー・〝パピー〟・ボイントン大佐は、「俺に英雄を見せたらお前に尻を見せてやる」と言った。多くの英雄にとって、ボイントンの侮蔑的な評価はあまりにも真実だった。戦時の著名人が平時には情緒不安定になることが多い。ハルトマンは心地よい国民の感謝を浴びることなく、孤独で気が滅入るほど単調な戦いを強いられた冷戦期に十年も高潔さを保たねばならなかった。

ハルトマンは戦時と平時において運命が彼に与えたカードを使い、誰もが賞賛できる冷静さで勝負したが、それを模倣したいと望む者はほとんどいなかった。一九五五年、ドイツに帰国した彼は何度か苦い杯を空けた。一九四七年に亡くなった息子のペーター・エーリッヒを金髪の騎士は見られなかった。最愛の父も他界していた。父の後を継いで医学の道に進むという少年時代の希望は、年齢と長く学問の世界から遠ざかっていたために断念せざるを得なかった。それまでの人生のうち三分の一近くはソ連の監獄にいた。

そんな中、昔からの戦闘機乗り仲間たちが、しきりに「新生ドイツ空軍に入ったらどうか」と声をかけてきた。仲間は彼を軍に戻すため非公式に活動した。他の道には将来性が見えないので、自分が最も得意とし、熟達した職業である戦闘機パイロットを土台に人生の再建を始めなければならなかった。

アメリカ空軍の教官のもとで新型ジェット機を検査し、活発な金髪の娘と新たな家庭を築き、自身の再生を開始したのである。新生ドイツ空軍の中で第二次世界大戦の柏葉・剣・ダイヤモンド付騎士鉄十字章を獲得していたのは彼だけである。かつての栄光と、先見の明がある真面目な新しい上官であるカムフーバー将軍により、彼が新生ドイツ空軍最初のジェット戦闘機部隊（「リヒトホーフェン」戦闘航空団）の司令に任命されたのは、歴史的かつ新生ドイツ空軍の士気を高揚させる第一歩であった。こうして彼はドイツで最も尊敬される将校の一人になった。

良い兆しにも関わらず、彼にはまだ敵がいた。金髪の騎士に敵対したのは戦時中の敵パイロットや戦後のソ連内務人民委員部だけでなく、新生ドイツ空軍の上層部にいる小心者たちだった。大仕事をする器の小さい者はハルトマンを妬み、さまざまな方法で彼の軍歴と地位を傷つけようとした。数年前、そんな将軍の一人が金髪の騎士を追い落とそうとしたことがある。その経緯はのちに詳細する。彼はこの圧力を生き延びて戦い続けている。

ぼろぼろになった金髪の騎士の盾はなおも名誉を引き付け輝いている。この金髪の持ち主は、人生の勝ち抜き戦で手ごわい参加者となり、なおも栄光の名を飾るかもしれない。馬上槍試合の英雄としての物語、束縛された苦悩の深さ、そして美しい女性との忘れがたいロマンスを彼と共に探求する時が来た。

＊1　戦後、故ヴィル・ヴァン・デ・カンプがアメリカにフォルクスワーゲンを紹介した。

中国に滞在

エリザベート・ハルトマンとエーリッヒ、そして弟のアルフレートは上海近くの長江に浮かぶ島に建てられた自宅の庭で、休日の午後を過ごした（1925年）。

ハルトマンの両親

医学博士アルフレート・ハルトマンとエリザベート・マハトルフは1919年に結婚。夫婦にとって最初の息子エーリッヒ・アルフレート・ハルトマンは1922年4月19日にドイツ・ヴァイスザッハに生まれた。

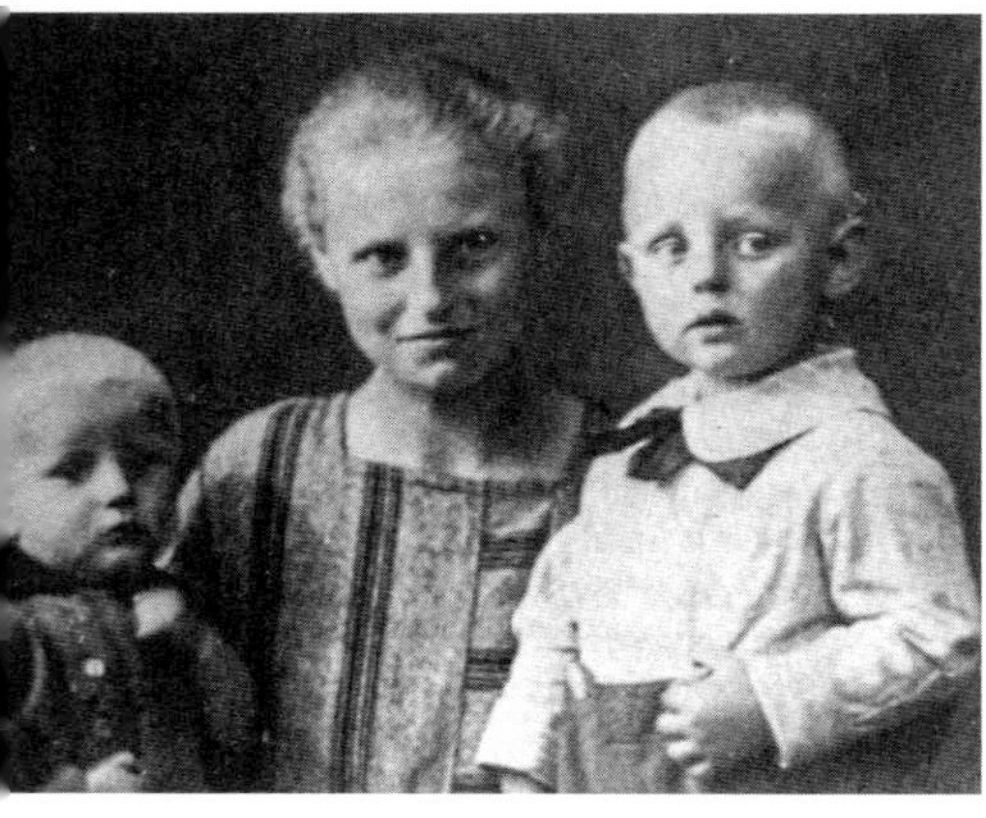

行き先は中国

1924年7月、アルフレートと当時2歳4ヵ月のエーリッヒを抱いてポーズをとるハルトマン夫人。親子は中国に旅立つ準備中だった。

ドイツの冬

1928年、父アルフレートが息子2人と手をつないで買い物に出かける

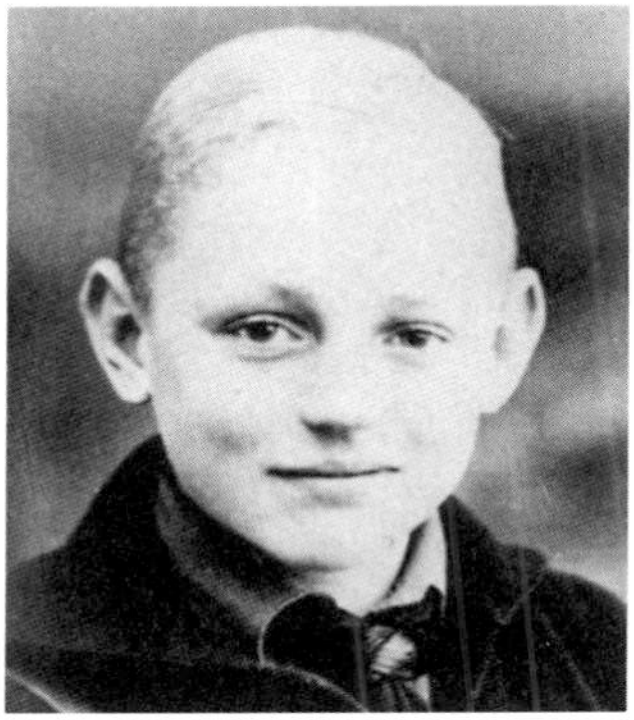

12歳のエーリッヒ
この頃、エーリッヒはドイツ少国民団（ヒトラー・ユーゲントの下部組織）に所属していた

滑空飛行の苦労
左から3番目、白いブラウスを着たエーリッヒの母親はヴァイルでグライダー・クラブを運営し、息子たちに操縦を教えた。クラブのメンバーがグライダーを丘の上に引き上げている。

学校の親友
ヴォルフガング・クシュナーはハルトマンにとって一番の学友だった。

母は女流飛行家
ベーブリンゲン空港にて、軽飛行機クレム・ダイムラーL20の前でポーズをとるエーリッヒ・ハルトマンの母。

父と息子
自宅のプールでたらいに乗るエーリッヒ。医師の父が推進力になって押している。（1932年）

一目惚れ
1939年10月、エーリッヒは黒い瞳のウルスラ・ペーチュと出会った。彼女はまだ15歳で、両親には警戒されたが、「私の意志は強かったし、私たちは本当に愛し合っていた！」とエーリッヒは言う。

15歳では若すぎる？
ウルスラ・ペーチュの両親はそう考えたが、エーリッヒ・ハルトマンは徹頭徹尾彼女に愛を捧げた。彼はもう……17歳だった！

愛は真っ盛り
まだ15歳だったウルスラ・ペーチュは、若きエーリッヒの人生に光を与えた。

婚約者と家族
ウルスラ・ペーチュ。エーリッヒの恋人が彼女の両親と写っている。

ヒトラー・ユーゲント
ヒトラー・ユーゲントの制服を着用したエーリッヒ・ハルトマン。1939年、ドイツではすべての青年組織が解散を命じられ、青年はことごとくヒトラー・ユーゲントに徴用された。

1940年10月
初めて飛行学生の制服姿で撮影されたエーリッヒ・ハルトマンの写真。当時、彼は18歳だった。

士官候補生たち、1941年3月1日
ハルトマンがベルリン・ガトーでの飛行訓練に臨む前に撮影された、士官候補生のクラス写真。ハルトマンは後列右から3番目。

第二章　名を上げる

男らしさは少年期に源がある

――匿名

一九二五年にエーリッヒ・ハルトマンは家族と共にドイツを離れ、中国に移住した。そこで彼の冒険的な人生の基盤が叩き込まれた。一九二二年四月十九日にヴュルテンベルク州ヴァイスザッハで生まれたエーリッヒは、たくましい金髪の子供で、母親と東洋に向かう蒸気船に乗った時には、すでにしっかり自分の意思を持っていた。エーリッヒの父アルフレート・ハルトマン博士は、第一次大戦後の困窮するドイツにいては報われないと気づいた。

上海にいたドイツ領事でハルトマン博士の従兄弟は帰国後に祖国の惨状を見て、エーリッヒの父に中国で医院を開業するよう促した。従兄弟は中国人が相手なら繁盛すると保証した。冒険心に富んだハルトマン博士は、好奇心をそそられ異国の地での開業に期待したが、当初は外交官の従兄弟が描くバラ色の未来に懐疑的だった。豪放磊落な妻とは対照的に保守的で慎重なハルトマン博士は、下見のため単身で中国に乗り込んだが、何をどうするか心の準備ができていなかった。

飢えと激動のドイツに比べれば中国はほとんど楽園だった。中国人はハルトマン博士の医療に強い信頼を寄せており、喜んで彼の請求書どおりに報酬を支払った。彼は長沙で唯一の白人医師であり、長江を九六六キロ、さらに湘江を一六〇キロ遡ったところで開業して家族を呼び寄せた。長沙に快適な住まいを構え、その後、川の中州にも新たな住まいを建てた。

エーリッヒにとって最初の記憶は、人里離れた手つかずの自然の遊び場や美しい入り江がある森に囲まれた島の暮らしである。島は子供の想像力を膨らませ、自由に走りまわれる場所だった。こうした東洋的な田園風景は長く続かない運命にあった。数年後、中国人にとって最初の近代的な革命運動が始まると、彼らの活動は反植民地主義、外国人排斥に向かい内乱も起きた。

ハルトマン博士には動乱が悪化した時に身を守る頼みの綱が二つあった。まず医師として地域社会での地位があった。彼の善行を中国人は見逃さなかった。次にドイツ人というのも幸運だった。なぜなら一九二〇年代の中国でドイツ人は地位も影響力もなく、崩壊しつつある植民地機構の一部でもなかったからだ。

しかしこうした状況はハルトマン一家にとって一時的な免罪符に過ぎない。一九二九年になると街頭での暴力行為が日常茶飯事になった。イギリス、フランス、ベルギーの住民に対する襲撃が頻発した。ハルトマン博士には何人かのイギリスの友人がいたが、その一人は長沙にある彼の診療所近くに自宅があった。ある朝、ハルトマン博士が診療所に行くと、その友人宅の柵にイギリスの友人三人の首が突き刺さっているのを見て愕然とした。

温和なハルトマン医師はすぐに対応した。安全のためハルトマン夫人と五歳半のエーリッヒ、その一歳下の弟アルフレートをドイツに送り返した。数週間かけて快適とは言えないシベリア鉄道で揺られながらロシアを横断したのである。その途上、モスクワで列車が一時間停車し、エリザベート・ハルトマンは息子たちのために食べ物と飲み物を買いに行った。長男に言い聞かせる。

「エーリッヒ、アルフレートの世話をしなさい。席から離れないで。数分で戻ってきます」そして彼女はモスクワ駅構内の雑踏に消えていった。彼女が帰ってくる前に電車が動き始めた。現在、ヴァイル・イム・シェーンブッフで医師をしているアルフレート・ハルトマンは茫然自失とした当時の体験を鮮明に覚えている。

「怯えた私はすぐに涙で目が見えなくなった。エーリッヒの方が落ち着いていた。私をなだめながら泣くな、勇気を出せと励ました。私はお構いなしに泣き喚いた。列車はドイツに向かって猛烈な勢いで疾走しているように見えた。乗客たちは私たちに何か問題が起こった気づき、エーリッヒは勇ましく私たちの窮状を説明しようとした。残念ながら当時は二人ともドイツ語より中国語が得意だったので、混乱に拍車をかけて私の恐怖心は増すばかりだった」

「一時間ほど悶え苦しんでいる間、エーリッヒは私の慰め役、通訳、子守りでもあった。そこに突然客車のドアが開いて金髪を振り乱しながらも唇に笑みを浮かべた母が立っていた。母が現れて、勇ましかったエーリッヒも取り乱した。涙が頬を伝い恨めしそうに私を指差した。母の腕が私たちを包み込むと、『アルフレートに泣かないでって言ったのに』と彼はわめいた」

後年、エリザベート・ハルトマンがいなくなった不可解な理由は、家族の笑い話になっている。彼女は列に並んで食べ物を買っていた。その時、予定の時刻よりかなり早く自分が乗る電車の呼び出しが聞こえ、その直後に発車の警笛がけたたましく鳴った。列車がスピードを上げ始め金髪の若いドイツ夫人はプラットホームを駆け出した。プラットホームの端で最後尾の車両にある手すりに掴まると、疲れ切って喘ぎながらもハリウッドのアクション映画さながらに列車に乗り込んだ。

当時、ソ連の鉄道車両は欧米の大半で使われているものとは程遠いスタイルだった。特にこの列車は、ハルトマン夫人の息子たちが待つ車両の後ろ以降は内部の中央に廊下がなく、オーストラリアの路面電車と同じく車外の片側に細い通路がついていた。一両ごと車両を前方に移動し、やっとエーリッヒと弟の待つ客車にたどり着いたのだ。

中国から帰国したエリザベート・ハルトマンはシュトゥットガルト近郊のヴァイル・イム・シェーンブッフに落ち着いて夫からの便りを待った。半年後、彼は事態が収まったと書いて寄こした。内乱も落ち着いており、「子供たちを連れて中国に帰ってこい」とあった。

しかし、独立心の強いエリザベート・ハルトマンは東洋で人生を過ごすのはもう十分だと決心していた。「私は中国に戻るつもりはありません。シュトゥットガルトの近くで事務所を探しています。そこなら腰をすえて医院を開業しても大丈夫」と返事を書いた。こうしてハルトマン博士は帰国した。一家はヴァイル近郊にある古風で趣のある農家に移り住み、三年後に夫婦はヴァイル・イム・シェーンブッフのビスマルク通り9番地に家と事務所を建て、そこでエーリッヒ・ハルトマンは出征するまで残りの青春時代を過ごすことになったのである。

ヴァイルで過ごした早い時期からエーリッヒは航空マニアだった。そして、初めて空を飛ぼうとした時から、向こう見ずな度量を見せ始めた。彼は竹製の骨組みに古い布を貼ったグライダーを作った。クレム・ソーン［レオナルド・クレム・ソーン（一九一〇〜三七）。アメリカの飛行家。航空ショーで滑空飛行を見世物にした］とレオナルド・ダ・ヴィンチを融合させたようなこの装備を身に着けたエーリッヒは、夏の別荘の屋根を走りながら飛び降りたのである。彼が着地したのは地面を掘って柔らかい土を詰めた穴で、無傷だったが技術的な欠陥に気づき、すぐにこのできの悪い仕掛けを放棄した。

航空に対するエーリッヒの興味は、冒険好きな母親がスポーツ飛行を始めて、さらにはずみがついた。ヴァイルの生活は快適だったがエリザベート・ハルトマンのような活発で魅力的な若い女性にとっては少し退屈な面もあった。彼女はヴァイルにあるハルトマン博士の診療所から三キロ余りのところにある当時シュトゥットガルトの民間飛行場だったベーブリンゲン空港の飛行クラブに入会した。

パイロットの才能があったエーリッヒの母親は、軽飛行機クレム27で自家用飛行免許を取得した。そして一九三〇年、幸運なハルトマン一家はベーブリンゲン空港の気象学部長と二人乗りの飛行機を共有するようになった。こうしてエーリッヒは常に飛行機や空を飛ぶことに親しんだ。

現在、ベーブリンゲン空港の跡地にはＩＢＭの建物があるが、一九三〇年代初めには毎週土日の晴れた日にハルトマン家の少年たちと母親が小さなクレムで飛行したり、作業をしたりしていた。一九三二年に起こった国家財政の破綻後、愛すべき小型機は売却を余儀なくされた。この飛行機を失ったのは大きな痛手だった。

翌年にヒトラーが政権を取りドイツの航空は再生を始めた。ヒトラーはドイツの若者に航空機に興味を向けさせようと考え、その目玉としてグライダー・クラブの結成を促した。一九三六年、ハルトマン夫人はヴァイル・イム・シェーンブッフで地元の少年（大半は農家の息子）たちのためにグライダー・クラブを結成し教官を務めた。小型のクレムのようなすばやいスリルはなかったが滑空自体には特別な魅力があり、幸せで楽しい週末を過ごすことができた。

クラブには二機のグライダーがあった。初等訓練用のゼーグリンク38は、操縦席が吹きさらしのグライダーだった。上級者向けにはグルナウ・ベイビーがあった。エーリッヒは週末ごとに母親に連れられてグライダーに触れる機会を得た。彼は他の少年たちと交代でグライダーに乗った。重いゴムのロープでグライダーを空中に引き揚げる過酷な作業は、彼らの若くあふれる精力にとって格好のはけ口になった。体格の良い八人のドイツ人青年がグライダーの両脇で力の限り引っぱりながら前に走る。

グライダーを引いている最中に、数メートル浮き上がっただけで草原を踏み潰して絶望のうめき声が上がることも良くあった。また、きつい牽引が始まる。少年たちは飛ぶスリルを味わうため懸命に働かなければならなかった。そして、魔法の言葉がやってくる。

「エーリッヒ、あなたの番よ。乗りなさい。引き上げられるように努力します」

弟のアルフレートはエーリッヒの滑空技術を鮮明に記憶している。

「彼は優秀なパイロットで初めから才能があった。自分も同じようにできればと思ったが、滑空についてて私たちとは天賦の才に大きな差があった」

エーリッヒは十四歳で免許を取得し、熟練したグライダー・パイロットになった。一九三七年末にはAおよびBのグライダー操縦試験に合格し、C資格を取得するとヒトラー・ユーゲントのグライダー・グループで教官になった。三十年以上前の当時を振り返って、ハルトマンは飛行機との出会いを次のように語っている。

「グライダーは優れたスポーツだが、それ以上の何かがあった。空に対する素晴らしい感覚を与えてくれた。グライダーを包んで支える微妙な風圧と位置の感覚は、空の環境に順応させてくれる。本当の意味で空の男になる。その後、ドイツ空軍で行った動力飛行は、何の違和感もなかった。母や弟、若い友人が空を飛ぶのを見て自分も飛んでいたから、飛行機は自動車に乗るのと同じように身体の一部になっていた」

「早くからグライダーで航空機に親しんでいたから、今に至るまで滑空で切り抜けるのに役立っている。飛行機に乗って何か不測の事態が生じると嫌な予感がする。この感覚は計器が何か故障の兆候を示す前に、しばしば経験と勘で感じる。仕事として飛行を始めるのが早ければ早いほど、飛行機に対する感覚がより身に付くのは間違いない」

　エーリッヒの弟アルフレートは父が建てたヴァイルの実家で現在も医者を続けている。彼の繊細な優しさは父親の気質や物の見方を色濃く受け継いでいる。北アフリカで急降下爆撃機「スツーカ」の機銃手として活躍したのち、チュニジアで捕虜となりイギリスの収容所で四年を過ごした。有名な兄よりも繊細な顔立ちと体格、物腰のアルフレートはエーリッヒの人格形成期を率直な表現で回想している。

「あらゆる面で彼は私より強かった。スポーツは万能で運動神経も成績も良かった。実際のところスポーツ全般に不得意やうまくいかないことはなかった。すばらしい協調性を持った天性の運動選手で、水泳、ダイビング、スキー、陸上競技に精通し、体操も得意だった」

「エーリッヒは私たちの共同体で自然と指導者に選ばれた。優れた運動能力は天性の指導力の一要素に過ぎない。それに賢く、強く、現実的で機知に富んだ少年だった。同年代の少年たちは、そんな彼の資質を心から尊敬していた。そして、のちに得た名声で霞んだかもしれないが別の資質もあった。公平で優しかった。特に私には自分の方が強いと分かっていたから優しかった」

「エーリッヒはいじめっ子に我慢ができず、年少者の保護役だった。年上の少年たちが私を殴ったり困らせたり脅したとエーリッヒが聞いたらどうなるか。いじめっ子の扱いに慣れた彼の名声を利用した。それを聞いた彼らは私をそのまま放っておいた」

　人口三〇〇〇人の小さな町ヴァイル・イム・シェーンブッフでさえ、少年たちは悪ガキ仲間と出歩いていた。エーリッヒとアルフレートはハルトマン夫人のグライダー・クラブに所属する少年グループ「グライダー・ギャング」のメンバーだった。趣味が違う競争相手は「自転車ギャング」と呼ばれた。両者の間には対立する少年たちの一団にありがちな敵意があり、うぬぼれて侮辱し合った。エーリッヒが行動を起こす時の心構えはギャング同士のある衝突で明らかになった。

ある晩、映画館からの帰りにアルフレートともう一人の少年がエーリッヒとグライダー・ギャングの本隊から四〇メートルほど後ろをのろのろと歩いていた。物陰で待ち構えていた自転車ギャングのメンバーが飛び出してきてアルフレートと友達を捕まえ、彼らの隠れ家にさらった。後から付いてきていたグライダー・ギャングのもう一人がこの誘拐を見ていた。彼は誘拐犯を追い、それからグライダー・ギャングに助けを求めに行った。

「自転車ギャングがアルフレートを捕まえて、古い納屋でボコボコにするぞ」

エーリッヒは全力疾走であっという間にグライダー・ギャングを通り越して助けに向かった。彼は納屋の扉を叩き割った。納屋に飛び込み、ぎょっとしている自転車ギャングに立ち向かった。彼らはアルフレートとその友達を柱に縛りつけていた。エーリッヒは納屋の床からジャッキの柄をひっつかむと振り回し始めた。

「出て行け！　これでぶん殴る前にお前ら全員、出て行け！」

青い瞳が燃えるように照準を定めて、ジャッキの柄を大きく弧を描くように振り回しながら敵に近づいていく。自転車ギャングは必死になって納屋から逃げ出し、エーリッヒは喘ぎながら意気揚々と感謝する弟を解放した。後年、同じ男の恐れを知らない燃えるような気質が、数で勝る敵に対して勝利をもたらす。人生と真正面から渡り合う少年だった。

エーリッヒと弟は一九三〇年代半ばにロットヴァイルにある国民政治学院の生徒になっていた。学校の気風はまだ若いエーリッヒの気質にはそぐわなかった。彼は自由を愛していた。学校は軍隊式の厳しい規律の下で機能しており、それは学校生活のあらゆる面を支配していた。新しいドイツ民族主義に基づく馬鹿げた極論が教えられ、余暇活動さえも規制された。エーリッヒにとってヴァイルの実家で過ごす週末は牢獄から解放されたように思われた。

今でも、彼はロットヴァイルの嫌な思い出を引きずっている。

「どの教師も神であり、私たちは奴隷だった。物理の授業で木炭と硫黄で黒い粉を作り、午前の休憩時間にその混合物を鉄板の上に乗せなければならなかった。休憩時間にこの材料で遊んではいけないと言われた」

「先生が教室を出ると、私たちはすぐに積み上げた粉の回りに集まり、その爆発力に魅了された。だれも好奇心旺盛な少年たちのうち二人組が粉にマッチを近付けたが、実際に火は点けなかった。だれかが無鉄砲にマッチで粉を叩いていた。誰かが火を点けろと私に言った。おそらく、それが間違いだった。私は火の点いたマッチを粉に押し込んだ。閃光と爆発音にみんなは机の下に潜り込み、渦巻くような煙が教室に立ち込めた。

数秒後、先生が怒りながら大股で戻って来た。粉で遊んだと誰も白状しないので、私は手を挙げて自分が火を点けたと言い、授業で使った器具をすべて片付ける罰を受けた。三日後も後片付けをしていたら、重い鉄製のグラス・ホルダーをうっかり流しにぶつけてガラス製のレトルトをいくつか壊してしまった。

それ以降、この先生とは徹底的に敵対した。彼は私の悪戯を忘れず許さなかった。そして機会があれば私を虐待した。この長期に及ぶいさかいはロットヴァイルの不健全な生徒と教師の関係を象徴していた」

学校の厳しさに苛立ったエーリッヒは親に不快だと訴えた。一九三七年春、ハルトマン博士は息子たちをシュトゥットガルト近郊のコーンタールにある寄宿制の高等学校に転校させた。ハルトマン少年は平日をそこの寮で過ごした。コーンタールの高等学校でエーリッヒの恩師だったクルト・ブッシュは、未来の撃墜王が受けた教育環境について振り返る。

「コーンタールの学校は軍隊式のロットヴァイルとは違う方針で運営されていた。エーリッヒが『ロットヴァイルはあらゆる面で規律が厳しすぎる』と言っていた。私たちはできるだけ自由にさせ、教師と生徒の良好な関係を奨励した。教育や勉強のための様々な刺激があった。

とりわけ、自由にさせて責任感を持たせるのはもちろん、良心の発育も促進した。エーリッヒを含めて子供たちは天使ではなかったが、自由の乱用は自覚していた。これは十代の若者にとって確かになんらかの意味があり、エーリッヒはコーンタールの高校で満足していたと思う」

三十年たってもブッシュ教師は一九三七年から三九年にかけて教えたエーリッヒ・ハルトマンを

難なく思い出した。

「彼は人に好かれやすい少年だった。正直で隠し立てがなく誠実で、衝動的なところがあるのも確かだが、誰かの感情を傷つけたり挑発したりはしない。自分の長所を分かっており、それを生かした。自分が正しいと考えていたにもかかわらず、意見の異なる者にとても寛容で決して恨みを抱かなかった。彼の気性は愉快に過ごし、人生の晴れやかな面を探るものだった。教師には礼儀正しく丁寧で敬意を表し、私は彼の謙虚さと綺麗好きを高く評価していた」

ブッシュ教授や弟アルフレート、そして母親も彼が知的な方ではなかったと認めている。彼は学科を無難にこなす、向上心のない平均的な生徒だった。試験に合格するのに必要なだけしか努力せず、彼の活力は主に大好きなスポーツに向けられていた。

コーンタールの生徒活動の一部として、たまに一週間ほど山でスキーをした。その旅でブッシュ教師はエーリッヒの優れた競争心と遊び心を何度も間近で目にした。ある朝、教師が山小屋から出るとヒューという音と共ににわか雪に見舞われた。その瞬間、彼の頭上五・五メートルをエーリッヒが山小屋の屋根からフリースタイルでスキージャンプした。

エーリッヒに急斜面やジャンプの危険を注意しても無駄だった。のちにエーリッヒ・ハルトマンという人物の特徴となる温和で自信に満ちた歯をのぞかせる笑みは、隣り合わせの危険に取り組む前の彼が見せる唯一の反応だった。アルフレートはジャンプ競技のあるスキー大会に行った時のことを思い出す。

「エーリッヒはこんな大ジャンプをやったことがなかった。しかし、彼は翌日のイベントに参加するとあっさり言った。私は『そんな馬鹿な』と言った。時間が来て、立見客の中でおののいているのは私だけだった。エーリッヒは雪のように冷静にスロープの頂上にいた。スピーカーから彼の名前が鳴り響いた。彼は下り空高く舞い上がった。心臓が口から出そうだった。だが三〇メートル・ジャンプを難なくこなし完璧に着地した。極端に勇気があるものの目立ちたがり屋なところはない。見栄を張ったり自慢したりするためにやったのではなかった。彼にとってスキージャンプに取り組むのは困難に立ち向かうのと同様に、当たり前でごく自然なことだった。成功したあとも彼は至極謙虚に振る舞っていた」

どんな競技にも真っ向から挑んだことから、少年時代は「イノシシ」というあだ名がついていた。ブッシュ教師はもっともなあだ名と回想する。「この名前はお世辞にも褒められたものではないが、当時エーリッヒの活気と力強さを完璧に言い表しており、私たちが心から敬意を払う気質だ」。その資質により彼は歴史に名を残し、戦前の思いやりのあるヴァイル・イム・シェーンブッフの住民には想像すら難しい厳しい試練にも耐えたのだ。

エーリッヒの最初で唯一の恋も真っ向から勝負した冒険だった。コーンタールの高校で出会った少女と恋人になり、のちに妻となったのがウルスラ・ペーチュである。十代の〝ウーシュ〟・ペーチュはエーリッヒと同じ浅黒い金髪で、すぐに彼の目に止まった。今でも彼は「一目惚れしただけだ」と言い切っている。心を決めて行動を起こすことにした。一九三九年十月のある日の午後、ウーシュと女友達が学校から徒歩で帰っていると、エーリッヒが自転車で駆け寄ってきた。飛び降りて自転車を歩道に倒した彼は、ウーシュの目を見詰めて恥ずかしそうに「俺はエーリッヒ・ハルトマンです」と言った。いかにもエーリッヒらしい生来の真っすぐなこの自己紹介から、最も厳しい逆境を生き延びさせた恋愛が始まった。

エーリッヒの両親は彼が突然ある女の子に夢中になったので心配した。彼はまだ十七歳なのだ。ペーチュ夫妻はウーシュがまだ十五歳だったのでなおさら驚いた。「エーリッヒが仕掛けたのは分かっていた」とウーシュの母親は言った。鉱山機器メーカーの技術者だったウーシュの父親は当初反対していたが、すぐに若者を心変わりさせられないと悟った。粘るエーリッヒを尻目にペーチュ氏はあっさりと無理な闘いをやめてしまった。「完全に手を引いたのです」と彼は言う。

ウーシュの母親は求愛を思いとどまらせようとしたが簡単にはいかなかった。ウーシュは以前に女友達と映画を観に行くと言ったことがある。映画館で待ち合わせていたのはエーリッヒだった。彼はウーシュを家まで送ると約束したが彼女は帰りが遅くなった。ペーチュ夫人は玄関先で謝罪を口にする金髪の少年の言い訳を無視して、三ヵ月間の映画禁止を課した。ウーシュは珍しく観念してその罰を受け入れ、数ヵ月後に母親はその理由を知ることになる。

ウーシュは典型的なお嬢様になるために、シュトゥットガルトでダンス・レッスンを受けていた。週に二回、律儀に授業を受けている。そのダンス・スクールに通っていたのが、金髪のエーリッヒ・ハルトマンだった。この二人はいつも一緒なのが次第に誰の目にも明らかになった。そのうち、世界が闇に包まれていく中、両家は若い二人の恋に魅了されていった。

エーリッヒがウーシュを本当にガールフレンドと呼べるようになるには、何人かの恋敵を排除しなければならなかった。ウーシュの魅力に惹かれたのはエーリッヒより年上で頭一つ分背の高い黒髪のひょろ長い青年だった。後年、ウーシュは彼を〝カサノバ〟と呼び、引き合いに出したシーザー・ロメロ［シーザー・ロメロ・ジュニア（一九〇七～九四）。アメリカの俳優。口髭がトレードマークでコメディから悪役まで幅広い役を演じた］をやや若くしたドイツ版のようで、もみあげがあれば完璧だと語った。エーリッヒはウーシュに自分の彼女になって、付き合ってほしいと言うと、彼女はカサノバが何度も電話をかけてきてデートに誘うと告白した。

エーリッヒは「それは俺が引き受ける」と言った。

彼は自分の上にそびえるカサノバを呼び出した。カサノバはエーリッヒの話を無表情に聞いていた。

「ウーシュはもう俺の女だ。分かってくれるだろうが、もう電話もデートもするな」

カサノバは軽蔑するように鼻を鳴らすと踵を返して立ち去った。エーリッヒの丁重な最後通告を聞いた気配すらなかった。数日後、カサノバは再びウーシュに電話をかけてきて映画に誘った。それをウーシュから聞いたエーリッヒは少し顔を曇らせて、電話の件はカサノバに確かめると言った。

数日後、彼はカサノバとひょっこり会った。

「ウーシュに近寄るなと言っただろう」と言いながら彼は左の二連発（鼻に一発、みぞおちに一発）で自分の正当性を主張した。カサノバは泣き崩れながら歩道に倒れ、ウーシュの奪い合いから永遠に脱落した。

一九三九年の秋以降、エーリッヒとウーシュは相思相愛になり、若い熱愛が二人の生活を満たした。二人は可能な限り一緒に過ごし、互いのこと以外はほとんど何も頭になかった。その年の九月にヨーロッパで起こった戦争は、翌一九四〇年春にエーリッヒがコーンタールの高校を卒業するまで二人にとって実感がなかった。彼は将来について重要な決断を迫られた。

エーリッヒは医者になるのが目標だったから父親はとても喜んだが、心の底から医師になる気があったわけではない。一九四〇年四月、十八歳の誕生日を迎えて数週間後にコーンタールの高校を卒業すると、彼は何であれ兵役を避けられないと悟った。エーリッヒにはドイツ空軍以外になかった。

エーリッヒには複雑で費用のかかる航空畑が戦争への扉となった。戦前のヨーロッパでは航空機の入手と運用に費用がかかるので、動力飛行ができた者はごくわずかだった。十代の若者にとってスポーツ飛行に手が届かなかったのは確かだ。戦争がきっかけになり、そうした若者が軍のパイロットになる可能性があったのだ。その先にあるのは費用を惜しまない航空教育だ。

一九四〇年になるとドイツ軍の戦闘機部隊は国民の想像力を掻き立て始めた。新聞は好成績を上げた戦闘機パイロットを大々的に宣伝した。スペイン内戦でコンドル軍団の撃墜王になったヴェルナー・メルダースが再び大活躍した。ヨハネス・シュタインホフとヴォルフガング・ファルクはドイツ本土を攻撃するイギリス空軍の爆撃機に対抗した「ヘルゴラント湾の戦い」で英雄になった。

エーリッヒは戦闘機の操縦という一見華やかな任務に想像力を掻き立てられた。こうしてドイツ空軍に入隊を決めたのである（＊1）。

人道主義者の父親は息子が飛行士の道を選んだことを残念がったが、エーリッヒは自由人に育てられたので自分の将来を思いどおりに決められた。母親は彼が幼い頃から空への野望を育て導いており、その決断を理解できた。ウーシュはエーリッヒと離れるのが嫌でたまらなかったが、彼は当時も今も彼女の同意を得たかった。

父親のハルトマン博士は、戦争がドイツの敗北で終わり、この戦いは祖国にとって良いことはないと考えていた。とはいえ彼らの間ではエーリッヒの決断をまったく正しいとした。すぐに戦争が終わるという時流の共通認識もあり、両親はパイロットになりたいというエーリッヒの気持ちを受け入れた。エーリッヒが飛行技術に熟練し、期待通りに戦争が短期間で終われば、まだ医学を学ぶ時間は充分にあると考えたのである。

エーリッヒにとって軍隊生活は精神的に良くなかった。エーリッヒはロットヴァイルの学校で軍隊生活に根っから嫌悪感を抱いたが、今や飛行する甘美と一緒に飲み込む薬となっていた。基本的に軍隊のやり方が嫌いで、戦時中のドイツ空軍でも新たな西ドイツ空軍でも軍歴に悪影響を及ぼしがちだったが、それでも服従を基本とする環境で自由な精神を守り抜いた。

バトル・オブ・ブリテンの最盛期を過ぎた一九四〇年十月十五日、新参者のエーリッヒ・ハルトマンは東プロイセンのケーニヒスベルクから約一六キロのノイクーレンにあったドイツ空軍第10教育連隊に入隊した。もはや飛ぶことしか頭になかった。何が何でもパイロットになる。

当時、ドイツ軍戦闘機パイロットの育成は、それほど急を要していなかった。ドイツ空軍総司令部はパイロットが大損害を被ったバトル・オブ・ブリテンの影響を真剣に受け止めていなかった。ドイツ空軍がパイロットを量産するために、骨の折れるほど徹底して教育課程を早めることはほとんどなかった。一九四一年三月にエーリッヒが飛行訓練でベルリンのガトーにある航空学校に出頭しても、航空機の生産はバトル・オブ・ブリテンの損失を取り戻すまでには至っていなかった。

一九四〇年十月以降、彼は軍隊の規律、軍事教練、兵器の運用手引きを学んだが、どれも熱意が持てなかった。そこでは航空分野の理論研究も行われていた。航空史、飛行理論、航空機及びエンジンの操作・設計・構造、航空工学、材料強度・空気力学・気象学である。エーリッヒはこうした真新しい科目に没頭し難なくこなした。迫り来る飛行訓練の刺激が勉強をはかどらせる励みになったのである。

ベルリンのガトーで始まった飛行訓練は一年近く続いた。それはパイロット訓練に悠長だった当時のドイツ空軍の姿勢を反映している。戦争後期のロシア戦線ではエーリッヒの飛行隊に一〇〇時間程度しか飛んでいない若いパイロットが送り込まれ、そのまま戦場に投入されている。エーリッヒは一九四一年三月五日に教官のコルベルク兵曹とＢＴ／ＮＢ型の練習機で軍事訓練の初飛行をした。同年三月二十四日には単独飛行の準備が整った。初単独飛行を終えて地上に降り立った時、それは彼にとって七四回目となる動力飛行による着陸となったが、それ以前にグライダーでは何百回も着陸を経験していた。

飛行訓練の基礎課程は一九四一年十月十四日までに完了し、上級飛行課程の準備ができた。すでにガトーの教官は彼が戦闘機パイロットにふさわしい人材だと判断していた。上級訓練の期間は十月十五日から翌四二年一月三十一日までで、その後ザクセン州のアンハルト゠ツェルプストにある戦闘機学校に配属された。このツェルブスト(デッサウとマグデブルクの中間に位置し現在は東ドイツ)で、彼を栄光に導く航空機(メッサーシュミット109)を手に入れた。

エーリッヒは、伝説のMe109を手にするまでに、型式が異なる十七種類の動力機で飛行していた。若きドイツ人パイロットはこの伝説的な航空機で飛ぶのを夢見ていた。ダイムラー・ベンツの強力なエンジンで魂を吹き込まれたMe109(*2)は、素晴らしい操縦性で飛ぶのが楽しくなる。エーリッヒが教わったツェルブストの教官にはドイツで曲技飛行のチャンピオンだったホーハーゲン中尉がおり、亜麻色の髪の弟子に曲芸飛行について数々の秘訣を教えた。この知識は近い将来エーリッヒが使いこなすと同時に悪用することになる。彼は戦術機動と機体そのものの基本を身に付け、一九四二年六月に戦闘飛行の仕上げとなる射撃に移った。

エーリッヒが特別に優れた天性の射撃手だったのは疑いない。それでも射撃に関する彼自身の控えめな見解と当時の評価には食い違いがある。彼自身は得意ではなかったと主張するが、ロシア戦線で初めて彼を目にしたクルピンスキーのような経験豊富なエースたちも、彼の長距離射撃は傑出していたと言う。エーリッヒは早い時期に至近距離からの攻撃を好むようになったので、遠距離射撃の技量はめったに発揮しなかったが、射撃学校での能力を見れば明らかだ。

一九四二年六月三十日、エーリッヒは初めての空中射撃で奮闘し、Ｍｅ１０９Ｄの七・六二ミリ機銃で標的に対し五〇発のうち二四発を命中させた。これは戦闘機パイロットの訓練を知る者なら非凡な成績だと分かる。ドイツ空軍のトップエースでもたいていは空中戦で命中させるまでに数ヵ月はかかり、エーリッヒの同僚ヴィルヘルム・バッツ少佐は数年かかった（＊３）。射撃眼は好成績を上げた戦闘機エースにとって最も重要な財産だ。エーリッヒ・ハルトマンは他の者なら身に着くまで苦心惨憺で時間のかかるこの才能に恵まれた稀有な存在である。

戦闘機パイロットは困難で骨の折れる長期間の訓練に心身ともすりつぶされる。一九四二年三月三十一日、少尉に任官したエーリッヒは自身の翼と任務を得て、午後に下校する少年のようにくつろぎたいと思った。

八月二十四日、通っていたグリヴィツェの上級射撃学校からツェルブストまで飛び、飛行場の上空でホーハーゲン中尉から教わった曲芸飛行を披露した。彼はスナップロール（急横転）とキューバン・エイト（宙返り横転八の字飛行）で飛行場の上空を引っかき回してからグリヴィツェに戻った。すると今度は昔のジェームズ・キャグニーの航空機映画から飛び出してきたような機動で飛び、彼の航空ショーは最高潮に達した。見物人が驚きと恐怖で目を丸くするなか高度九メートルを背面飛行でグラヴィツェ飛行場をうなりながら横切った。

着陸するとグリヴィツェの司令官が待っていた。怒鳴られたエーリッヒは一週間の屋内謹慎と九十日間給料の三分の二減給と申し渡された。彼がやった航空ショーには金がかかっていた。こうした潜在的に危険な曲芸飛行をやるのは、軍隊の規律において教官が見抜いた彼の直情径行がまだ取り除かれていないことを示していた。奔放な曲芸飛行はある種の幼さを証明しており、前線の指揮官たちは彼にあまり早く重責を負わせるのはどうかと心配した。

エーリッヒに下された罰には良い面があったのも確かで、今でも彼はこの出来事を後悔することなく振り返っている（＊4）。

「一週間、部屋止めになって命拾いした。その日は午後に銃撃任務を予定していた。同部屋の仲間が代わりに私の乗機でその任務についた。離陸して射撃空域に向かう途中でエンジン・トラブルが発生し、ヒンデンブルク＝カトヴィッツ線の鉄道脇に胴体着陸し、彼は死亡した」

そのうち分かるが、彼の直情径行には二つの側面があった。当初は軍事面の進歩が遅れており、戦士としての優れた能力に追いついていなかった。訓練が終わるころにはどの戦線でも戦闘機パイロットの補充が急を要するようになった。東部戦線に向かう途中、ヴァイルの自宅で三日間の休暇を得た。

彼の栄誉を称えて送別会が催された。両親の友人たちが集まり、この若いパイロットとの別れを惜しんだ。父親をはじめ男たちは誇りと自信をみなぎらせ、母親たちは静かに涙を流すだけだった。エーリッヒはこうした祝い事を初めて経験した。集まった人たちにとって、彼は戦いに赴く英雄だった。内面では自殺しようとしているような、不穏でほとんどほろ酔いのような初めての感覚だった。

　エーリッヒとウーシュの間には最後にして優しい恋人同士の約束があった。

「戦争が終わったら君と結婚したい、ウーシェ。待っていてくれるか？」

「ええ、エーリッヒ、待ちます」

　ウーシュはエーリッヒのものになるまで、どの女性よりも長く待つことになる。翌日、彼は列車でポーランドのワルシャワから南に二二三キロのクラカウへ向かった。そこはドイツ空軍にとって東部戦線の大規模な補給基地だった。そこから配属先の第52戦闘航空団（Jagdgeschwader 52またはＪＧ52）に合流するため飛行する。彼は戦いに熱中する戦闘機パイロットだが、ソ連の状況はそうしたパイロットの熱意も冷まさせてしまう。彼は過酷な経験を通して身につけた冷静さで史上最も戦果を挙げた戦闘機パイロットとなる。

＊1　第二次世界大戦後、ドイツ軍はルフトヴァッフェと呼ばれることにとても過敏だった。しかし、一九六二年頃からは世界中で普通に使われるようになった。ルフトヴァッフェとはドイツ語の「空軍」である。
＊2　当時のツェルブストで使っていた戦闘機はＭｅ１０９Ｅ－４だった。ヨーロッパではＭｅ１０９（バイエルン航空機製造株式会社：Bayerische Flugzeugwerkeの略で、一九三八年七月にメッサーシュミット＝Ｍｅと改称）として知られ、一一五〇馬力のダイムラー・ベンツＤＢ－６０１Ａａエンジンを搭載していた。
＊3　ヴィルヘルム・バッツ少佐は第二次世界大戦で二三七機を撃墜した。
＊4　一方、彼が逮捕されたという報せはソ連にいた多くのドイツ空軍将校にも伝わり、将校たちは彼が脱走の罪で東部戦線に送られることになったと聞いた。要するに、この話は実際に何が起こったのかその一端を明らかにしている。

第三章　戦争へ

若い戦闘機パイロットにとって最も重要なのは、精神的なショックを受けすぎずに初勝利を挙げることだ。

――ヴェルナー・メルダース大佐

クラカウにあるドイツ空軍東部戦線補給基地の司令官は、書類の山をパラパラめくって首を振り、第52戦闘航空団に配属された四人の若い少尉を見上げた。

「第52戦闘航空団にはどの航空機も補充の要請がないからMe109でマイコープには飛べない。だが、アゾフ海の北岸にあるマリウポリに空輸するスツーカが何機かあるので、そこからマイコープまで行くのは簡単だ」

ハルトマン、ヴォルフ、スティーブラー、メルシャットの少尉四人は互いに視線を交わすと司令官に同意するように頷いた。エーリッヒは急降下爆撃機スツーカを操縦したことはなかったが、飛行機なのは変わりない。Ju87だろうが他の飛行機だろうが飛ばすのに心配はない。数分後、彼は慣れない急降下爆撃機の操縦席によじ登った。

基本操作はＭｅ１０９と大差なかった。図体はでかいが鈍足で計器類に若干の違いがあった。さっそくエーリッヒはエンジンを始動させ、すべてをチェックした。ヴォルフ、スティーブラー、メルシャットの三人はタキシングすると順調に離陸した。エーリッヒはスツーカを離陸地点に向けてそっと動かした。

管制官は離陸エリア近くにある木造小屋におり、エーリッヒはそこを避けようとして向きを変えるために左のブレーキを絞ったが反応がない。あわてて急ブレーキ！　それでも利かない。エーリッヒがブレーキの不具合と悪戦苦闘している間も急降下爆撃機は小屋に向かって動き続けた。管制官が慌てて出てくるのを彼がチラッと見た瞬間、スツーカは小屋に突っ込んでいった。

スツーカのプロペラが小屋を木っ端微塵に切り刻み大きな音が基地に響き渡った。千切れた紙や木の破片が辺りを包み、プロペラの爆音と共に渦を巻きながら吹雪のように操縦席へ降り注いだ。

エーリッヒはエンジンを切り被害を確認するため恥ずかしそうに飛び出した。

スツーカはプロペラの半分がなくなっていた。プロペラのボスキャップからは四六センチほどの割れた木片が二本突き出ていた。管制小屋は半分が切り倒されて、中にあった書類や飛行日誌が紙吹雪になった。管制官が呆然としてこの修羅場をゆっくりと離れた。

青ざめた司令を筆頭に将校や隊員が不安げに近くの建物から、残骸を見るために集まってきた。

エーリッヒは恥ずかしさで気が遠くなりそうになりながら残骸の傍らで耳まで赤くして気まずそう

に立っていた。司令官に言い寄られ喚き散らされるのを覚悟したが、若い仲間の一人に救われた。マリウポリに向かう予定だったスツーカ四機のうち、二番機がエンジンが故障して煙を引きながらのろのろと着陸してきた。すでに激怒している司令官の恐ろしげな眼差しの前で、スツーカは着地するや横揺れしながら進んだ。この未熟なパイロットはブレーキを少し強く踏んだために機体が停止して尾部が空に持ち上がった。二番機の若いパイロットは意気消沈して這い出てくると、何が起こったのか理解できないように自分のスツーカを見つめた。司令官は〝ひよっこパイロット〟たちが損失させた機体に愕然とし、彼らをＪｕ52輸送機（他の誰かが操縦する）でマイコープの前線に向わせることにした。

Ｊｕ52の機内はエンジン音で会話できないためエーリッヒは弾薬箱や予備品の木箱やガソリンのドラム缶にもたれかかり、貨物の間で見つけた二日前のベルリン新聞に目を通した。レニングラードは包囲され、戦況報告は楽観的だった。スターリングラードでは戦線の突破に乗り出していた。コーカサス地方に進攻したドイツ軍はどこに向かうのか。ゲッベルスによるとバクーを占領すれば、無尽蔵の石油を獲得できるようになる。航空戦は東部戦線の全域で、ソ連領内の少なくとも一二〇〇キロ奥まで戦闘が行われている。

東部戦線から帰還したパイロットは第52戦闘航空団で高得点を挙げたエースに畏敬の念を表した。エーリッヒが所属する戦闘機部隊は大いに名声を得ていた。まだ彼は怒りにまかせて銃撃したことがない。スツーカの事故も記憶に新しく自らの未熟さを痛感した。エルブルス山の北西二四〇キロにあるマイコープで輸送機が降下を始めると神経が張り詰めた。マイコープには第52戦闘航空団の司令部があった。

緊張した新米パイロットが輸送機から降りると航空団の副官が待っていた。クール大尉はきちんとした軍服を着用し磨き上げたブーツを履いた小柄ですっきりした人物だった。参謀の見本のような彼は名簿で名前を確認した。

「全員、私についてこい。よその飛行場にある各飛行中隊へ合流する前に航空団司令のフラバク大佐に会う予定だ」

クール大尉の案内で地下の掩体壕に入った。第52戦闘航空団司令部はただの大きな壕に過ぎなかった。壁一面に巨大な前線地図が掛けてある。爆弾箱二つをテーブル代わりにして、本部と前線に配備された第52戦闘航空団に所属する三つの飛行隊をつなぐ電話が設置されていた。テーブルには将校が一人、兵士が二人、一方の片隅に無線機の通信員がいた。通信員の一人は航空団の公式な運航記録を取り、もう一人がソ連軍の通話を傍受している。二〇ミリ機関砲の銃弾が入っていた木枠を椅子として使っていた。

この息苦しく事務的な配置を仕切っていたのは金髪が薄くなった背の低いずんぐりした男、ディートリッヒ・フラバク大佐である。エーリッヒはすぐに航空団司令と副官の違いが分かった。フラバクの軍服は汚れてしわくちゃ、ズボンには油のシミがあった。ブーツには乾いた泥が固まり、長い間ブラシをかけていなかった。こんな格好の大佐をエーリッヒはこれまで見たことがなかった。

後方地域や訓練基地の大佐は神のような存在で、たいていそれに見合った軍服を着ている。フラバクは服装だけでなく、いろんな意味で異質だった。

フラバクはそっと動き手短に話した。彼の突き刺すような淡い水色の瞳は、新米パイロットを一人ずつ直視しながら握手を交わした。エーリッヒはたちまちフラバクに信頼感を覚えた。そして航空団司令が指揮系統を簡潔に説明する間、彼に昔ながらの堅苦しさがないのに気づいた。有能でプロに徹している。こうした本物の戦う老いた虎（＊1）のような将校と前線で出会うなら自分の居場所を見つけられると思った。

「ドイツ空軍で出世するには、出来るだけ早く筋肉ではなく頭で飛べるようになることだ」とフラバクは新米パイロットたちに言った。

この時点でフラバク航空団司令は撃墜六〇機以上を認定され、騎士鉄十字章を喉元にぶら下げていた。彼が語った事柄は今の訓練校では教えていない。

「これまでの訓練は機体を操作する、つまり自分の意思で筋肉を動かして操縦することに重点を置いてきた。これからロシアで生き残り、戦闘機パイロットとして成功するためには思考力を養わなければならない。もちろん、常に積極的な行動をしなければ成功しないが、闘争心は狡猾さや判断力、知的思考で調節しなければならない。筋肉ではなく頭で飛ぶのだ……」

無線用のスピーカーがフラバクを遮った。最前線の戦闘機パイロットにとって当たり前に繰り広げられる出来事を目にして、エーリッヒは立ちすくんだ。

「基地を開けてくれ。被弾した。飛行場が見えるからすぐに着陸する……」

フラバクとエーリッヒたち新米パイロットは、当直士官が飛行場を開けるために赤の照明弾を発射すると同時に先を争って掩体壕から出た。草地が広がる滑走路の端にMe109が黒煙を吐きながら近づいてくる。戦闘機の着陸装置が下がり、パイロットが操縦桿を操作すると損傷した機体が草むらに打ち付けられた。そのまま横揺れしながら数メートル進むと足周りの何かが外れて飛んでいった。炎と煙を上げるMe109は左に向きを変えて轟音と共に急回転した。

「クルピンスキーだ！」と誰かが叫んだ。応急員が消火活動に駆け出したが、メッサーシュミットの弾薬が爆発を始めて、四方八方に曳光弾や機銃弾が飛び出した。この状況に魂を奪われたエーリッヒは、すさまじい光景を凝視しながら立ちすくんだ。パイロットが煙をかき分けてこの地獄から逃げ出した。彼が生きているのは奇跡だった。そして救急車でエーリッヒが立っている所まで戻ってきた。

彼はしゃがれ声の大柄な青年で、フラバクに近寄ると青ざめた顔に満面の笑みを浮かべた。

「いまいましいコーカサス山脈の上空で対空砲火を浴びまして」と彼は言った。

フラバク司令「クルピンスキー、今夜は君の誕生日会を開こう」

フラバクが新米パイロットたちに目を向けると、彼らは僅差で逃れたクルピンスキーを見つめ畏敬の念と共に口をあんぐり開けていた。

フラバク「こんな風にパイロットが何かやばい事態から生き延びたら、その度に生まれ変わったとして誕生日会を開いている」

エーリッヒ「パイロットが死んだらどうなるんですか？」

フラバク「故人を偲んで皆で飲むんですぐに忘れる」

ドイツ空軍の有名な強者二人との出会いにエーリッヒは深い感銘を受けた。彼は物事を処理する時に形式張らず男らしく率直なのが好きだった。二日後の一九四二年十月十日、彼はコーカサス山脈の北に位置し、テレク川のほとりにある小さなソルダツカヤ村に司令部を置く第52戦闘航空団第Ⅲ飛行隊（Ⅲ／ＪＧ52（＊2））に配属された。クルピンスキーの墜落事故とフラバクの訓示を心に刻み、戦場に向かう最後の行程に向けて再びＪｕ52輸送機に乗り込んだ。

輸送機がソルダツカヤまで南下する間、エーリッヒは右手に見えるエルブルス山の美しさに感嘆した。雪を頂き毛皮のような積雲をまとい、明るい日差しに白く輝いている。標高五六〇〇メートルを超えるエルブルス山は、黒海の東端に堂々とした番兵のように構えている。この地域を飛行する戦闘機パイロットにとってエルブス山は格好の目印になると思った。左手にはどこまでも平原が広がっている。輸送機が着陸のために高度を落とすと、エーリッヒは小さな村の北西の角に飛行場を見つけた。辺りはメロンやひまわり畑に囲まれている。エーリッヒは素敵な場所だと思ったが、飛行場にある約六〇機のＭｅ１０９のいかめしい影や空き地に並ぶパイロットと地上要員用のテントが風景を台なしにしていた。

ソルダツカヤの第52戦闘航空団第Ⅲ飛行隊ではフラバクと会った場所に似た掩体壕から指示を受

けた。エーリッヒが他の補充パイロットと共に掩体壕に入ると、長い黒髪を撫でつけた小顔で背の高い男が頭を上げてニヤリと笑った。

「ようこそ、ひよっこたち！　私は飛行隊長のフベルトゥス・フォン・ボニン少佐だ。ハルトマンとメルシャットは第7飛行中隊、スティーブラーとヴォルフは第9飛行中隊に配属される。さて、本国からどんな知らせがあるのかな？」と彼は言った。

エーリッヒはこの屈強な老戦士に即答した。こんな男は訓練学校にはいなかった。こちらも軍服はしわくちゃ、ズボンはダボダボで折り目もなく、ブーツは鬼兵曹も卒倒しそうな代物だった。フォン・ボニンもまた訓練学校では教えないような考えを助言した。

スペイン内戦のコンドル軍団で戦闘機パイロットだった古参のフォン・ボニンは、その戦いで四機、さらにバトル・オブ・ブリテンの第26戦闘航空団で九機、東部戦線では四〇機以上を撃墜している。三十二歳で思慮深い戦闘機の指導者だ。エーリッヒは彼の話を気に入った。

「ここでは空の勝ち戦だけを数えて、順位や他の些細なことは考慮しない。地上では軍規に従うが、空では撃墜数が多く戦闘技術や経験が豊富なパイロットが常に編隊を率いている。この決まりは私を含めて全員に適用される。私より撃墜数の多い下士官と飛ぶ時は彼が編隊を率いる。これで、誰が隊を率いるかパイロットが迷うことは一切なくなる。撃墜数だけなので、疑いを差し挟む余地はない」

「地上では決して言えないようなことを、空中戦では上官に対しても言う。これは張り詰めた戦闘中にあって避けられない。空で乱暴な物言いをしても着陸した瞬間にすべて忘れてしまう。君たち若い中尉は、ほとんどが下士官と飛行することになる(＊3)。空では彼らが君たちより上に立つ。階級を理由に彼らの命令に従わなかったという話を、絶対に聞かせるな」

フォン・ボニンが本心で言っているのは明らかだ。翌月、老練な戦闘機パイロットとして実績を上げているグリスラフスキー中尉が、エーリッヒの僚機であるフォン・ボニン少佐と無線で話していた。彼らは敵機と激しい空中戦を繰り広げていた。興奮したグリスラフスキーの指示にフォン・ボニンは応答しなかった。

「言うことを聞かないんだな。俺の尻にキスしろ」とグリスラフスキーが無線でどなった。それでも応答はない。

「このクソ野郎が……」。グリスラフスキーは司令に罵声を浴びせ続けた。着陸するとフォン・ボニン少佐は笑顔でグリスラフスキーに近づいて、「指示は聞いたが、通信機が壊れて応答できなかった」と言った。

「俺たちはもう地上にいるが、お前の尻はキスするには汚なすぎるだろ」

パイロットは皆が笑い声を上げて、グリスラフスキーは司令に謝ったが、その必要はなかった。フォン・ボニンの自説を実践して生き残ったからだ。

エーリッヒと三人の新米パイロットに打ち解けた会話を終えたフォン・ボニンは、エーリッヒがこれまでに出会ったどの軍人よりも兄のような存在に見えた。彼は自信と信頼と仲間意識という暖かい感情を呼び起こされた。見かけ倒しではなくごまかしもないフォン・ボニンの指導力で、エーリッヒは彼に付いて地獄に墜ちても良いと思った。

第7飛行中隊に配属されたエーリッヒは、小柄な黒髪の男で生涯の恩人となるエドムント・〝パウル〟・ロスマン曹長と出会った。戦闘機パイロットにはふさわしくない性格のロスマンは、芸術家気質で陽気な性格と素晴らしい歌声の持ち主だった。ハルトマン少尉はロスマン曹長の僚機として飛ぶことになった。

地上にいる時ロスマンは年がら年中笑いを取る冗談好きな色男だった。その陽気さは、死んだ仲間に対する女々しい涙を一瞬にして下品な冗談の笑いに変えてしまう。朝起きると歌い出し、寝る前もよく歌った。その合間に対立して緊張をはらんだパイロットを仲直りさせ、ユーモアで憎しみを解消していった。彼は空中戦に従事する戦闘機パイロットにありがちな型にはまった考え方とはほど遠く、エーリッヒはロスマンが他と違うのにすぐ気づいた。移り気なロスマンは、いったん空に上がるとゆるぎなく心強い教官になった。この小柄な師匠の教えがエーリッヒに撃墜率の高さをもたらした。

エーリッヒがロスマンの僚機に配置されたと聞いた他の士官は、童顔なハルトマンの背中を軽く叩いた。

「俺たちの中でもパウルはハルトマンの付き添いに最適だ。彼は八〇機以上も撃墜している射撃の名手で、いつも僚機を帰還させている。パウルと一緒なら安心だ」

エーリッヒは二日間、各所でロスマンがいかに優れた指導者か耳にした。また、戦闘機パイロットとして成功するのに欠かせない役割を果たす人物の一人、整備班長のハインツ・メルテンス兵曹からもそれを聞いた。エーリッヒがメルテンスと出会ったのは第7飛行中隊に着任直後で、すぐに二人は打ちとけた

黒髪のメルテンスはずんぐりと角ばった人物で、二人が顔を合わせるとエーリッヒを真っすぐに見つめ互いに信頼感を抱いた。現在、デュッセルドルフで円満な家庭をもつハインツ・メルテンスは、自分が名声と栄光に貢献した金髪で二十歳の少年との初対面を思い起こす。

「これ以上の若い戦闘機パイロットはいないと思った。私を含めて隊員は彼をとても気に入った。出会って最初に彼が発した言葉が、『これからは一緒に朝食をとろう』だった。当日の地図を出して打ち合わせの用意をした。幼さの残る顔立ちが、いかにも若い青年に見えたが、てきぱきとした物腰は大人びていた。それ以来、彼の機体は誰にも触らせずに私が管理し、終戦の日まで一緒にいた」

メルテンスは何か悪いことがあるとベルのように〝リンリン〟と悪態をつくのが常だった。エーリッヒはこの一言で威圧する整備班長を面白がって〝ビンメル（ドイツ語でベルの意）〟とあだ名をつけたら、それが定着した。ビンメルやロスマンの評判はフラバクとフォン・ボニンによって好印象を与えられた。一九四二年十月十四日に最初の戦闘任務でロスマンと離陸したエーリッヒについてクルピンスキーが取って置きの事例をあげている。

二機のMe109G–4がグロズヌイとジゴラの間を掃討するために離陸すると、無線通信が活気を帯びてきた。「戦闘機七機と三機のイリューシンIL–2がプロフラドニ付近の道路を機銃掃射している。捕捉して攻撃せよ」

神経が張り詰めたエーリッヒはロスマンに付いて高度三六六〇メートルまで上昇し、テレク川沿いにプロフラドニまで下った。彼自身が初陣を語る。

「一五分飛行すると無線からロスマンのしわがれた声が轟いた。『注意、十一時方向下。敵機。俺が近いから攻撃する』。ロスマンが声をかけてきた敵機を見るため下を探した。何も見えない。私はロスマンの後方約三〇メートルに着いて一緒に降下した」

「それでも敵機は見えなかった。約一五二〇メートル降下して水平飛行で高速に移ると、前方の少し高い位置に濃い緑色をした二機の航空機が初めて見えた。距離は約九〇〇メートルだった」

「胸が高鳴った。頭に浮かんだのは初めての撃墜をものにすることだった。今だ！　その思いに取りつかれた。射撃位置に付くため全力でロスマンを追い越して前に出た。たちまち距離を詰めて距離二七〇メートルで撃った。自分の曳光弾が標的の上や左に飛んでいくのを見て衝撃を受けた。命中弾はなく、何も起きなかった。あっという間に標的が迫り、衝突を避けるため機首を上げた」

「たちまち四方を濃い灰色の航空機に囲まれ背後に回り込まれた。俺を殺す気だ！　自暴自棄になった。ロスマンを見失ったのだ。機首を下げて低高度の薄い雲まで疾走し、その間を抜けて上昇すると美しい日差しの中にいるのは自分だけなのに気づき少し元気になった。すると無線からロスマンのとても静かで心強い声が聞こえてきた。『落ち着け。追尾している。君が雲を突き抜けて上昇したから見失った。拾ってやるから雲の下まで降りてこい。』落ち着いたその声が心地よく操縦桿を前に押すと雲を抜けて降りていった」

「雲の下に飛び出すと約一三七〇メートル先に航空機が真正面から向かってくるのが見えた。パニックになった。ロスマンに正体不明の航空機がついてきていると呼びかけながら、私はスプリットS［空中戦で戦闘から離脱するために使用される航空機の機動。機体を回転させながら下方に宙返りする。十分な高度がないと地上に激突する恐れがあり、パイロットに高い技量が求められ難易度が高い］で降下し、川沿いに西へ向かって突進した。あの心強い静かな声が戻ってきた。『右に向きを変えれば、俺に近づける』

「右旋回すると追ってきた航空機は私の進路を横切り、危険なほどに接近してきた。またパニックになりスロットルを全開にした。木の高さすれすれまで降下すると西に向けて全力で噴かした。無線からロスマンの声が聞こえたが歪んで意味が分からない。私はずっと頭を垂れて背中の装甲板に縮こまり、死の恐怖を感じながら一人で疾走した。機体に敵の銃弾が命中するのに備えた。銃弾が炸裂するのを待つしかなかった」

「思い切って外を見ると、その一機がまだ後に付いている。さらに数分後、追っ手を振り切ったと分かりほっとした。ロスマンの不明瞭な声が再び聞こえたが、私を苦しめたものを振り切った喜びでほとんど錯乱していた。少し上昇しながら自分の位置を確認しようとした。左に明確な目印であるエルブルス山がある。でも、手遅れだった。燃料警告灯の赤い光が、飛行時間五分を切っていると告げていた」

「記憶にあるのはわずか五分後にエンジンが咳き込んで停止したことだ。私は行動を起こした。高度は三〇〇メートルある。軍の車列が移動する小さな道路が見えた。機体は石のように落ち始めた。機体を水平にしてひどい土煙の中で胴体着陸した。風防を開けると二分もしないうちにドイツ軍歩兵に取り囲まれた。私はソルダツカヤの基地から約三二キロのところで腹ごしらえをし、陸軍の車で帰ってきた」

エーリッヒは喚き散らしながら怒りに燃えたフォン・ボニン少佐へぶっきらぼうに報告する間も自分なりに縮み上がっていた。続けて経験豊富なロスマンが初歩的な戦術を講義するのをフォン・ボニンは険しい顔で聞いていた。エーリッヒ・ハルトマン少尉は初めての戦闘飛行で、確立された航空戦術の規則を事実上ほとんど破っていた。彼の戦術的な罪は以下の通りである。

1. 命令なしに指揮官から離れている。
2. 指揮官の射撃位置に飛び込んだ。
3. 積雲を上昇した。
4. 指揮官を敵機と勘違いした。雲を抜けて降下後に逃げ出した「敵」はロスマンだった。
5. ロスマンの合流命令に従わなかった。
6. 方向を見失った。
7. 敵に損害を与えずに自機を破壊した。

そして、フォン・ボニン少佐は落ち込むエーリッヒに飛行規律違反の罰として三日間、整備員と作業しなければならないと告げた。反省した金髪の少年は、その後の日々を部品や兵器の整備で過ごした。未来の撃墜王にとって不名誉な始まりだった。

ロスマンとはさらに多くの任務をこなし、その都度、新しいことを学んでいった。ロスマンは腕を負傷しており、航空団にいる他の猛者のように格闘戦が出来なかった。芸術家であるロスマンは、過酷で危険な旋回戦を補って余りあるとエーリッヒが認める技を開発したのである。不意打ちは彼の得意とするところだった。

エーリッヒはロスマンが攻撃前にどのように待機したか書き留めている。敵を見つけたら速やかに状況を把握し待つ。奇襲で痛い所を一突きできるなら攻撃を決断するだけだった。飛行中隊の強者も敵機を目にすれば自制できず、たちまち敵に切り込んでいく。エーリッヒはロスマンが被害を受けず着実に撃墜を重ねているのを見た。エーリッヒがロスマンの戦術を他のパイロットに話すと、彼らはこの「見てから決断する」とはどういうことか分からないようだった。エーリッヒはそれが正しいと理解した。

ロスマンとの最初の任務で悩まされた他の航空機を見つけられないという初心者に特有な戦闘時の視覚消失も克服した。こうした新米パイロットの障害をエーリッヒはこのように表現している。

「戦闘時の視覚消失にはまったく困惑させられる。指揮官は無線で一時の方向に五機の不明機がいると注意を呼びかける。その方向を凝視したら空を徹底的に探す。何も見えない。これは実際に経験してみないと、なかなか分からない」

「戦闘飛行の才覚を養うのはあとだ。もはや一番重要な機体の操縦は頭にない。そのうち必要に応じて感覚が順応すれば、経験豊富な指揮官のように敵機が見えるようになる。だが、もし、自分が戦闘機パイロットとしてどれだけやれるか知るための洞察力を養う機会を与えないような相方と組まされたら確実に撃墜される」

「戦争が長引けば長引くほど、こうしたことが起こり、新人パイロットを慣れさせようと気遣いする優秀な指揮官は少なくなっていった。一九四三年以降、ほとんどのパイロットは、私が受けた訓練のごく一部だけで戦場に送られてきた。戦闘機部隊はあらゆる機体で編成されており、『俺がやるから僚機はどうなってもかまわない』と言わんばかりの荒っぽい格闘戦がずいぶん行われた」

「少し未熟な少年として初任務に送り出されて指揮官を見失い、自分を気にかける者がいなくなるのは破滅に違いない。未熟さはパニックの召使いであり、パニックは誤りの父だ」

「パウル・ロスマンのような資質や技量を備えていない別の指揮官に配属されていたら、私は別の道をたどり異なる心構えを身につけ、おそらくこれほど長くは生きられなかっただろう。戦闘機パイロットの教育では、最初に見せられたものが生き残る助けとなり、のちには新たな仲間を切り抜けさせる備えとなる」

「私が編隊長、のちに中隊長、飛行隊長となるたびに、これらの重要な要素を新人に数回の飛行で伝えることに全力を尽くした。ロスマンとの経験を人生の規範にした。私は仔猫のような盲目の少年だった。彼らが頑固で無慈悲な指揮官（そんな者はいくらでもいた）として私の第一歩を切らせていたら。心強いロスマンの存在があったとしても、実際のところどうなったか恐怖で立ちすくむ。彼は重要な時期に私を導いただけでなく、奇襲の基本的な技術を教えてくれた。それがなければ自分が早々に撃ち落されることはないとしても、ただのありがちな格闘戦のパイロットになっていたのは間違いない」

一九四二年十一月五日正午にジゴラ近郊から四機編隊のシュヴァルムが緊急発進した。エーリッヒは編隊副官で僚機のトレッペ少尉と一緒に離陸した。すでにエーリッヒは戦闘時の視界が良好で、最初に敵を発見し、素早く敵機を数えた。一八機のＩＬ－２シュトゥルモビク対地攻撃機に一〇機のラヴォーチキンＬａＧＧ－３戦闘機が護衛に付いている。長らくドイツ軍は数で優位に立っていたが、一九四二年の夏以降はソ連軍の優勢が常態化していた。

これから起こることの前兆のように、この時、経験豊富なトレッペ中尉は敵機を見つけられず、エーリッヒに指揮をとり、攻撃するよう命じた。ドイツ軍は二機編隊（ロッテ）に分かれ、ソ連軍の上空と後方の高い位置から急降下した。主な任務はドイツ軍の輸送部隊を攻撃するＩＬ－２の作戦行動を阻止することだった。

エーリッヒとトレッペは赤い星を付けた護衛戦闘機の間を駆け抜けて、高速で敵機を切り裂きながら選んだ標的にひとしきり射撃した。高度約四六メートルで水平飛行に移ったエーリッヒは敵編隊の左端にいるＩＬ−２を捉えた。電光石火の速さで接近し九〇メートルを切ったところで射撃を開始した。命中！　命中！

機関砲と機銃の弾がシュトゥルモビクに命中するのが見えた。弾かれた！　くそ、分厚い装甲板め。ＩＬ−２の装甲については古参の強者がこぞって警告していた。シュトゥルモビクは空で最も頑丈な機体だった。跳ね返る弾丸を見てエースのアルフレート・グリスラフスキーが語ったＩＬ−２の話を思い出した。シュトゥルモビクを釘付けにする方法があった。グリスラフスキーが語った方法をいまさらながら考えてみた。「やってみろ、エーリッヒ。やれ」。機銃の轟音に混じって、彼は独り言のように大声で叫んだ。

機体を引き上げてバンクで回り込み、ＩＬ−２を一度やり過ごした。地上数メートルまで急降下し、敵機の下から上昇していった。今度は、ＩＬ−２が六〇メートルほど離れるまで射撃を続けた。機銃が炸裂しＩＬ−２のオイルクーラーからすぐに黒煙が噴き出し、長い舌のような火炎が空を突き刺すように激しく尾を引いていた。ＩＬ−２の尾翼はあっという間に炎に包まれた。

被弾したＩＬ−２は編隊を離れて東へ突進した。エーリッヒはスロットルを全開にして機体を浅く降下させながら懸命に後を追った。ＩＬ−２は翼の下で短く鋭い閃光を伴う爆発を起こし、破片をエーリッヒの進路にばらまいた。彼のＭｅ１０９はエンジンカウリングの下でくぐもった爆発を起こし振動した。エンジン・ドアの下から出る煙がコックピットに押し寄せてきた。

エーリッヒはすかさず状況を確認した。安心するには高度が低すぎる。位置はまだドイツ軍の戦線内だ。よし。彼は胴体着陸の準備を迅速に進めていった。速度を落とし燃料スイッチをオフにしてエンジンの点火装置を切る。ちょうど良い頃合いだ。彼が腹に力を入れるとエンジン・カウルの下から炎が噴き出し始めた。金属が砕ける、耳をつんざくような轟音と共に機体は着陸していった。コックピットは焦げたような埃に包まれ、エーリッヒは息苦しくなりながら機体を停止させるべく地面を滑らせた。

埃に包まれて火は消えていた。エーリッヒが風防を持ち上げると、後方から死にものぐるいで突っ込んでくる敵機を目にした。東に一六〇〇メートルほど離れたところで、ＩＬ－２が煙と炎を上げ轟音と共に地上へ激突した。雷のごとく墜落したＩＬ－２は炎に包まれ、大気を揺るがすような激しい爆発と共に分解した。

エーリッヒは初めて空中戦で勝利した。撃墜は簡単に確認できた。トレッペ中尉はエーリッヒの墜落現場を旋回すると翼を振り、勝者となった彼が生きて動いているのを見て飛び去った。静かに勝ち誇るエーリッヒは群がってきたドイツ軍歩兵に拾われて自分の部隊に戻った。

二日後、エーリッヒは熱を出してピャチゴルスク・エッセントゥキの病院に四週間入院した。その間、これまでに学んだことをじっくり考える時間が持てた。自分の行動を繰り返し分析した。今になって自分の仕事を学び始めていると思った。三週間前に初めての任務でやった大失態は繰り返していない。飛行規律を破っておらず感情も抑えていた。そして、ＩＬ－２に射撃した二回目は良い教訓を得た。近づいてから撃て。

初勝利には他にも重要なことがある。エーリッヒには熟考する時間があり、病院で横になりながら分析した。初陣のようなパニックや愚かさ、未熟さで自分の機体を失わなかったが、もっと早く離脱すべきだった。すぐに離脱していれば飛び続けられただろう。そうすれば、爆発したＩＬ-2の破片を避けられたかもしれない。

それから数ヵ月で、彼は四段階の攻撃方法を完成させた。「観察、決断、攻撃、離脱または一休み」。この基本的な攻撃方法の教訓は、初勝利に元からあった。最初にパウル・ロスマンと飛んだのは幸運で、命を救われただけでなく、今後数ヵ月かけて開発する彼独特の空中戦術の型を決定づけた。これらの戦術により、これまで一緒に飛んだ屈強な老戦闘機乗りを追い越して前人未到の頂点に立つことになる。

＊1　戦闘機パイロットの間で〝老いた〟という用語は相対的だ。フラバクはエーリッヒ・ハルトマンより七歳半ほど年上だが、戦闘機パイロットの若さを基準にすると〝老人〟である。

＊2　Ⅲ／ＪＧ52の略号は第52戦闘航空団第Ⅲ飛行隊を意味する。各航空団は通常三つの飛行隊で編成された。第Ⅲ飛行隊の第7飛行中隊は7．Ⅲ／ＪＧ52と表記される。第52戦闘航空団第Ⅲ飛行隊は第7、第8、第9飛行中隊でⅢ／ＪＧ52を構成した。

＊3　第二次世界大戦中のアメリカ陸軍航空軍では、パイロットに任命されるのは士官だけだった。他の国では多くが士官だけでなく下士官もパイロットだった。

20歳の頃

1942年2月28日のエーリッヒ・ハルトマン。この6週間前に20歳になっていた。アンハルト＝ツェルプストにて撮影されたこの写真は飛行学校卒業の記念写真である。

休暇中の士官候補生

1941年2月下旬、ノイクーレンでの基礎訓練からベルリン・ガトーでの飛行訓練に移る際、休暇で帰省したハルトマン士官候補生。

父と息子

1942年10月1日、ヴァイル・イム・シェーンブッフで、アルフレート・ハルトマン博士と息子——新米戦闘機パイロットのエーリッヒ——が、上空を飛ぶ飛行機を眺めている。戦闘機パイロット学校を卒業したばかりのエーリッヒは、これからロシア戦線の部隊に配属される。

プンスキー伯爵

第52戦闘航空団のパイロット2名と写るヴァルター・クルピンスキーは、1100回以上の戦闘飛行により197機を撃墜した。ハルトマンとは変わらぬ友情で結ばれている。(写真:Krupinski Collection)

戦術教官

ヨーゼフ・"ユップ"・ツヴェルネマンはハルトマンを率いて飛び、"一休み戦法"が勝利する最良の方法だと教えた。ツヴェルネマンは後に、ガルダ湖畔付近でパラシュート降下中にムスタングのパイロットによって射たれ、1944年4月8日に死亡した。彼の撃墜記録は126機である。

最初の小隊長

エドムント・"パウル"・ロスマンはハルトマンにとって散々な結末で終わった初陣の編隊長であった。チューリンゲン州カアシュヴィッツ出身。1943年、オリョール近郊に不時着し、ソ連軍の捕虜になるまでに93機を撃墜した。その後、彼は戦争を生き延びた。

ラルとハルトマンの僚機パイロット

ハンス＝ヨアヒム・ビルクナー中尉はギュンター・ラルやエーリッヒ・ハルトマンの戦歴の早い時期に僚機を務めた。彼は1944年12月14日、ポーランドのクラカウにおけるテスト飛行任務中に墜落死するまで117機撃墜を成し遂げた。

ロシアで勝利の祝い
200機目の敵機を撃墜し、飛行隊の仲間から祝福を受けるギュンター・ラル（1943年8月29日、ロシアのマケエフカにて）。左から右に、ブロシュヴィッツ、シュテファナー、ラル、ヴァルター・クルピンスキー、フリンク。（写真:Krupinski Collection）

ロシアの手強い泥濘
第52戦闘航空団ではMe109を乾いた地面まで牽引するのが大変だった。1944年春のウクライナにて。（写真:Krupinski Collection）

幸運な元爆撃機パイロット
ギュンター・カピト（中央）は、ハルトマンと飛行中に撃墜された唯一の僚機だった。爆撃機パイロットから転向したカピトは、敵の攻撃を急旋回で避けるのに失敗した。（写真:Capito）

1943年6月14日に婚約

これはエーリッヒが休暇で帰省した際に撮影された正式な婚約写真である。この時点で彼は17機の撃墜戦果を記録していた。

騎士鉄十字章受章後の最初のポートレイト

エーリッヒ・ハルトマンは中尉に昇進して間もない1943年10月29日、386回目の出撃中にソ連のキロヴォグラード上空で148機目となる撃墜を記録した。クルスクの戦いが始まった同年7月5日以降、131機を撃墜しており、戦争序盤なら20機で騎士鉄十字章を受章できたはずだ。

愛する人たちとの団らん

1943年10月、騎士鉄十字章を受章した息子が休暇で帰省し、母エリザベートと父アルフレートは喜んだ。エーリッヒとウーシュは6月の休暇中に婚約を発表していた。

第四章　雄叫びをあげる

戦争において、自分の得意分野で敵を打ち負かせなければ、際立って異なる何かを採用した方が良い……
——ウィンストン・チャーチル、1916年

熱病が癒えた後、飛行中隊に復帰したエーリッヒは自分の中で以前の衝動的な攻撃性が明らかに和らいでいると感じた。熟考して限界を知れば物事をとことん突き詰める時間は十分にある。敵からパウル・ロスマンを守ると決めた。ロスマンはエーリッヒが編隊を率いて自分で銃撃できるように自ら手本を見せた。ロスマンの奇襲攻撃や遠距離からの狙い撃ちは手際が良く、エーリッヒの憧れは増すばかりだったが、ほどなくして第7中隊の別のエースと共に飛行する機会が来た。彼が空中戦で学ぶ場が広がっていく。

勝ち続ける熟練者や騎士鉄十字章の保有者など強靭なエースのほとんどは、頭を使うロスマンの

方法とは全く異なり筋肉で格闘戦をしていた。エーリッヒは持ち前の分析力で容易に技術の違いを見分けた。ロスマンの方法が最善なのは観察し直感で分かったが、今一緒に飛んでいる札付きの格闘戦パイロット三人からも重要なことを学んだ。

一九四二年八月に騎士鉄十字章を獲得した、いかつい顔立ちで三十歳の老兵ダンメルス兵曹がいた。〝筋肉〟パイロットのダンメルスは急旋回の攻撃的な格闘戦を得意とし、敵を肉体的に消耗させてから殺しにかかる。エーリッヒがダンメルスの後方を守っていると、攻撃中の編隊が別の敵機には脆弱であることや見晴らしを見失うなど、格闘戦の極めて重要な欠点を学んだ。

アルフレート・グリスラフスキーはダンメルスよりも頭を使うパイロットだったが、それでも大いに筋肉を使っていた。また、前年夏に騎士鉄十字章を獲得したグリスラフスキーからＩＬ−２の機体下部にあるオイルクーラーの脆弱性を教わっていた。攻撃的であると同時に分析的でもあるグリスラフスキーは、第52戦闘航空団でトップクラスのシュトゥルモビク退治屋で、かつ思慮深い戦術家だった。戦争後期に黒海の海岸で地雷を踏み重傷を負ったが、一三三機を撃墜し騎士鉄十字章に柏葉を加えて戦争を生き延びた。

ヨーゼフ・ツヴェルネマン中尉は筋肉と頭脳が半々のパイロットだった。エーリッヒが僚機として飛んだツヴェルネマンは当時二十六歳で、その後は六〇機以上を撃墜している。彼は一九四四年四月八日にイタリアのガルダ湖近くで激しい格闘戦の末に戦死した。

対決した敵の一人がパラシュートで脱出した彼を卑怯にも撃ったのである。

この強者三人はいずれもロスマンの戦術とは明らかに異なっていた。彼らは近接射撃を行っていた。彼らの短距離攻撃はエーリッヒにとって当初は驚きだった。というのも、ロスマンの腕前で長距離から射撃する方法は、敵機を撃墜するのが比較的容易に思えたからだ。それでもグリスラフスキー、ダンメルス、ツヴェルネマンの敵を撃墜する能力に疑いの余地はなかった。エーリッヒは初めて撃墜したIL-2に近接射撃したのをよく覚えている。ロスマンの奇襲戦術に至近距離からの直接射撃を加えても最善の方法ではないかもしれないと疑問に思った。

エーリッヒはこうした熟練者の僚機として飛んでいたので自ら射撃する機会はほとんどなかった。尾部に食いついて離れないようにするのは簡単な任務ではなかった。しかも、第7飛行中隊はほぼ一定の割合で飛行場から飛行場へと移動しており、エーリッヒは落ち着く暇もなかった。一月に第7飛行中隊は退却するドイツ地上軍の護衛で、ミネラリヌイエからアマヴィールに移動したが、数日のうちに赤軍の進撃でこの新たな基地も維持できなくなった。悪天候で飛行が出来ず、使用可能な九機のMe109が爆破されるのをエーリッヒは苦悶の表情で見た。

その後、クラスノダール、マイコープ、チモシェフスカヤの代用基地は、すべて順次避難を余儀なくされた。スラビャンスカヤで短期間の作戦を行ったのち、最終的に第7飛行中隊はニコラーイエフに移動し第Ⅲ飛行隊に再統合された。新米の戦闘パイロットにとって、つらく多忙を極める時期で、さらに状況が厳しくなる兆しがあった。

一九四三年二月十日に五〇機目の撃墜を記録した第7飛行中隊長ゾンマー大尉は、騎士鉄十字勲章の受賞を許されなかった。従来なら東部戦線で五〇機撃墜は騎士鉄十字章に十分だったが、対ロシア戦に苦戦する今では条件がかなり厳しくなった。一九四三年一月から二月の時点で騎士鉄十字章はエーリッヒにとって遠く達成不可能な目標に思えた。

彼がやっと二機目を撃墜したのは一九四三年二月二十七日だった。間もなく第7飛行中隊の現場にエーリッヒが撃墜王になるための大きな助けとなる士官のヴァルター・クルピンスキー中尉が姿を現した。ゾンマー大尉の後任に任命されたクルピンスキーは、エーリッヒがマイコープに到着した日、不時着したMe109から危うく脱出した強者で、その時と同じ笑顔をたたえていた。新しい第7飛行中隊長は型通りのやり方で指揮を引き継ぎ、エーリッヒはすぐに尊敬と畏敬の念を抱くようになった。

タマン半島のクバンに到着するやクルピンスキーは新しい中隊長だと自己紹介し、すぐに飛行可能な戦闘機を求めた。彼は飛び上がるとすぐに撃墜されパラシュートで脱出した。車で飛行場に戻るや別のMe109で再び飛び立ち、今度は二機撃墜すると無傷で戻ってきた。この中隊長が強者なのは間違いなく、兵士を統率するのに堅い規律を必要としていないのは明らかで、エーリッヒはクルピンスキーをすぐに気に入った。

新任の中隊長は次に僚機を付けるように求めた。下士官のパイロットたちは、凄まじい勢いで名声が先行する彼の護衛任務に気乗りがしなかった。パウル・ロスマンが下士官を代表してエーリッヒの元にやってきた。

「エーリッヒ、クルピンスキー中尉の僚機として飛んでくれないか？」

「なぜだ？　下士官たちはその仕事をやりたくないのか？」

ロスマンは少し恥ずかしそうにしていた。

「古参の連中は彼が切れ者の士官だと言っている。だが、彼はまともに飛べない。士官の誰かが彼の僚機をやってくれれば丸く収まると思っている。やってくれるか？」

ロスマンが相手では断りにくいとエーリッヒも理解していた。それでクルピンスキーに会うのを承諾した。勲章持ちの古参下士官たちは、優秀なパイロットとそうでない者の区別はつくから、エーリッヒが新しい中隊長に自ら志願すれば万事折り合いがつく。彼は少しばかり屠殺場に向かう子羊のような気分になった。頑固でぶっきらぼうなクルピンスキーにエーリッヒの心はあまり和まなかった。

身長一七〇センチでがっしりした精力家のクルピンスキーは、ひどく個性的な遊び人として一九四三年春にはドイツ空軍で有名だった。クルピンスキーは少なくとも軍事面での見かけや行動が、実際の年齢よりずっと円熟した人格者だった。国家労働奉仕団で六ヵ月間勤務したのち、一九三九年九月一日にドイツ空軍のファーネンユンカー（士官候補生）として召集された。

彼は一九四一年末から上級士官候補生で、のちに士官として飛行しており、かつて偉大なヨハネス・シュタインホフ（あだ名はマッキー）の僚機だったこともある。エーリッヒが僚機として任務を申し出た当時、彼は第52戦闘航空団のエースとして七〇機以上を撃墜し有名になっていた。クルピンスキーは最終的に一九七機を撃墜し世界第十五位の戦闘機エースとして終戦を迎えた。降伏時にはアドルフ・ガーランドの精鋭部隊である第44戦闘団（JV44）の隊員としてジェット戦闘機Me262を操縦していた。

クルピンスキーは長年に渡る不屈の活躍が評価されタマン半島にやってきた。彼は負傷、パラシュートで脱出、胴体着陸といった信じがたい状況に身を置く傾向があった。クバン川の近くに墜落して、ドイツ軍歩兵が地雷を埋めた牧草地に胴体着陸したこともある。損傷した機体で草むらを滑ると次々と地雷につまずいたので、クルピンスキーは大砲で撃たれたと勘違いした。

クルピンスキーは衝動的に飛行機から飛び出して身を隠すために駆け出そうとした。コックピットから這い出でると、近くにいて彼の命を救ったドイツ軍歩兵部隊の軍曹が現場で起こった爆発の原因を教えてくれた。兵士たちが棒で地面を突きながら二時間かけてやってくると彼を救い出した。

終戦直前の四月、彼がバート・ウィーゼにある戦闘機パイロットの保養所を出て休暇を楽しんでいると、軍歴の頂点を極める出来事があった。シュタインホフの強い勧めを渋々引き受けた彼は、パイロットに提供されるコニャックの大ジョッキを飲み干し、ガーランドの第44戦闘団でMe262を飛ばすことにした。

マイコープで墜落したクルピンスキーの機体から四方に銃弾が飛び散る光景を思い出し、この手強い人物に向かい合うのだとエーリッヒは心を新たにした。

「私の名前はハルトマンです。あなたの僚機を務めます」

「ここは長いのかね？」

「いいえ、三ヵ月ほどです」

「何機、撃墜したのか？」

「二機であります」

「これまで誰と飛んだのか？」

「主にロスマンですがダンメルス、ツヴェルネマン、グリスラフスキーです」

「やつらはみな優秀だ。俺たちはうまくやれるよ。今のところ以上だ」

現在ヴァルター・クルピンスキーは新生ドイツ空軍の准将としてアメリカのテキサス州にあるフォート・ブリスに駐在している。エーリッヒ・ハルトマンと初めて対面した記憶は、とても若かったという印象しか残っていない。

「ただの子供にしか見えなかった。とても若く生命力に溢れていた。初対面の日に去っていく彼に〝なんて幼い顔なんだ〟と思った」

クルピンスキーが第7飛行中隊長として来たのと入れ替えに、第52戦闘航空団第Ⅱ飛行隊長フォン・ボニンの後任になったギュンター・ラルもエーリッヒに同じ印象を抱いている。第52航空団の偉大なエースであるラルについてはのちほど詳細に触れるが、この時に彼が受けたエーリッヒの印象も同様だ。

「第7飛行中隊の食堂で彼（エーリッヒ）を初めて見て、私はただ〝なんて若い子供なんだ〟としか思わなかった。彼はまずその若さゆえに目立ったが、優れた射撃の腕ですぐに皆の注目を集めるようになった」

エーリッヒとクルピンスキーは互いに不安な第一印象を抱いたまま翌日の飛行に臨んだ。エーリッヒは彼をいかれた野人、クルピンスキーは子供を僚機に飛んでいると確信していた。

新任の中隊長は敵に向かって酒場で喧嘩するように殴り込んだ。攻撃的で恐れを知らないこのパイロットは悪魔のように飛行しながらも戦術的には頭脳明晰だった。クルピンスキーがまともに飛べないというのは明らかに根拠のない作り話だ。だが、クルピンスキーは真っすぐに射撃できず、弾丸はほとんど大きく外れてしまった（＊1）。そこでエーリッヒは射撃の腕を生かして彼の弱点を補った。エーリッヒは訓練で初めて標的を蜂の巣にした時から天性の射撃手だった。こうして二人は最強のチームになった。

エーリッヒはクルピンスキーにぴったり付いて射程圏内に入ると対気速度を落とし、上昇や離脱をしながら指揮官の背後に付いた。そして〝クルピンスキーの穴を埋める〟ために数秒間射撃した。このやり方で二人は何機か撃墜をものにした。やがて彼らはお互い頼りになる存在だと実感し、クルピンスキーがエーリッヒを指導するうち歴史に残る偉大な戦闘チームとして互いの心を読めるようになった。

クルピンスキーが攻撃する時はエーリッヒが高い高度に留まって背後を見張り、別の敵機が入り込んで来たらどうするか伝える。エーリッヒが攻撃している間はクルピンスキーが高い高度にいて攻撃の修正や回避行動を指示する。エーリッヒは無線でクルピンスキーが同じ命令を繰り返す声を聞いた。

「おい、ブビ！　もっと寄れ。遠距離で発砲しすぎだ」。エーリッヒはロスマンを真似て遠距離攻撃をしていた。射撃の苦手なクルピンスキーが感心するほど毎回射撃の命中率は高かったが、目標に迫ればもっと良くなるのは明らかだった。のちにクルピンスキーはこう語っている。「空ではまともに撃てない若いパイロットが多く、エーリッヒは正確な長距離射撃ですぐに目立った」

クルピンスキーがいつも空で呼ぶ〝ブビ〟のあだ名は中隊に定着し今も使われている。

クルピンスキーがいつものように「おい、ブビ、もっと寄れ」とエーリッヒに射程を詰めるよう促す。敵に近づけば近づくほど射撃の効果は絶大だ。何発かは横に逸れた。至近距離では多連装機銃の爆風を受けて敵機がよろめくのを見ることもたまにある。さらに機体が崩壊して空中爆発を起こす場合もある。そうして降下すると二度と戻ってこられない。

やがてエーリッヒは空中戦の戦術を完全に会得し、それを守るようになった。魔法の四段階とは、「確かめる、決断、攻撃、保留または一休み」。分かりやすくいえば、敵を発見し、奇襲できるか判断し、攻撃したら銃撃後はただちに離脱する。あるいは攻撃前に見つかったら一休み（保留）して敵を引き離し、こちらの存在を知った敵とは真っ向から戦わないようにする。エーリッヒ・ハルトマンはこうした戦術の手順を厳格に守り頂点に立った。

エーリッヒとクルピンスキーの空でうまくいった協力関係は、地上でも自然と心温まる友情につながった。クルピンスキーの〝プンスキー伯爵〟というあだ名は、何の根拠もなく付けられたわけではない。屈託のない色男で人気者にふさわしかった。「プンスキー伯爵」は、その体格、気力、颯爽とした物腰が調和して形作られる暮らし方を謳歌していた。空にいては根性で激闘し、地上では魅力的で艶やかさをたたえた幸せで堂々とした戦闘機パイロットだった。

クルピンスキーは飛ぶことが最優先だったが、その次として中隊の宿舎にバーを作ろうとした。五〇キロ以内にいるドイツ人の女子はだれもがクルピンスキーに熱を上げていた。彼についてエーリッヒが語っている。「私はプンスキー伯爵からたくさんの悪事を熱心に学んだ。彼はフランク・シナトラみたいに魅力的な切れ者の愛すべき人だった」

「空でも地上でも〝罪な〟紳士で、戦争が終わって外見は真面目になったが、内面は昔のクルッピ、つまり私のような牙を抜かれた虎だった」

クルピンスキーの指導により、エーリッヒは一九四三年三月二十四日までに五機を撃墜した。その内訳は以下のとおりである。

一九四二年十一月五日　出撃二回　ＩＬ－２一機撃墜
一九四三年一月二十七日　出撃二回　ＭｉＧ－１一機撃墜
一九四三年二月九日　出撃二回　ＬａＧＧ－３一機撃墜
一九四三年二月十日　出撃五回　ダグラス・ボストン一機撃墜

一九四三年三月二十四日　出撃二回　U－2一機撃墜

エーリッヒは五機撃墜で初の叙勲となる二級鉄十字章を授与された。ドイツ空軍の制度ではまだ名誉あるエースの地位を得られていない。この時点では、ドイツ軍は第一次世界大戦の基準「エースの条件、撃墜一〇機」を守っていた。

一九四三年四月末、僚機として一一〇回の任務をこなしたエーリッヒは、編隊長になる資格を十分に満たした。（＊2）

四月三十日までさらに三機を加えて撃墜が八機となったエーリッヒに編隊が与えられた。クルピンスキーとの飛行は忘れがたい体験だったが、ロスマンと最初に組んだ任務を基本に熟練の格闘戦家と何十回もの任務で広がった戦術について独自の考えを持っていた。編隊長として、やっと自分の思い通りにできるようになった。

すでにエーリッヒの頭の中では敵に死をもたらす四段攻撃法が用意してあった。彼は指揮のやり方をあれこれ変更や修正をしないと決めていた。そして攻撃方法と同様に決して変更すまいと決めたルールが、パウル・ロスマンとの最初の経験で身に付けた〝決して僚機を失わない〟だった。

後年、著者がエーリッヒ・ハルトマンと知り合い人生と軍歴について語り明かした中で、彼が唯一誇りを持っている武功がある。それは、ロシア戦線の航空戦という最悪の状況下を実力で生き延びた彼自身のルールである。「僚機を決して失わない」。長く続いた勝利、ダイヤモンド付騎士鉄十字章の受賞に至る叙勲、十年半に及ぶソ連の獄中生活から生還した道徳的勝利についてさえも、超然として客観的かつ謙虚に話し合えた。若く経験の浅い部下を一人も失わずに守り通した能力は、彼にとって大切な思い出であり功績だ。

撃墜王と飛んで唯一、撃墜され無傷で生還した経験を持つ僚機がいる。彼はギュンター・カピト少佐という元爆撃機パイロットで、機種転換訓練も受けずに終戦間近にエーリッヒの飛行隊に送られてきた。三十二歳のカピトは戦闘機パイロットへの転身がかなり遅く、そのため地上に留め置かれていた。カピト自身の言葉を借りれば「それは簡単なことではなかった」

二人が互いに見せた反応は一九五〇年代から六〇年代にかけて、新生ドイツ空軍の中でたくさん繰り返されるものだった。カピトは一九四五年当時におけるエーリッヒの印象をこのように語っている。

「ブビ・ハルトマンの第一印象はそれほど驚くようなものではなかった。目の前に立っていたのは、すっかりしわくちゃになった帽子の下に整っていない金髪を覗かせただらしない青年だった。彼は退屈そうにゆっくりした口調で話した。あだ名にふさわしいと思い、『これが噂の隊長か』と自問した」

「その後数日間、彼にはある種の気質があるという事実を除いて、この思いはぬぐい切れなかった。飛行、戦闘機パイロットや戦いの話になると彼は生き生きとして明瞭に答えた。それで、彼は健全な人物であり若いゆえに全くもって奔放なのだと感じた。それでも指揮官には見えず、その印象は終戦まで変わらなかった」

平時に訓練を受けた職業軍人であり、爆撃機パイロットを追い出された年上のカピトは、戦闘機部隊に馴染めなかった。第一線の戦闘機パイロットとして自由きままなやり方で自分の生き方を見つけたエーリッヒは戦闘機部隊が気性に合っていたが、カピトにはそれが神経に障りがちだった。

だが元爆撃機のパイロットはエーリッヒの僚機として飛ぶのを切望し、毎日その機会をうかがっていた。エーリッヒはもうすぐ戦争が終わるし、Ｍｅ１０９に爆撃機パイロットが乗ったら必ず苦労するからカピトを思いとどまらせようと説得を試みた。カピトはエーリッヒの僚機として飛ぶ機会を求め続けた。

ついに撃墜王は同意し、元爆撃機パイロットである彼に単座戦闘機のパイロットとしての重要な第一歩と必要な事柄を理解させるため、具体的には指揮官の近くにいるよう説明した。とりわけカピトは戦闘機の動きに急旋回は不可欠だと注意された。

エアラコブラとの空中戦でハルトマンとカピトはソ連軍の二機編隊に占位された。その後の行動をエーリッヒ自身が語る。

「私のそばにいるようカピトに声をかけながら射程距離までソ連軍戦闘機に近づいた。以前、彼に説明したとおりの状況だった。ソ連軍機が撃ってくると私は急旋回で水平に離脱したがカピトは私に付いてこられなかった。爆撃機がやる標準的な旋回だった。一八〇度旋回後、彼と攻撃してくるエアラコブラは私の反対側にいた。

敵の戦闘機を挟み込むため反対側に大きく旋回するよう呼びかけたが、彼は今度も標準的な旋回をして被弾してしまった。一部始終を見て、すぐに降下してパラシュートで脱出するよう命じた。彼が機体から離れパラシュートが開くのを見て大いに安心したものの彼が指示どおり出来なかったことに腹が立った。

私はエアラコブラの後ろに回り込み、すぐさま接近して少し射撃すると敵戦闘機は降下し、カピトが着地した地点から約三キロ、我々の基地から約一・六キロのところでものすごい爆発とともに墜落した。エアラコブラを倒したのは嬉しかったが、ギュンター・カピトとは飛ぶなという直感に耳を傾けなかった自分に腹が立った」

エーリッヒは基地に戻ると車を用意して意気消沈したカピトを迎えに行った。彼らは墜落したソ連軍機に車を走らせた。大尉だったパイロットは機外に放り出された衝撃で死んでいた。彼は二万マルク近い巨額のドイツ紙幣を持っていた。一四〇〇回の戦闘任務で、エーリッヒ・ハルトマンの僚機が災難に遭ったのはこの時だけである。

無傷だったカピトはエーリッヒと同じく、現在は新ドイツ空軍の大佐として活躍している。彼は撃墜後の心境を語っている。

「私はひどく恐縮して、跪かなければならないと思った。墜落した敵を見ても私の気持ちは晴れなかった。死んだロシア人は二五機を撃墜しており、私は二六機目だった。

だから、私を撃墜した相手は私のような下手くそではなかったのだ。夕方、死を免れたパイロットに贈られる伝統的な誕生会で私はすこしずつ回復していった」

終戦時にカピト大佐はエーリッヒと共に捕虜になり、その後アメリカ軍によってソ連の管理下に移された。一九五〇年までソ連の監獄におり、現在はボン近郊のトロイスドルフに住んでいる。

一九四三年春、編隊を率いるようになったエーリッヒは撃墜数を増やす機会を得たが、断固として僚機の安全確保に努めた。編隊長として駆け出しの時期を経て、独特な攻撃法を確立し、常に僚機の安全に気を配るようになった。一時は奔放なクルピンスキーの印象が彼の指揮にも見られた。若く多感な彼が、とりわけその指揮ぶりに強い感銘を受けたクルピンスキーのような人物の模倣をするのは自然なことだった。エーリッヒは様々な出来事や経験、新たな責任によって、クルピンスキーのようになる努力をすぐにやめてしまった。

他人と自分は両立しない。彼自身の道を歩み、独自の指揮官としての資質を身につけると人々は自然に従った。その精神を下地にした良い例が〝ビンメル〟・メルテンスの献身だった。空で僚機の安全を配慮し、持ち前の衝動性を抑えるだけでなく、一緒に飛ぶ仲間に信頼と献身を呼び起こした。彼はいつも仲間を連れ帰ってきた。

一九四三年五月二十五日まで、さらに六機を撃墜した。当日夜明けに飛び立った彼は、数分後にソ連のＬａＧＧ–９［原文ママ］を打ち据えて帰還した。攻撃を中断した彼は太陽に向かって上昇し、半ば目が見えない状態で別のＬａＧＧ–９と空中衝突した。注意深く飛行し手慣れたグライダーの腕前で、操縦不能なＭｅ１０９をドイツ軍の占領地域に戻した。ドイツ軍の戦線内で胴体着陸したのは五回目になる。この交戦で彼は神経を病み一時帰国を許された。彼はフラバクの命令を受けてすぐにシュトゥットガルトで一ヵ月間の贅沢な時間を過ごすという妙案を思い付いた。

不快で困難なロシア戦線を経てドイツに戻ったエーリッヒは大いに士気を高めた。ウーシュはこれまでにないほど愛らしく見えた。肘掛け椅子に深く座り、夜は清潔なシーツを敷いた柔らかいベッドがあり、そして前線の絶え間ない重圧も一切ない。

ある夜、彼はベッドで「離脱しろ！　離脱しろ！」という寝言で目を覚まし、弾かれるようにして直立不動になった。それは僚機に警告する大声だった。馬鹿らしくなって、彼はベッドにうつぶせで倒れ込んだ。戦場から何百キロも離れている。もっと遠かったか？　暗がりの中で静かに横たわりながら、記憶の中に広がる出来事に想いを馳せていた。

一九四三年春まで、連合国のドイツ爆撃は憂慮すべきものではなかった。ドイツの夜間戦闘機部隊はかなりの成果を挙げており、夜ならイギリス空軍の実効性はそれほど心配する必要はなかった。それでも、敵が戦力を増強しているのは疑いなく、やがてドイツに大規模な空襲を行い、大量の爆弾を投下するようになった。一〇〇〇機の爆撃機が同時に一つの目標を目指すと被害は甚大だった。前年の春、イギリス空軍のケルン強襲が、この流れの始まりだった。

ドイツのプロパガンダは連合軍の攻撃、特にごく最近イギリス空軍が行ったルール地方のメーネとエーダーゼーのダムに対する攻撃を最小限に報じていた。この攻撃で生じた濁流で幾つかの村が流され、カッセルの一部も水浸しになった。イギリスのラジオはドイツ空爆を強化する見込みがあると宣伝した。ロシア戦線で奮闘する戦闘機パイロットにとって、何千機もの連合軍爆撃機が日夜祖国の上空を飛び回るのは悲痛な思いだった。

翌日、ヴァイルの実家でエーリッヒが居間に入るとゲーリング元帥がラジオ演説の最中だった。父親はゲーリングのわめき散らすような妄想を訝しげな表情で聴いていた。彼はボリュームを下げてエーリッヒを真っすぐに見た。

「聞け、我が子よ。〝今日は高みでホサナ（神を称えよ）、明日は彼を十字架にかけろ〟。この戦争は絶対に勝てない。なんという過ちだ、なんという無駄か」

ハルトマン博士は豊富な経歴と人間に関する知見で、これまでプロパガンダには騙されずに世間の状況をよく分かっていた。彼は一九三九年以来、エーリッヒに同じことを言い続けていた。彼の話題は一貫して戦争はドイツにとって最悪の結末を迎えるというものだった。国民を安心させようとするゲーリングの言葉は何の意味もなかった。ドイツ国内では新たな大規模爆撃の噂が広まっており、ハルトマン博士は診療所で各都市の被害を目にした多くの人たちと会っていた。

エーリッヒは初めてドイツ市民の不穏な空気を感じ、両親は彼が無事でいられるか気がかりだった。ウーシュも不安を隠せなかった。彼が出発する日は華やかな雰囲気に包まれたが、愛する故郷の人たちは不安な気持ちを一層深めた。実家での出来事を励みに気を引き締めようと彼は気力をみなぎらせて戦場に戻った。一九四三年七月五日、四回の出撃で四機のＬａＧＧ‐５戦闘機を撃墜し、これまでの一日で最高の成績を収めた。しかしせっかくの大手柄もクルピンスキーがまたもやエーリッヒを悲しませる災難に見舞われて台無しになった。

第7飛行中隊の基地上空で行われた乱戦で、クルピンスキーのMe109がオイルクーラー付近と尾翼に激しい銃撃を受けた。方向舵が十分に利かずクルピンスキーは機体が損傷して飛行場を周回できないと判断し、ためらうことなく着陸態勢に入った。緊急着陸と同時に九〇度の方向から警戒態勢で離陸する別の航空機がいた。被弾した機体と格闘するクルピンスキーは、このまま宙返りするか離陸する航空機と衝突するしかないと判断した。

旋回しようとして機体が横に振られると外側のブレーキを掛け過ぎてしまった。戦闘機は仰向けになり、その衝撃でクルピンスキーは頭を照準器にぶつけた。二分後に事故処理班が到着すると、彼は半ば意識を失い安全ベルトにぶら下がり、血まみれでガソリンを浴びていた。彼はガソリンでべとべとになった服の染みを血だと思いパニックになりかけた。事故処理班が彼を引きずり出し治療をするため運び出した。彼は頭蓋骨骨折で六週間も戦闘不能になった。彼の戦線離脱は戦隊に大きな打撃を与え、エーリッヒは仲間を気に掛けるようになった。

エーリッヒは厳しい飛行をこなし、優秀な仲間を失い続けた。クルピンスキーの事故と同じ日に飛行中隊全体の三分の一に当たる五人のパイロットが失われている。この程度で戦争は終わらない。二日後、エーリッヒはＬａＧＧ‐５四機とＩＬ‐２三機の計七機を一日で撃墜した。これで撃墜数が二二機となり、第7飛行中隊の戦果は七五〇機に達した。

翌日、さらに四機のＬａＧＧ‐５を撃ち落した。もはやエーリッヒの頭には確実に効果的な攻撃方法を見つけた確信があった。「観察、決断、攻撃、離脱または一休み」。射撃の腕も上達し続け、戦闘に継ぐ戦闘で慎重に近付いてから射撃するようになった。たいていの者が離脱するような近距離でもエーリッヒはまだ遠いと感じた。距離が近いほど射撃の効果は絶大で確実に仕留められる。

一九四三年八月一日までに撃墜数は四六機になった。二日後の午後六時三十分にハリコフ近郊でLaGG-5を撃ち落して撃墜五〇機を記録した。以前はこれだけで騎士鉄十字章を授与されたが、今ではさらに多くの撃墜数が必要だ。彼は以前の未熟さを十分に克服し、もはや明らかに有望で腕のある若い指揮官になっていた。

第52戦闘航空団第Ⅲ飛行隊長のギュンター・ラルは、エーリッヒの進捗を注意深く見ていた。ラルはエーリッヒに中隊を任せる時期もあったが、有望な新人をあわてて推すのは控えていた。一九四三年八月までにラルはエーリッヒが中隊を扱えると判断し、第9飛行中隊長のコルツ中尉が戦死すると後釜に任命した(*3)。第9飛行中隊は初めて二〇〇機の撃墜を記録したヘルマン・グラーフが所属していた伝統ある部隊である。

エーリッヒに責任がのしかかった。一日に四回の出撃任務は当たり前で、ソ連軍の攻勢が本格化する東部戦線の南側で敵を見つけるのは簡単だった。八月五日の時点でエーリッヒの撃墜数は六〇機、その後三日間で一〇機を加えて八月十七日には八〇機となり、第一次世界大戦のマンフレート・フォン・リヒトホーフェン男爵の記録に並んだ。

九月末までに一一五機を撃墜したエーリッヒは、史上初めて空中戦で一〇〇機を撃墜した不滅の戦闘機エースであるウェルナー・〝ダディ〟・メルダースの生涯撃墜数を上回った。他国の空軍ならこの時点でエーリッヒは国民的英雄になっていただろう。ロシア戦線で撃墜一〇〇機は比較的ありがちな実績で、この若い空の騎士にとっては一五〇機が必要だった。亜麻色の髪をした若き中隊長は撃墜を重ね、自信をつけると共に墜落する頻度も増えていった。しかし、ソ連軍機やパイロットの質も上がり撃墜するのはより難しくなった。

十月二十九日、エーリッヒ・ハルトマン中尉は、十月一日にクルピンスキーが記録した一五〇機目に追いついた。クルピンスキーは一九三九年から一九四〇年までかけて記録したものである。一九四三年二月二十七日以来、エーリッヒは八ヵ月で一四八機という傑出した記録を挙げた。

この功績によりエーリッヒはドイツ軍戦闘機パイロットの憧れである騎士鉄十字章を獲得した。受賞の知らせが中隊本部に届くとビンメル・メルテンスは大喜びで若い隊長の手をポンポンと叩いた。

「このままいけば、あなたはこの世の戦闘機パイロットで最も偉大な存在になる。誰もあなたの上には立てないでしょう」

ビンメルの熱狂はとどまるところを知らない。エーリッヒは彼に手を引かれながら、この献身的な仲間にどれだけ借りがあるのかと秘かに思った。

「ビンメル、君は完全にいかれている。だが、私が頂点に立つならそれは機体が信頼に応えてくれるからだ」

一九四三年十月二十九日、エーリッヒは騎士鉄十字章を授与された。ドイツ空軍の飛行士で騎士十字章を受賞した約一三〇〇人に加わった。彼は戦闘機の胴体に血の滴る赤く大きな心臓をエスカッシャン（紋章）として描いていた。この心臓には「ウーシュ」と書かれ矢が突き刺さっている。空ではカラヤ1、喉元には憧れの騎士鉄十字があった。さらに金髪の騎士は愛するウーシュと家で二週間過ごすという、さらに価値のある賞品を手に入れた。

＊1　直射であろうとなかろうと、不屈のクルピンスキーは一〇〇〇回あまりの出撃で一九七機を撃墜している。

＊2　ドイツ空軍とアメリカ軍の編隊構成

●ドイツ国防軍
ロッテ（編隊＝二機）
シュヴァルム（小隊、二個ロッテ＝四機）
シュタッフェル（中隊、三個小隊＝一二機）
グルッペ（飛行隊、三個中隊＝三六機）
ヤークトゲシュヴァーダー（戦闘航空団、三個飛行隊＝一〇八機）

●アメリカ陸軍航空軍
エレメント（分隊＝二機）
フライト（小隊、二個分隊）
スコードロン（中隊）
グループ（飛行隊）
ディビジョン（飛行師団）

＊3　コルツ中尉は八月の大半を休暇で不在だったが、八月二十九日に騎士鉄十字章を授与され、同日の戦闘で編隊長と共に未帰還となった。

第五章　熊の掌に

亡くなった者に身を捧げるのは亡くなった者だけだ。
――ハンス＝ウルリッヒ・ルーデル

一九四三年八月十九日夜、ソ連軍の砲声はエーリッヒが長い間眠れないほど激しかった。その日は三〇〇〇回目の飛行任務で疲労困憊していたが、打ち鳴らされる銃声が眠りを妨げた。ソ連軍の大攻勢が進行していたのだ。夜明け前の不安な時間帯に、ドネツ盆地のクテイニコフにある第7飛行中隊の基地に悪い知らせが広まった。ソ連軍が戦線を突破し、ドイツ軍の大部隊が包囲される恐れがあった。

騒然とした中隊が緊急発進の準備をする中、エーリッヒは簡易ベッドから転がり出て服を着た。眠っていたパイロットたちが薄明りの中でテントから沸き出てくると、あちこちで噂がささやかれていた。戦闘機のエンジンが爆音を轟かせて基地は活気づいた。七月に起こったクルピンスキーの事故以来、エーリッヒは第7飛行中隊の指揮を執っていた。彼は第52戦闘航空団の司令官であるディートリッヒ・フラバク大佐が作戦を指揮している小屋に足を運んだ。

フラバクはいつものように冷静かつ的確に戦況をエーリッヒに伝えた。

「ハルトマン、最初の任務は君の中隊が担当する。ソ連軍の戦闘爆撃機を排除し続けるため一日中畳み掛けるように飛行任務をこなすことになる」。フラバクの指が地図に突き立った。「突破口の本命はここだ。ルーデルのスツーカは奴らを地獄に叩き落とすだろう。スツーカを護衛しソ連の戦闘爆撃機を主要目標とする。敵機が反撃してこなければ赤軍を機銃掃射しろ。行け、幸運を祈る」(*1)。

エーリッヒはパイロット七人を周りに集めて打ち合わせをした。散開戦闘隊形で飛ぶ。

「私が攻撃命令を出したら、すべての僚機は自分の編隊長にぴったり付くように。次の命令で各編隊長は編隊ごとに空中戦をする。第一目標は戦闘爆撃機と爆撃機だ。第二編隊は私が攻撃している間、上空に留まって見ていろ。私が引き上げたら攻撃する。もし大きなカモの群れに遭遇したら、各編隊は率先して攻撃するように。どんな規律違反であれ誰も私を咎めないことを願っている。幸運を!」

数分後、エーリッヒはカラヤ1の準備を整えて心配そうに待っているビンメルに歩み寄り、「問題なし」と言った。

ビンメルは頷いた。エーリッヒは整備班長が準備を整えていると分かっていた。おそらくビンメルは数時間前に起きて機体をいじっていたのだろう。コックピットによじ登ぼりパラシュートを座席の下に敷くとエーリッヒは信頼するビンメルが自分の乗機を担当してくれるのがどれほどありがたいか改めて思った。エーリッヒは狭いコックピットでも快適にこれからの操作ができるように安全ベルトを膝に垂れるほど緩めた。あとは手順書どおりにやった。

燃料切換え弁開け……スロットルを三分の一開ける……気化器にガソリンを注入、三、四、五回……水冷機閉じ……プロペラを自動に……両方の主点火装置……二人の整備員が慣性始動機を回している間、すべてが順調に進んだ。粉を引くようなブンブン回る音が高くなる。

整備員の「離れろ!」という叫び声は、プロペラ回転に問題が無いことを示した。エーリッヒがクラッチをつなげると回転を始めたエンジンはすぐにかかり、滑らかな轟音が空気を震わせた。

エーリッヒは油圧、燃料圧、電流計、冷却装置に続いて二基の発電機を順番に点検した。回転数はしっかり保たれている。離陸地点までタキシングするとビンメルに目配せで合図した。これは、しっかり整備された機体に対するパイロットの無言の感謝である。エーリッヒは最後にひと通りチェックした。乗機は飛ぶ準備ができている。シートベルトを締めてメッサーシュミットを緩やかな風に向けてエンジンを吹かすと機体は草原を駆け抜けた。操縦桿を軽く触ると機体はやすやすと持ち上がり、上層雲から一条の日光が差すと同時に舞い上がった。

着陸装置が上がり穏やかな音と共に固定された。彼はフラップを確認し釣り合いを調整して機銃のスイッチを入れた。電動照準器と無線機は作動している。今や戦いの準備ができた。飛行場から離れて上昇するとエーリッヒは血のような朝焼けの太陽に向けて東に針路を取った。北東にはそこが戦場であると分かる黒い煙が天に立ち昇っている。「エーリッヒ、十分もかからないよ」。彼は独り言をつぶやいた。それから振り向いて仲間の出撃部隊を見渡した。

すばやく数えた。僚機はプルス中尉。第二編隊を率いるのはオルジェ・ブレッシン中尉で、その僚機がユルゲンス兵曹。第二編隊も良好だ。ハンス＝ヨアヒム・ビルクナー中尉はエーリッヒが自分の僚機として訓練したパイロットの筆頭だ。頭で考える飛行士のビルクナーは射撃の名手である。バッハニク兵曹は僚機のヴェスター中尉を率いていた。金髪の騎士を先頭に八機のMe109はルーデルのスツーカに合流するため疾駆した。

煙が立ち昇る眼下には砲弾の閃光が広範囲に広がり、連なる弾幕が最前線の激しい戦闘を物語っている。エーリッヒの飛行隊が戦場に近づくと、約四〇機の急降下爆撃機シュトゥルモビクがドイツ軍歩兵部隊を猛爆している。各シュトゥルモビクの上空にはソ連軍戦闘機が警戒しながら旋回していた。約四〇機のLaGG-5とYak-9の群れだ。

エーリッヒは敵戦闘機を潜り抜けながら選んだ標的に短く射撃した。それからメッサーシュミットは低高度のシュトゥルモビクに襲いかかった。装甲を帯びた憎き敵を一機でも撃ち落せばドイツ軍歩兵部隊の負担を取り除ける。

エーリッヒは高速で飛ぶIL-2シュトゥルモビクの後方から射撃位置について慎重に距離を詰めた。一八〇〇メートル……一三七メートル……九〇メートル、あっという間に射程距離が詰まる。

黒い大きな塊となって迫り来るシュトゥルモビクは六八メートル以内になると前面風防一杯になった。すべての機銃で銃撃する。ソ連軍機が下方に向けて大爆発し左翼が切断された。エーリッヒは射撃後ただちに離脱し、低空を飛行していたもう一機のシュトゥルモビクを高速で追撃した。

二機目のシュトゥルモビクは地上の目標に気を取られていた。エーリッヒに気づかずドイツ軍歩兵部隊を攻撃していた。カラヤ1はたちまち後方の射撃位置まで距離を詰めた。エーリッヒは再び最後のぎりぎり一瞬まで我慢した。九〇メートルまで。「エーリッヒ、まだ近づき足りない。こいつは空で一番頑丈だ」。四五メートルで引き金を絞り、すべての機銃を一斉射撃した。

シュトゥルモビクは機首から尾部まで折れ曲がり、身震いしながら燃え上がった。エーリッヒは被弾した敵機の上空で急上昇し、地上を機銃掃射している別のシュトゥルモビクに向かおうとした。カラヤ1の下では新たな爆発で機体が軋む音がした。エーリッヒはエンジンカバーが一枚吹っ飛び、プロペラの後流に乗って消え去るのを見た。コックピットにはむせぶような青白い煙が逆流した。

彼は再び独り言を声にした。「エーリッヒ、いったい何が起こった？　対空砲、地上砲火、空戦の流れ弾？　どれだ？　気にするな！　今のうちにできるだけ西に向かうんだ、急げ！　この忌わしい鳥がやられる前に」。彼は西に急旋回し、スロットルを戻した。エンジン点火スイッチと燃料スイッチを切る。「そうだ隠れよう。でも、どこに？　畑がある、広くてひまわりがたくさんある……そこに向かえ。エーリッヒ、ゆっくりゆっくり降ろせ……母さんが教えてくれたグライダーのように」

戦闘機は苦もなく着陸し、金属を削るような音を立てて跳ね上がりながら停止した。ここから立ち去ろうとパラシュートを外し、ねじ曲がった戦闘機から離れる準備をした。計器盤に手を伸ばし、航空時計の留めネジを外し始めた。時計が不足していたので胴体着陸したらすべてのパイロットは、この精密機器を持ち帰るように命じられていた。

時計の留めネジに悪戦苦闘しながら、エーリッヒは戦闘から少し解放された気分になった。「くそったれ、エーリッヒ。今朝は朝食を取ってなかった…」。埃にまみれた風防を通して目に飛び込んできた光景に独り言をやめた。ドイツ軍のトラックがガタガタ音を立てて視界に入ってきたのでほっとした。胴体着陸するまでどれほど西に飛んだか分からないが、ドイツ軍のトラックは心強かった。ソ連軍の後方に降りたドイツ空軍パイロットの消息は滅多に聞くことはなかった。時計と格闘していた彼はトラックのブレーキ音を聞いてちらりと顔を上げたが思わず二度見した。

トラックの荷台から得体のしれない軍服を着た図体のでかい兵士が二人飛び降りてきた。ドイツ軍の歩兵は緑灰色の上衣だが、この兵士たちは黄灰色の軍服だった。その二人が墜落した戦闘機の方に振り向くと、エーリッヒは恐怖で鳥肌が立つのを感じた。その顔はアジア系だった。

このソ連兵たちは鹵獲したドイツ軍のトラックを使い、今や戦闘機のドイツ人を捕獲しようとしていた。近づいてくる二人のソ連兵にエーリッヒは冷や汗をかいた。外に出て逃げようとしたら撃たれる。残された選択肢はただ一つ。怪我を装うしかない。不時着で内臓を損傷したように誤魔化そうとした。

翼に飛び乗った兵士たちがコックピットをぽかんと眺めているのを見て、彼は意識を失ったふりをした。一人がエーリッヒの脇に手を伸ばして持ち上げようとした。ソ連兵は気持ち悪いほど酸っぱい臭いがした。エーリッヒは痛みで泣き出し嗚咽を漏らし続けるとソ連兵は彼を放した。

二人は早口のロシア語でまくしたててからエーリッヒに話しかけた。「同志よ、同志よ。戦争は終わった、ヒトラーも終わった（＊2）。もう大丈夫だよ」

ソ連兵にコックピットから注意深く助け出されたエーリッヒは、アカデミー賞ばりの演技を見せながらブルブル震えていた。そして立ち上がれず地面に倒れこんだ。ソ連兵はトラックに戻って古いテントを取り出し、折りたたんだキャンバスに負傷したパイロットを寝かせた。彼らは濡れた洗濯物の束のように彼をトラックまで運ぶと注意深く荷台に寝かせた。

兵士たちはエーリッヒに親しみを込めて静かに話しかけようとした。前夜の戦闘で大勝利を収めた彼らは幸せな気分だった。エーリッヒはうめき声を上げながら腹を握りしめ続けた。彼の痛みを和らげられず苛立ったソ連兵は、ようやくトラックに乗り込み近くの村にある司令部まで運んだ。

医師がやって来た。彼はドイツ語を少し話せて診察しようとした。医師は酸っぱい香水のような臭いがした。触れられるたびにエーリッヒが泣いたので医者も納得したようだ。医師が何か果物を持ってきたので彼は食べるふりをした。そして、噛むと体に痛みが走るかのように再び叫び声を上げた。

芝居は二時間続いた。そして、あの兵士たちが再びやってきて、彼を畳んだテントの上に寝かせると卜ラックまで運んだ。揺られながら東へ、つまりソ連軍の戦線後方に向かったので、エーリッヒはすぐにでも脱出しなければ戦争が終わるまでソ連の捕虜として過ごすことになると思った。そしてこの状況を秤にかけた。トラックは三キロほどソ連側に戻ったところだ。ソ連兵は一人が運転し、もう一人はトラックの荷台で負傷したドイツ人捕虜を監視していた。エーリッヒが考えを巡らせていると西の空からスツーカの特徴的な唸り声が聞こえてきた。

ドイツ軍の急降下爆撃機が頭上を低高度で通過し、トラックは減速し逃げる準備をした。エーリッヒは立ち上がり不安げに上空を見つめる監視のソ連兵を肩で突き飛ばした。彼は運転席の後部に頭をぶつけ荷台に倒れこんだ。

荷台の後部ドアから飛び出したエーリッヒは、人の背丈ほどもある道路脇のひまわり畑に駆け込んだ。彼が隠れると同時にトラックのブレーキをかける音がして逃走がばれたと分かった。よろめきながら、ひまわりの海に深く潜り込んだエーリッヒは、ライフルの発射音と弾丸が飛ぶ音を聞いた。それというのも彼が逃走する波のような跡に発砲していたからだ。

ライフルの銃声は小さくなりながら離れていき、間もなく脅威ではなくなったが、エーリッヒは胸が張り裂けそうなほどの速さで少なくとも五分は走った。こんなに走ったのはコーンタール高校の競技会以来だ。ソ連兵との距離が一メートル離れるごとに安全に近付いていく。息を切らしながら、ひまわりの海から飛び出すと、突然おとぎ話に出てくるような小さな谷に入った。

小さな小川を囲む木々や緑の草、野の花は生死をかけた逃避行には似つかわしくないように思えた。彼は草むらに身を投げ出し冷たい空気を肺に吸い込んだ。心臓の鼓動が収まり思考が明瞭になると、自分の窮状とドイツ軍占領地域にどうやって戻るか見極め始めた。

立ち上がると、太陽の位置から見て約九時の方向と判断し、西に向かって歩き始めた。とても心地良い夏の朝、山野を三十分ほど歩くと小さな村に通じる道に出た。茂みに囲まれながら確実に逃走するために情報を集め始めた。

そう遠くない道路の反対側に毛皮の服を着た人々を見かけた。しばらく見ていると彼らはロシア人であると分かった。まだ戦線のソ連側にいるのは間違いない。道沿いに注意深く一・五キロほど進むと遠くに丘が見える。そこで兵士がタコつぼや塹壕を掘っていた。つまり前線はそれほど遠くない丘の向こうにあるわけだ。

戦闘時の冷めた思考が彼の頭を支配していた。このまま昼間のうちに作業をしているロシア人の間を突き抜けたい誘惑にかられた。丘の向こうにドイツ軍がいるかもしれないが銃声は聞こえない。そのうえ、陽のあるうちはソ連兵や農民があちらこちらにいそうだ。窮地になるといつものように静かに独り言を言った。

「エーリッヒ、ひとつだけ確かだ。昼間は捕まらずにここを通るのは絶対に無理だ。谷に戻って暗くなるまで待て」

小川や木々が生い茂るおとぎ話のような谷で安全を確保するために来た道を引き返した。小川近くの乾いた渓流を選び、目立たないように砂や石を積み上げて小山を作った。彼は目隠しの後ろに横たわると眠りについた。午後遅くに目を覚まし、日暮れとともに出かける準備をした。

エーリッヒが夜明けに飛び立った後、ビンメルは部隊で待機していた。他の整備班長は戦闘機が戻ってくるまでテントでコーヒーを飲んだり座って噂話をしたりするが、彼は待っているのが常だった。ビンメルは並んだ戦闘機のそばで一人待つのが好きで、空から視線を離さない。その朝、ビンメルの上官は他の者と一緒に帰ってこなかった。心配と悪い予感で、東の地平線に目をやりながら帰還するMe109の姿や音を警戒しながら行ったり来たりした。

エーリッヒの燃料が尽きた後もビンメルは何時間も警戒を続け次第に取り乱すかのようにみえた。エーリッヒの身に何が起こったのか、帰還したパイロットの中に確かなことを知る者はいなかった。パウルス中尉は煙を引きながら落ちていく彼を見たが、彼自身もその時、ソ連軍戦闘機に飛びかかられたので、その後を見ていない。他のパイロットは八〇機のソ連軍機との一騎打ちに忙しく、エーリッヒがどうなったか見る余裕はなかった。

ビンメルの歩調はますます速くなった。報告を聞きに司令部の地下壕を訪れる回数も多くなった。まだ連絡はない。やがて整備班長の仲間たちが毛布をテントで巻いて背嚢に食料を詰め込んでいるメルテンス軍曹の姿を目にした。

「ビンメル、どこに行くんだ？」

「隊長を探しにソ連側の戦線に向かう」

「捕まったら撃たれるぞ」

「俺はロシア語が話せる。住民はエーリッヒを見つける手助けをしてくれる」

ビンメル・メルテンスは休暇も基地から出かける許可も取らなかった。彼はライフルを持って前線に向けて徒歩で姿を消した。隊長が生きていれば探し出して連れ戻すだろう。それが金髪の騎士と忠実な整備班長の絆であり、心の底から湧き出す忠義だった。いかついビンメルが視界から消えると、他の整備班長たちは首を振った。

エーリッヒが前線に向かって突き進んでいると、夜空に銃声が響き曳光弾や照明弾が舞っている。近くでライフルや機関銃の銃声がして、八月の薄闇の中を朝に見た塹壕のある丘に向かって足早に歩く。丘を登り注意深く掘り跡を見て回った。丘の反対側は、ひまわりが咲き乱れる広大な谷が広がっている。

エーリッヒはひまわりの中をかき分けて西に向かい、なるべく動揺を抑えた。頻繁に立ち止まるのは理にかなっている。体力を温存すれば敵の動きに耳を傾けられる。一時間かけてひまわり畑を歩き続け長い休憩をとる。その時、歩兵装備のハーネスが軋む金属音に警戒を強めた。

エーリッヒがしゃがみ込むと十人からなるソ連軍の斥候隊がひまわりを縫って押し寄せてきた。これは偵察（recce（＊3））部隊の可能性が高いと考えた。彼らはドイツ軍の前線がどこにあるか知っており、近くの前線陣地に向かっているのだろう。これを好機と捉えて斥候に付いていくことにした。

エーリッヒは斥候の動きに合わせて、高くそびえるひまわりが揺れ動くのを後ろから距離をとりながら暗がりの中を見守った。数分後、ソ連兵はひまわり畑の外れに辿り着いた。その場にしゃがみ込んだエーリッヒは、彼らが牧草地を横切り右手にある二軒の小屋を通り過ぎるのを観察した。

　ソ連兵がよろめきながら丘を登り木立の向こうにしばらく姿を消すと、エーリッヒは牧草地を駆け抜けて小屋にある木の階段の下に飛び込んだ。そして斥候隊が丘の中腹から暗がりに消えていくまで身を隠して見ていた。

　嵐のような自動小銃と手榴弾の炸裂音が空気を引き裂く。斥候の残党が泣き喚きながら坂を下りよろめきながら戻ってきた。ボロボロになった彼らの姿がひまわり畑の奥に消えていった。エーリッヒはゆっくり休めると思った。ドイツ軍の前線は次の丘にあるはずだ。

　彼が坂を駆け上がり丘の頂上に近づいたところでドイツ語の歌を口笛で吹き始めた。自動小銃の銃声に遮られたくなかった。数分後、彼は丘の上に立った。ドイツ軍や塹壕はなく人の気配もない。靴が薬莢の山にカチッと当たった。小競り合いの現場にいたのだ。エーリッヒは深夜〇時頃と推測した。

　エーリッヒは再び西に歩き始めた。さらに二時間、よろめきながら千鳥足で丘に囲まれた谷に降りていった。空腹と緊張で眩暈がしそうになりながら、谷の西側斜面を目指した。遠くでゴロゴロと砲弾の爆発音が鳴り響く。あとは自分の呼吸音だけ。空気はひどく静まり返っていた。

「動くな」と咎められた。

　その誰何は至近距離から発射されたライフルのくぐもった銃声と混じりあった。エーリッヒは銃弾がズボンの裾を引き裂くのを感じた。

「馬鹿野郎！　ああ神様。お前、仲間を撃つな」と怒鳴った。

「とまれ」

「ちくしょう、俺はドイツ軍のパイロットだ。撃たないでくれ、頼むから」

二〇メートルも離れていなかったので歩哨が撃ち損じたのは幸運だった。射撃の腕が悪かったのは恐怖で身がすくんでいたからだ。エーリッヒが恐る恐る近づくと、暗がりで兵士が文字どおり恐怖に震えているのが見えた。エーリッヒは銃弾で穴が開いたズボンから脚に空気が流れるのを感じたが、彼はもっと怯えていた。

エーリッヒは声高に歩哨の背後に向かって叫んだ。

「撃墜されたドイツ軍パイロットだ。ここまで来られて幸運だ。戦線のソ連側から何時間も歩いてきた。頼むから通してくれ」

「通せ」。後方から聞こえる鋭い命令がエーリッヒには救いのように響いた。

若いエースは暗闇の中で歩哨を睨みつけながら声のする方に近付いた。歩哨は一瞬たりとも気を緩めなかった。エーリッヒの背後に回り込み、ライフルの銃口を背中に突き付けた。エーリッヒは額に汗がにじむのを感じた。暗闇で一歩でも足を滑らせるかよろめいたら、この愚か者は彼の背中に銃弾を撃ち込むだろう。

塹壕にいた兵士に手荒くタコつぼに押し込まれた。この部隊の指揮を執る少尉が疲れ切ったエーリッヒを尋問し始めた。彼は身分証明書を持っていなかった。ソ連兵がポケットを空にしたのだ。疑い深いドイツ士官に名前と階級、そして前日の朝に撃墜されたおおよその位置を伝えた。午前二時頃に歩兵たちが慎重なのは責められない。

「お願いだ。少尉、私の航空団司令部に電話してくれ」

士官は納得したがここに電話はなく、夜は戦線を離れられない。また、彼らが神経質になって警戒している理由も話してくれた。

「二日前に六人の男がやってきた。全員が完璧なドイツ語で自分たちは脱走した捕虜だと言った。隣にある部隊の陣地に入ると、コートの下からサブマシンガンを取り出し、十人を殺傷した」

エーリッヒは無常で汚い歩兵の戦いに思いを巡らしながら夜が明けるまで前線部隊で過ごすことになった。同胞にわずかな食料をもらい疲れ果ててタコつぼで眠った。一、二分経ったかと思われた頃、歩兵の一人に腕を揺さぶられていきなり目を覚ました。

「一緒に来てくれ。警戒態勢だ」

エーリッヒが腕時計の蛍光文字盤を見ると午前四時だった。彼は兵士のあとに付いて機関銃が設置されている塹壕に入った。胃がキュっと締まった。大きな歌声が丘の中腹に響いている。エーリッヒは塹壕の縁からこっそり覗いた。ソ連兵の一団が丘の斜面をよろめきながら進んでくるのが見える。酔っぱらっているようだ。砲兵や戦車もなしに、おしゃべりや冗談を言い合いながら前進している。酔っているのか、それとも罠なのか。

ドイツ軍を指揮する若い少尉は部下に土壇場で命令を出した。

「待て。命令するまで撃つな。逃げられないように近づかせろ」

エーリッヒはこの歩兵戦術が空の自分によく似ていると思った。

丘に上がって来たソ連兵は大声で喚きながら歌っている。塹壕のドイツ兵は神経が張りつめた興奮状態でうずくまっていた。ソ連兵は塹壕から二〇メートル以内をよろめきながら歩いていた。彼らが酔っていようが素面だろうがはっきり見える。

「撃て！」

ドイツ軍の小隊が一斉に射撃を開始した。鉛と鋼の爆風が次第に弱まるとソ連兵は足を上げてその場に倒れ込み、あるいは丘の向こうになぎ倒された。寒さと酔いで彼らに生き延びる可能性はなかった。血とボロ布が交じり合った残忍な待ち伏せは三〇秒余りで終わった。生き残ったソ連兵はいない。

エーリッヒは初めてロシアにおける歩兵の残酷な戦いに接した。この冷酷な体験は彼の記憶に深く刻み込まれ、二十五年経っても思い出すと背筋が凍る。歩兵と航空兵は戦い方に共通点がわずかしかなかった。

待ち伏せが終わると夜明け前に伍長がエーリッヒを中隊本部まで連れて行った。無線機と電話があり、中隊長はすぐにクテイニコフのフラバク大佐に連絡した。エーリッヒの身元が確認され、車で基地に送り返されることになった。フラバクに報告後、ビンメルを探しに行った。

エーリッヒは整備班長が単独で捜索に向かったと聞いて愕然とした。ビンメルはまだ戻っていなかった。エーリッヒがいない間に病院から戻ったクルピンスキーは第7飛行中隊に復帰した金髪の騎士を回想する。

「ブビ・ハルトマンが戦線のソ連軍側から帰還した日を今でも忘れられない。無事に飛行隊に戻れて喜んでいたが、この体験は本当に怖かったようだ。目を大きく見開き、明らかに疲れ切っていた」

「彼はほとんど生き残りのいないような経験をした。この辛い何時間もの間に、ずいぶん年をとったように見えた」

ビンメルがいないと聞いて気をもんだエーリッヒだったが、翌日には不安が解消された。翌朝、真っすぐ立った紛れもないメルテンスの姿が、飛行場を横切ってとぼとぼ歩いてきた。ビンメルの目にはクマがあり頬はこけている。彼は倒れそうになりながら意気消沈して基地に戻ってきた。そこでエーリッヒが目に入った。

憔悴しきったビンメルの顔に幸せな笑顔が広がった。班長が帰ってきた。彼はエーリッヒに怪我がないか確認し大股でやってきた。二人は手を握り合い、互いに命をかけた男の深い絆を無言で表わしたのである。ビンメル・メルテンスは今でもソ連側に墜落したエーリッヒ・ハルトマンの無事を確認した時が人生で最も幸せな瞬間だったと語っている。

エーリッヒの過酷な体験は貴重な教訓になった。直感的に負傷兵を演じた選択が彼を投獄や死から救ったのは間違いない。ソ連兵は内臓の損傷を装った彼の策略にはまり警戒を緩めてしまった。

それが脱出するカギになった。ソ連軍の手に落ちたパイロットの経験談によると、ドイツ軍の飛行士は武装した二、三人が付き添い厳重に警備されるのが普通だ。大抵は捕獲後すぐに手錠をかけられる。

咄嗟の判断は戦闘機パイロットの重要な資質で、この場合は金髪の騎士の軍歴が一九四三年八月に撃墜九〇機で終わるのを防いだ。彼はソ連軍側で体験した主要な点を、戦争後半に率いた若いパイロットや戦後の新生ドイツ空軍で指揮したリヒトホーフェン飛行隊に伝えた。それにはエーリッヒ・ハルトマン自身の総括が適切だ。

『どこかで捕虜になり逃げられるのなら夜だけ移動するように』と部下にいつも言ってきた。昼間は絶対に動くな。予期しない遭遇で敵と戦い、自分を見つけてくれるはずの人物と出会えない可能性が常にある。昼間は対処しなければならない不測の事態が多すぎる」

「夜に移動すれば不意打ちはない。自分に有利だ。自分はよそ者で周りは敵だと分かっている。何語で誰何されても暗闇なら飛び出すまで時間がかせげる。夜は敵の大半が寝ているから、妨害されたり逃げ場を見つけられたりライフルの引き金を引かれることもない」

「私は戦時中も戦後も指揮を執ったすべての部下に昼間は逃げ出さない自制心を持てと強調してきた。あの日、乾いた河川敷に寝転がってそれが脳裏に焼き付いた。急がなくて良い。夜まで待て。闇は味方だ」

金髪の騎士の並大抵でない経歴においてもとりわけの椿事としてよく挙げられるのが、一九四三年八月にソ連の捕虜となった時に全身全霊を尽くし、優れた勘と冴えた分析、自制で脱出を果たしたこの出来事だ。一九四五年、アメリカ軍の捕虜になった彼が熊（ソ連）の手中に送られた時は政府間の協定で起こった状況から逃れられなかった。金髪の騎士を熊の掌から解放するには十年半後に再び結ばれた協定が必要だったのである。

＊1　飛行家やスキーヤーなど危険な仕事につく者が使うドイツのスポーツ用語。原文のHals und Beinbruchは文字どおり「骨を折る」という意味だが、使い方によっては幸運を呼ぶ言葉でもある。迷信深い飛行家は直接的な表現で幸運を祈られるのは縁起が悪いと考え、逆説的な意味で使っている。

＊2　ロシア兵は「ヒトラー（Hitler）」を「ギトラー（Gitler）」と呼ぶ。したがって、この場合、彼らは「ギトラー・カプト（kaput）＝ヒトラーは破滅した」と言っている。

＊3　Recceは、偵察を意味する軍事の俗語。

第六章　柏葉付騎士鉄十字章

戦争では命の保険が利かないのは確かだ。
――ハンス＝ウルリッヒ・ルーデル大佐

一九四三年秋、エーリッヒが一五〇機撃墜を達成すると、その名声は両陣営で急速に高まった。ドイツの宣伝放送は時折彼の名前に言及し始めた。彼の写真が新聞に掲載されることもあった。たいていは第52戦闘航空団の有力な戦闘機パイロットと一緒に写したものだったが（＊1）。ソ連軍ではとりあえず無線の呼出符号〝カラヤ1〟で呼ばれ、その後は〝南部の黒い悪魔〟として悪名高い存在になった。

黒い悪魔の伝説はエーリッヒがチューリップの花びらの形をした特徴的な黒い模様を乗機の機首に描かせたのが始まりだ。彼の戦闘機は空中戦の間も容易に見分けがついた。すぐにソ連軍の飛行士たちは黒い模様をしたドイツ軍戦闘機のパイロットを避けるようになった。彼は絶対に敵を撃ち漏らさない。いまだに正体不明のまま恐れられていたこのドイツ軍パイロットに、ソ連軍は〝南部の黒い悪魔〟とあだ名をつけた。

ドイツ軍が敵信情報を収集するのと同様に、ソ連軍も傍受拠点でドイツ空軍による地上と航空機との通信を傍受していた。この敵信傍受によりカラヤ1と彼らが恐れる黒い悪魔が同一人物なのが明らかになった。黒い悪魔はソ連軍の編隊を切り崩し、撃墜するのはほとんどが単発の戦闘機だった。彼の首には一万ルーブルの懸賞がつけられ、撃墜したソ連軍パイロットは名声と栄光、それに富を手に入れられる。

だが、この程度の報奨金では不十分だった。ソ連軍パイロットは戦場で特徴的なマークを付けた黒い悪魔を目にするとすぐに離脱した。エーリッヒは機体の黒いマークが自分にとって不利になっていると気づいた。こうして接敵の機会が減るにつれて撃墜数が伸びなくなった。敵戦闘機が分散する前に運よく一撃を加えても、エーリッヒの小隊はことごとく撃墜数が低下した。

そこで、エーリッヒは黒いマークの機体を緑色の塗装をした僚機と入れ替えてみた。僚機の若者たちにとっては、これ以上の防御はない。するとソ連軍戦闘機はチューリップ模様のパイロットを放置して同じ結果になった。黒い花びらが空にある限り、エーリッヒがソ連軍の対戦相手を見つけるのは困難だ。そこで黒い花びらを捨てる決断をした。

ビンメル・メルテンスは大喜びだった。黒い花びらの塗装をきれいな状態で保つのは、彼にとって余計な雑用でとりわけ楽しいものではなかった。ビンメルも撃墜数を数えており、若い小隊長の機体に初めて模様が描かれた頃より撃墜数が減っているのは分かっていた。ビンメルは黒いチューリップを消した。ソ連軍パイロットにとってエーリッヒはありふれた小隊のＭｅ１０９として疑われないだろう。塗装の変更はエーリッヒとビンメルだけでなく中隊の全員を勇気づけた。エーリッヒは正体を隠した利点を活かしてソ連軍の編隊を攻撃し再び撃墜数を急速に重ねていった。

一九四四年一月と二月にカラヤ1はいたるところで負け知らずであった。この六十日間でエーリッヒは五〇機という驚異的な撃墜数を挙げ、一日平均約一機を記録した。実際の飛行日数で平均すると一日当り二機程度を撃ち落していた。ドイツ軍はソ連軍との戦闘で悪天候との戦い方を学んだ。それでも悪天候はソ連軍と同じぐらいに深刻だった。

ロシアではソ連軍戦闘機が氷点下の早朝にドイツ軍の飛行場に押しかけてくることがある。ドイツ軍は氷点下になると戦闘機を始動させられなかったので大いに驚いた。エーリッヒの中隊が捕虜にしたごく普通のロシア人飛行士が、ソ連空軍では零下四〇度でもいかに効果的な運用を維持しているかを説明した。

協力的なこの捕虜は、おそらく自分がドイツ人よりも知識があるという自負があったのだろう。彼は二リットルのガソリンが入った缶を要求した。そして駐機しているメッサーシュミットの一機に向かい、見物する第52戦闘航空団の要員が恐れるほどのガソリンを機体の油溜めに注ぎ込んだ。それを見てドイツ兵は二〇メートル以上も後ずさりした。この愚か者が点火スイッチを入れてエンジンを始動させた瞬間に爆発するだろう。

コックピットにいたドイツ人パイロットは委縮し、整備員は心配そうに手動でモーターを回し始めた。ガソリンと凍結したオイルを十分に混ぜて点火スイッチを入れたが、エンジンが始動しても爆発しなかった。大型のダイムラー・ベンツ・エンジンは息を吹き返し、しっかりと動いたのだ。ロシア人飛行士はドイツ人通訳を介して、氷点下ではオイルが凝固するから始動機でエンジンを動かせないと説明した。ガソリンがオイルを液化させ、エンジンが暖まると蒸発する。氷点下でガソリンをうまく使って始動させるためにやるべき予防策は、エンジン・オイルを頻繁に交換するだけだった。

また、エーリッヒは別の捕虜が氷点下でエンジンを始動させる仕掛けを披露するのを見た。彼はその様子を語っている。

「その捕虜は予備の部品を入れる箱と今回もガソリンを要求した。ビンメルたちが見守る中、ソ連兵は近くのＭｅ１０９に歩み寄り、エンジン区画のすぐ下の地面に箱を置いた。そして箱をガソリンで満タンにするとマッチで火を点けて飛び退いた。

氷点下にもかかわらずガソリンの蒸気に火が点いて燃え広がり、開いたエンジン区画の下部を炎の舌が綺麗に舐めた。炎は十分ほど続いた。

「整備員の一人は炎が消える頃には電気系統の絶縁体が焼けてダメになると言った。ソ連兵は『始動』とだけ言う。そのとたんに滑らかなエンジンの轟音がして誰もが納得した。氷点下の天候でも、やり方さえ分かれば戦闘機を始動させられる。この妙案は敵が早朝に出撃するのに合わせる手助けとなり、ソ連軍に恩義を感じた」

このロシア人捕虜はドイツ軍に畏敬の念を抱いており、氷点下でも兵器を機能させるやり方を快く教えてくれた。ドイツ空軍の説明書では銃の機構に入念な潤滑油の注入とグリスアップが推奨されていた。ロシア戦線ではグリスが固まり銃尾の機構が凍結して閉鎖した。そのロシア人はドイツ軍の機銃を取り外すと熱湯を入れたタンクに沈めてグリスや油をすべて洗い流した。推奨されている潤滑剤を取り除けば氷点下四〇度でも機銃は完璧に機能した。ロシア人が助言したおかげでドイツ軍は飛び続けられただけでなく、これまでロシアで過ごした二度の冬で、ドイツ空軍部隊を苦しめた射撃の問題も解決したのである。

ビンメルがこうした手練手管を駆使したおかげで、エーリッヒは一九四四年一月から二月にかけて見事に撃墜数を伸ばした。彼の乗機は標準の迷彩塗装になり、胴体に描かれている〝ウーシュ〟に捧げる血が滴るハートが唯一の識別点だった。それでもソ連軍は無線傍受で飛行機とパイロットを照合した。そのせいである朝、エーリッヒは他の戦闘機と識別されてソ連軍に狙われた。

エーリッヒはドイツ軍占領地のはるか後方、ルーマニア戦線で僚機のヴェスター中尉と飛んでいた。通常なら戦線の後方でソ連軍機と遭遇する可能性はめったにないが、地上部隊が攻撃されたという報告が第52戦闘航空団司令部に入り、エーリッヒに掃討が命じられた。

エーリッヒが五〇〇回を超える戦闘任務で得たのは敵の気配を察知する直感で、それは撃墜一五

○機という彼の功績よりも価値がある。航空機がしばらく身を隠すには不十分な積雲を除いて青空には何もないように見えた。眼下の大地で一進一退の死闘が繰り広げられている気配は感じられない。その時、何度もエーリッヒを救った超感覚的知覚が心にかすかな警鐘を鳴らし、彼は振り返った。

後方六〇〇メートル上空にいたのは機首が赤い一機のYak戦闘機だった。ソ連軍機がカラヤ1と間合いを詰めようとしていた。

「俺の前に出たら上昇して見張れ」とエーリッヒはヴェスターに言う。

二人が疾走するとソ連軍機は数秒ごとに銃撃しようとした。注意深く見ながらエーリッヒは何度も離脱し、ソ連軍機に外側を追い抜かせようとする。そしてソ連軍パイロットは最後にエーリッヒが予想したとおりの行動に出た。機体を引き上げると旋回して真正面から向かってきた。エーリッヒとソ連軍機は射撃したが、どちらも命中しなかった。正面から二度撃ちあった。どちらも、良い射撃位置が得られない。

高速で飛行中に二度のニアミスを経験したエーリッヒは、窮地に追い込まれた時に行う大声の独り言を始めた。

「エーリッヒ、このロシア人は頭にきているようだ。おそらくお前に突っ込もうとしている。マイナスGでやつから離脱しろ」

金髪の騎士は操縦桿を前に押し、旋回を続けずにマイナスGでカラヤ1を降下させた。ヴェスターには急降下で離脱するように呼びかけた。自分の機体を急速に降下させながらエーリッヒはソ連軍機が旋回し続けるのを注意深く見た。エーリッヒは混乱しているソ連軍パイロットが二度三度素早く旋回しているのを見上げたが、明らかに彼を見つけられずに動揺していた。死角にいるエーリッヒを見つけられずソ連軍機は東に向かった。悪名高いカラヤ1（黒い悪魔）をもうすこしで奇襲するところだったと話すのは間違いない。

エーリッヒはスロットルを全開にして、敵より低空に位置して一直線に迫った。Ｍｅ１０９のエンジンをフル回転させながら着実に上昇し、二分後には怪しまれないようにＹａｋの下に迫った。エーリッヒはソ連軍機から五〇メートルも離れていない位置でスロットルを戻すと機首を上げ、敵戦闘機が風防ガラスを埋め尽くすと機銃の発射ボタンを押した。

鋭い金属音と共にソ連軍戦闘機から破片が飛び散り、恐ろしい雹となってカラヤ1の翼に降り注いだ。ソ連軍機のエンジンから火炎が吹き出し黒煙が後方へ流れていく。Ｙａｋは終わりだ。

ロシア人パイロットは瀕死の機体を反転させパラシュートで脱出した。朝焼けの空に白いパラシュートが開き、彼は自分の機体が炎に包まれて猛スピードで墜落していくのにじっと耐えていた。Ｙａｋは轟音と共に墜落した。ロシア人パイロットが着地する頃には機体の残骸から煙が立ち上っていた。現場を旋回しながらエーリッヒは彼が粉々になった自分の戦闘機近くに着陸しパラシュートをまとめ始めるのを見届けた。すでに近くの村からドイツ軍歩兵が現場に駆けつけていた。

エーリッヒは基地に戻りカラヤ1から降りると、すぐに飛行中隊のフィゼラーＦｉ１５６シュトルヒに飛び乗った。この航空機は偵察、前線航空管制、墜落したパイロットの救助など多目的に使われる。シュトルヒは最低でも約一八二メートルの距離で着陸でき、乗員はパイロットを含めた三名である。基地には常時シュトルヒが用意されていた。

離陸したエーリッヒは数分でドイツ軍歩兵が例のロシア人パイロットの元に向かったのを見て村近くにある小型飛行場に着陸した。案の定、歩兵は先ほどの対戦相手を捕獲していた。そのロシア人は大尉で優しい顔立ちをしていた。明らかに彼は生き延びて幸せそうだった。ドイツ語とロシア語が少し分かるルーマニアの民間人が二人の通訳をした。

エーリッヒはロシア人の〝誕生日（墜落からの生還）〟を祝福した。

「あなたにとって戦争は終わった。幸運だ」とエーリッヒは言った、

ロシア人は頷くと嬉しそうに微笑んだ。

「どうして、うまく逃れた私を見失った後に後方を振り返らず、ただ飛び続けたのか？」

ロシア人の大尉は以前の戦闘で僚機を失ったと言う。なぜ振り返らなかったのかについて、ロシア人は悲しそうに肩をすくめるだけだった。これは、要約すると「後ろを振り返るな。誰かが狙っているかもしれない」というアメリカの言い回しに似た状況だった。

黒い上着にレザーキャップとブーツという出で立ちのこの若いロシア人に、エーリッヒは他の戦闘機パイロットと同じような同胞愛を見出した。のんきな若者だった。話す時に両手を羽の様に広げる。その言語と軍服がなければ、彼をドイツ人と間違ったかもしれない。

エーリッヒは歩兵に捕虜の拘束を解かせて、二人でシュトルヒに乗って飛行中隊の基地に戻った。エーリッヒは身振り手振りとうろ覚えのロシア語で、この若いソ連軍大尉を食堂のテントに案内した。中には彼と同世代の若いドイツ人の若者がいた。ドイツ人は彼にシュナップスと食べ物を差し出した。しかしロシア人が怒り出したのでエーリッヒは驚いた。少しロシア語の話せるドイツ人パイロットがその原因を突き止めた。

「ドイツ軍に捕まったロシア人は全員銃殺刑になると言われた!」

エーリッヒは大尉にシュナップスと食べ物の追加を渡すと外に連れ出してMe109を間近で観察させた。二日間、このロシア人には護衛を付けずに基地で自由にさせていたが、飛行中隊は適切な処置をするため彼を航空団司令部に送ることにした。カラヤ1を識別できるだけの意欲に富んだこのロシア人は、ほとんど監視されていないにも関わらず脱走する気配はなかった。

今回のような、単機のロシア人と遭遇する空中戦では、エーリッヒは空でどんな事態でも起こりうると思った。彼は戦闘機パイロットとしての能力に自信を持つだけでなく、経験によってその腕前を高めていった。今では驚異的な距離から敵を見つけ、時には誰よりも早く飛行し敵の意図を直感した。致命的に効果のある一撃離脱を好み、格闘戦を避けるようになった。「観察、決断、攻撃、離脱(一休み)」は強固な手順となった。それに従えば成功し、外れたら失敗と破滅を意味する。

エーリッヒは、ある時は戦闘に突入し、ある時は中断するという実践的な法則を作り、ソ連軍機が墜落する間でも無傷で生き延びた。また青空の下、高い位置から高速で接近する最善の攻撃方法を見出した。曇天では低高度から高速で攻撃する。理想的な条件の下で攻撃するよりも、この素早い一撃のためにいつでもどこでもその時を待った。これが彼の〝離脱（一休み）〟で奇襲を成功させるための重要な要素だ。

冬になって白い迷彩塗装をしたカラヤ1は、曇り空で低高度から攻撃して通り抜けるのにとても有効だった。接近するにつれて速度が落ちぎみなのに抗して可能な限り最短距離で銃撃する。カラヤ1の機銃は射程五〇〇メートルから破壊的な威力を発揮し、最小限の銃弾で撃墜数を稼いだ。

敵と向かい合う昔ながらの戦術をエーリッヒは捨てた。ほとんどの者は自分がやりたいように出来る格闘戦を好んだ。エーリッヒも自分のやり方を好んだ。彼は短時間で強襲したら宙返りで敵から六〇〇メートルほど降下すると、背後から引き起こして二度目の攻撃を行う。この位置なら敵がどう旋回しようとも、対応できる。敵が二度目の強襲を生き延びたら三度目を行うために上昇する。エーリッヒは敵を追い越すたびに「観察、決断、攻撃、離脱（一休み）」を繰り返した。

ドイツ軍は東部戦域の航空戦でもっぱら劣勢に立たされていた。その結果、エーリッヒもソ連軍戦闘機にしばしば反撃されるようになった。彼は命がけで攻撃戦術を進化させただけでなく防御法も開発した。古参の格闘戦家を撃墜数で追い越した攻撃法と同様に、被害を受けなくする防御戦術だった。両者が組み合わさり、引き続き戦いを主導した。常に運が味方したとはいえ、鋭い分析力こそが幸運の女神だった。生き延びることと高い撃墜数を挙げることは相関関係にあった。

高い位置からソ連軍機を打ちすえ急上昇で旋回しても敵の射線に入ってしまう。ソ連軍パイロットが下方や背後からやってくると左か右に急旋回し敵の進路に割り込んですぐにマイナスGで視界から逃れた。

エーリッヒの冷静さはたちまち僚機を務めた者たちの間で伝説になった。彼は攻撃してくるソ連軍機を観察し適切に受け流すことを学んだ。攻撃してくる敵機が射程圏外にいるうちに旋回したいという衝動に抗うには冷静さが必要だ。敵機が照準を定めて突っ込んでくる間もただ座っているという発想は理論的に受け入れがたく実戦ではさらに難しい。水平飛行で直行し方向舵でわずかに横滑りさせながら敵の出方を窺えば、こういった状況でも被弾を避けられると確信した。何が重要かは敵機が発砲する直前に得られる場合が多い。

経験が浅く下手なパイロットはたいてい銃撃が早すぎてボロを出す。このような場合、エーリッヒはただちに防御から攻撃に転じられることに気づいた。だが敵機が発砲せずに接近し続けるのであれば、古参のパイロットが操縦しているのは間違いない。戦いが始まったのだ。

エーリッヒが編み出したのは、離脱する際のたった一つのルールだけであり、最後の切り札だった。それは、可能な限りのマイナスGで機動することだった。攻撃してくるパイロットは、相手の機体がより内側に旋回し、自分を出し抜こうとするのを予想する。ドッグファイトの典型だ。攻撃側パイロットは、機銃射撃の主導権を獲得するために、よりいっそう内側に旋回しなければならない。その結果として、獲物は攻撃側の機首の下に消えてしまう。その瞬間、獲物のパイロットは操縦桿を前に突き出し、昇降舵を蹴って逃げることができる。機体にかかる力はプラス五Gからマイナス一Gからマイナス一・五Gに変わる。エーリッヒはこの離脱戦術をうまく利用し、攻撃側を瞬時に有利な状況から幾重にも不利な状況へと追いやった。

まず攻撃側はマイナスGの無重力がもたらす心理的に不利な状況に置かれる。肉体的にも不利で操縦席から浮き上がり安全ベルトにぶら下がった状態になる。これでは射角が大きすぎて目標を追跡できない。そして攻撃側は周囲の状況を把握できなくなり、追跡を続けるために当てずっぽうで機体の向きを変える。

エーリッヒはこの戦術を切り札として取っておいた。通常は正の重力を使いながら相手が旋回した方に向かうことにした。これを〝個人的ねじれ規則〟と名づけ、僚機の若いパイロットに教えて生き延びさせた。八〇〇回を超える空中戦を無傷で戦い抜いたのは運が良かっただけではない。攻防の戦術的な腕前ゆえでありすばらしい偉業だ。

一度戦術を明確にして経験を積むとエーリッヒの撃墜数は一気に増え、他のパイロットの間でも話題になった。彼は着実に勝利を重ねて表向きは幸運に見え、一九四三年に入ると競技相手の注目を集めるようになった。エーリッヒの成功には何か仕掛けがあるに違いないと考えるパイロットもいたほどだ。

エーリッヒの僚機だった第7飛行中隊のカール・ユンガー曹長は、別のパイロット二人と共に近くにある第8飛行中隊の食堂に招待された。この懇親会には中隊の対抗意識から生じた注目すべき逸話がある。お祭り騒ぎの最中、ユンガーは騒々しい声に交じってエーリッヒ・ハルトマンの名前を耳にした。エーリッヒと同じ頃に第52戦闘航空団へやってきたフリードリッヒ・〝フリッツ〟・オフレザー少尉がいる。彼はエーリッヒが経験不足から来る情緒不安定を克服しロスマンの技や格闘戦のコツを学んでいる間に早くから好成績をあげていた。心を平静に保てるようになったエーリッヒが自ら編隊を率いるようになるとオフレザーを撃墜数で一気に追い抜いた。彼はエーリッヒの一貫した撃墜数に疑念を表明した。

ユンガーは僚機としてエーリッヒの撃墜を数多く目撃しており、オフレザーの含みを持たせた言い方に腹を立てた。翌日、ユンガーは金髪の騎士にオフレザーが言った内容を話した。エーリッヒはユンガーに礼を述べて、すぐにどうすべきか腹を決めた。彼は第7、第8飛行中隊を指揮する飛行隊長のギュンター・ラル少佐の元に直行した。

「第8飛行中隊のフリードリッヒ・オフレザーがパイロットたちに私の撃墜に疑いを抱いていると言っています」

ラルは眉をしかめた。「まあ、撃墜が本当なのは分かっている。目撃報告も詳細もすべて見ている。俺にどうしろというのか?」

「オフレザーを僚機にして何回か作戦に同行させたいのです。手配できるのであれば」

ラルは頷いた。彼にとってパイロット同士の対立は目新しくなかった。

「もちろん、命令を出そう。彼を明日にでも来させる」

翌日、いささかバツが悪そうなオフレザーは、エーリッヒの僚機として正式に任務が命じられた。

彼の一時的な出向は観察が目的で、エーリッヒが率いるシュヴァルムの第二編隊という見通しの良い位置に配属された。彼は二回の任務に参加し、いずれもエーリッヒが敵機を粉砕する圧倒的な接近戦を目撃した。

地上に戻ったオフレザーは確信をもって公式の証人となり二件の撃墜確認申請書に署名した。彼は男らしく先だっての批判を謝罪し、この話を第8飛行中隊に持ち帰ることになった。これ以降、ブビ・ハルトマンの勝利に懐疑的な意見は近隣のどの部隊からも出なくなった。

エーリッヒが経験から磨き上げた戦術の裏には、戦闘機パイロットにとって重要なもう一つの才能があった。狩人の鼻だ。わりと不活発な時期でも敵を見つける直感があった。ラルの元に届いた撃墜報告書は司令部に転送されるが、他のパイロットが手ぶらで帰ってくる中、エーリッヒは撃墜数を稼いでいるのが分かる。つまり、ブビはまさに狩人だったのだ。

一九四三年十月一日夜、エーリッヒは電話で呼び出された。ラル少佐が明日の狩りに参加したいという。

「朝、何時に出かける？」とラル。

「七時かそこらです」

「よろしい。第2編隊で一緒に行こう」

二人の偉大なエースが一緒に飛んだ唯一の作戦をエーリッヒ・ハルトマンが語る。

「ラルは毎日、朝早くから敵機を捕まえるためザポリージャに飛んだが成果はなかった。私は彼のあとから飛んで戦果を挙げていたが、私には特別な道があった。ザポリージャからニーコポリに飛行した時、近くにソ連軍の大規模な航空基地を見つけた。それを黙っており、毎日この辺りで敵機を撃破できた」

「一九四三年十月二日朝、ラルは私と南へ飛んだ。前線とドニエプル川沿いを周回していた。何も見つけられず三十分ほど飛行したところでラルから無線がきた。

『君は南を回りながら何をやっているんだ？　ここには何もないぞ。俺はドニエプロペトロフスクまで編隊を連れて行くぞ』」

「そうして飛行隊長はさっさと出かけた。わずか二分後に私は高度約五五〇〇メートルで二機のＬａＧＧ−２戦闘機を護衛に付けたＰｅ−２偵察機を見つけた。ラルがまだそれほど遠くに行っていないのでは、と心配になり、Ｐｅ−２に近づくまで待った。それからラルを呼び出した」

「ザポリージャの南にボギー（＊２）。見守ってください。ふり返って」

するとと無線から興奮したラルの返事が帰ってきた。

「待て待て！　俺が行くまで待っていろ」

その時、私はＰｅ−２から約四五〇〇メートルの距離にいた。間合いを詰めて撃墜し、ＬａＧＧの一機に食い込みこれも撃ち落した。ラルは両方とも燃えながら落ちるのを見た。

この若者は狩人であるだけでなく名射手でもあるというラルの結論が正しかったと証明された。この出来事にはエーリッヒ・ハルトマンが今日まで持ち続けているある種の茶目っ気を見て取れる。

ソ連軍の戦闘機パイロットは東部戦線で最も手ごわい強敵だが、最強に手ごわい航空機はすでに述べた恐るべきＩＬ－２シュトゥルモビクだった。ソ連軍の戦闘爆撃機はＹａｋ、ＭｉＧ、ＬａＧＧほど機動性は高くない上に速度も出ないが大量の弾丸や砲弾にも耐え、ドイツ軍パイロットはしばしば目を丸くした。実際に信じられないほど頑丈な機体で、重装甲のコックピットから砲弾や曳光弾が跳ね返るのが見える。

エーリッヒにとってシュトゥルモビクは初戦果の相手で、この頑丈な機体をどうやって撃墜するか経験から学んだ。ＩＬ－２は低空飛行で胴体下部の脆弱な冷却器を守り、後方銃手が敵戦闘機の攻撃を妨害した。後方銃手のいるＩＬ－２に対するエーリッヒの戦術は、高速で接近して防御側の銃を動かし続け、一五度から二〇度の角度から攻撃するというものだった。ＩＬ－２を一直線に攻撃したり、その上を越えることはなかった。彼の機動は片翼を上に向けて激しく機体を回転させながらＩＬ－２の下に潜り込んで被弾を回避するので、どんな機銃手も追従できなかった。

エーリッヒはＩＬ－２をうまく攻撃する主に二種類の方法を見つけた。この〝セメント爆撃機(Zementbomber)〟を撃破するには機体下部や背後から急襲するのが最適だった。脆弱な冷却器に銃弾が命中するとＩＬ－２は墜落するか火を噴いた。低空で作戦行動している時はこの攻撃方法が使えないために、背後から接近して装甲があるコックピットとエンジン部分を避けて翼の付け根に銃弾を集中させた。繰り返し銃弾が命中すれば重量のある木製の尾翼が切断され墜落する。複座のＩＬ－２は近距離から射角一〇度以下で一斉射撃すればコックピットの装甲板を貫通させられる弱点があった。

一九四四年末になるとＩＬ－２はより頑丈で高速のＩＬ－10に置き換えられた。これらの航空機は文字どおり〝ぶった切る〟必要があった。ＩＬ－10が登場する前、エーリッヒが撃墜数を大量に稼いでいた一九四三年に、その戦歴で最も風変わりな勝利をＩＬ－２に収めた出来事があった。

エーリッヒの分析能力は、この戦いの前哨戦で大いに役立った。彼は、ＩＬ－２が一般的にソ連側の前線から玉突き式に、低空でまっすぐ目標に向かうことに注目した。これらの編隊はしばしば六〇機に達し、一四〇〇メートルより上空を飛ぶことはめったになかった。

この航空機は翼下に少なくとも二発の二五〇キロ爆弾を搭載し、比較的低速で飛行するため容易に後方から追い抜けた。エーリッヒの戦術は離陸後に高度四五〇〇メートルまで上昇し遠方から敵機を見つけ出す。敵編隊を発見すると浅い角度で降下を開始し、少なくとも二五〇〇から三〇〇〇メートルの距離を保ちながら敵機のかなり上空を通過し反対方向を目指して針路を取る。

ソ連軍パイロットは上空を通過し高速で東へ向かうドイツ軍戦闘機を見上げることになる。パイロットはエーリッヒたちドイツ軍編隊が自分たちに気づいていないと安心する。エーリッヒは数秒間東に進んだのち、機体を仰向けにして操縦桿をゆるやかに一突きしてハーフロールやスプリットSで機動する。

方向転換して急降下しながら速度を上げ、ＩＬ－２の編隊より少し低い高度まで降りる。辺りが雲で覆われていたらソ連軍機のかなり後方の下から接近する。速度で上回るエーリッヒはどんな航空機であっても、ほぼ一撃で致命傷を与えられる距離まで接近した。こうした彼の機動に大抵のソ連軍パイロットは不意を突かれた。

ソ連のエース、アレクサンダー・ポクルィシキンの軍歴で述べられるように、このような戦術はソ連側でも研究されていた。この新しい戦術に敵は警戒心を強め対抗策も編み出された。エーリッヒがこの戦術を使ってＩＬ−２の編隊をハリコフ付近で迎撃するために離陸した時、ソ連軍側も迎え撃つ準備ができていると考えていた。

エーリッヒは右梯形編隊でうなりを上げる四機のＩＬ−２が下方を通過するとこれまで存分に試みてきた追跡機動を実行した。急降下しながら速度を上げ、四機目のＩＬ−２の後方六〇メートルから射撃し銃弾がコックピットで炸裂した。ソ連軍の指揮官機はスプリットＳの機動で左に横転し、まだ被弾していない他の二機も鋭敏な反応であとに続いた。

高度を消費するスプリットＳによる回避の試みは、悲惨な結果を招いた。ＩＬ−２の翼の下に吊り下げられた爆弾は、セメント爆撃機の機動性を著しく低下させ、回避行動をとった時点でかろうじてあった四五〇メートルの高度は、スプリットＳによって数秒で消費された。

ソ連軍機は梯形編隊で飛行しながら爆弾を搭載したまま墜落し、四つの激烈な爆風が虚空を揺るがせた。墜落で生じた四つの巨大なクレーターに残骸が散乱し、火葬場のように立ち昇る黒煙が炎と一体となり渦巻いた。エーリッヒは一度の斉射だけで、数秒後に四機を撃墜したことになる。

カラヤ１や黒い悪魔の伝説はこうした戦いから生まれ、ソ連軍の軍備や士気を蹂躙した。第７飛行中隊の歴史を紐解けば、一九四四年一月十日から二月二十二日まで金髪の騎士について以下のように記述してある。『この時期で最も好成績を挙げた射手はエーリッヒ・ハルトマン中尉だった。ある日は五機、別の日は六機撃墜した』。何度も作戦拠点が変わったにも関わらず、エーリッヒは首尾一貫してこの戦術を使って撃墜数を重ね続けた。

第7飛行中隊は二月二十二日にウーマニへ移動し、ハンガリー空軍の戦闘飛行中隊が第52戦闘航空団第Ⅱ飛行隊に配属された。三月二日、同飛行隊はカリノフカに移り、その後数時間でプロスクーロフの基地に再び移動して三月七日までに一五機を撃墜した。第7飛行中隊の戦史からこの間の記述。『一五機のうちハルトマン中尉は一日で一〇機撃墜し、記録が一九三機から二〇二機に達した。三月二日、総統はクルピンスキー中尉とハルトマン中尉に柏葉付騎士鉄十字章を授与した』。

柏葉付騎士鉄十字章は一般的に総統から直接授与される場合が多い。エーリッヒとクルピンスキーは勲章授与のためベルヒテスガーデンに赴くよう仰せつかった。浮かれた彼らは二人で精鋭のロッテを組みプロスクーロフ基地の泥をかき分けながら意気揚々と本国に向けて飛んだ。

数分間、彼らは飛行場を旋回し、エーリッヒは東の彼方に泥と雪の湿地帯を見た。そこでは、地上戦が非人間的な苦難の中で繰り広げられていた。彼は一瞬、二週間前に見た、シャンデロフカ・コルスン渓谷の雪に覆われた谷間に散乱する二万人のドイツ兵の死体に思いを馳せた。サーベルを持ったソ連の騎兵隊と戦車が、追い詰められたドイツ軍の部隊を切り刻んだのだ。

エーリッヒはその光景を思い出して身震いした。第7飛行中隊司令部にはソ連軍の〝泥沼攻勢〟

が差し迫っているという噂が流れていた。地獄は必ずしも熱くはないと彼は歩兵の戦いに心を巡らせた。ドイツ軍地上部隊が凍てつく煉獄で戦うその上空を二機の戦闘機が高速で飛んでいく。家に帰れるのが嬉しかった。大喜びのクルピンスキーを横目に、彼は深く安堵しながら西に向かった。

ゲルト・バルクホルン、ヴァルター・クルピンスキー、ヨハネス・〝グバンのライオン〟・ヴィーゼとザルツブルクに向かう列車の旅で起きた騒動についてはすでに第一章で語った。第52戦闘航空団のエース四人は他の受賞者十二人と共に鷲の巣で行われた式典に参加し、柏葉付騎士鉄十字章を授与された。受賞者にはドーバー海峡沿岸で戦うリヒトホーフェン航空団のクルト・ビューリゲン少佐（のちに中佐）、ベテランの夜間戦闘機エースのアウグスト・ガイガー（のちにイギリス空軍の夜間戦闘機エースであるジョン・〝ボブ〟・ブラハムに撃墜されて戦死）などがいた。また歩兵部隊の大佐も二人いた。細身であどけない、そしてほろ酔いのエーリッヒ・ハルトマンは今回の叙勲で最も若く最下級の柏葉付騎士鉄十字章の受賞者だった。

受付の最後尾近くに並ぶハルトマン中尉の顔は、まるで気負った十代の若者のようだった。すでにロシア戦線で柏葉付騎士鉄十字章とは別種の地位と名声を獲得していた。彼はカラヤ1にして悪名高い黒い悪魔だ。敵の間では彼にまつわる伝説が始まっていた。仲間内では二〇〇機を達成した〝精鋭〟の資格を得ていた。五年目に突入した戦争で最大の撃墜数を競う中、先を行く数少ない者たちから空の騎士として注視されていた。

＊1　エーリッヒの飛行隊司令ギュンター・ラルは、一九四三年八月二十八日に撃墜二〇〇機、十一月二十八日には二五〇機を達成した。この出来事は彼と第52戦闘航空団にとって大いに宣伝となった。

＊2　ボギーとは「標的」や「よそ者」を意味する軍事の俗語で、未確認の飛行機を目撃した際に使われる。

中尉時代のギュンター・ラル

ラルはエーリッヒ・ハルトマンにとって2人目の飛行隊長であった（1人目はフォン・ボニン少佐）。この写真が撮影された1942年10月26日、ラルはちょうど柏葉付騎士鉄十字章を授与されたところであった。（写真：Rall Collection）

おっと！

扱いにくいMe109は着地の際、制御不能になりやすいともっぱらの評判だった。そうなると、大抵はこのように機首か、あるいは尾部を地面に突いてしまう。（写真：B. Steinhoff Collection）

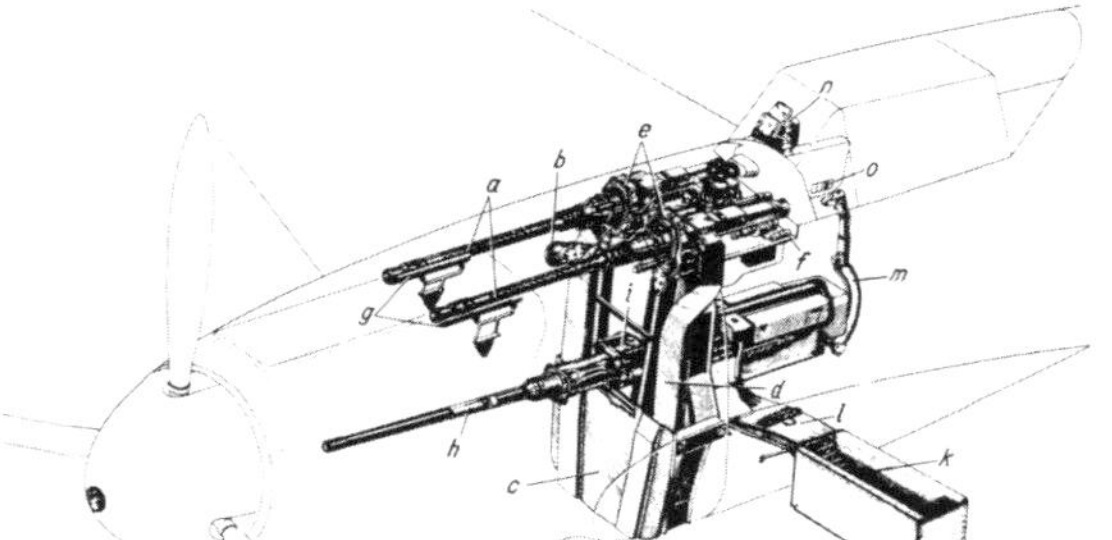

最強の武器、20ミリ機関砲

ドイツ軍戦闘機が搭載した最も効果的な武装はMG151機関砲だった（図中のh）。この機関砲の1発は、小口径機銃10発に相当する威力を持っていた。

- a MG 131
- b Doppelschußgeber DSG 3 AL
- c Gurtkasten MG 131
- d Linker Abführschacht
- e Lafette St.L. 131/5 C
- f Zündspule ZS 1 A
- g Schlitzverkleidung
- h MG 151
- i Motorlafette MoL 151/1
- k Gurtkasten MG 151
- l Zuführschacht
- m KG 13 A
- n Revi 16 B
- o Selbstschalter A 15

Me109に2人がすし詰め

ハルトマンが整備班長ハインツ・メルテンと2人で愛機のコックピットに収まるかカメラマンに見せている。最初の愛機には血を流す心臓と“Dicker Max（太ったマックス）”という文字が書かれていたが、その後“Ursel（愛妻ウルスラの愛称）”に変えた。

2人の“ブビ”

“ブビ”・ドーズと“ブビ”・ハルトマンは同じ仇名を持つ親友だった。ブビはドイツ語で子供、若者、赤ん坊の意味。2人の若者は写真のように幼さが残る外見で、ブビという仇名は彼らにとって自然な成り行きである。

空飛ぶバスタブ、
IL-2シュトゥルモビク
1944年8月12日、ルーマニアのジャシー北方でソ連の地上攻撃機イリューシンIL-2がドイツ軍機によって撃墜された。ハルトマンの初戦果はIL-2が相手だった。(写真:Nowarra)

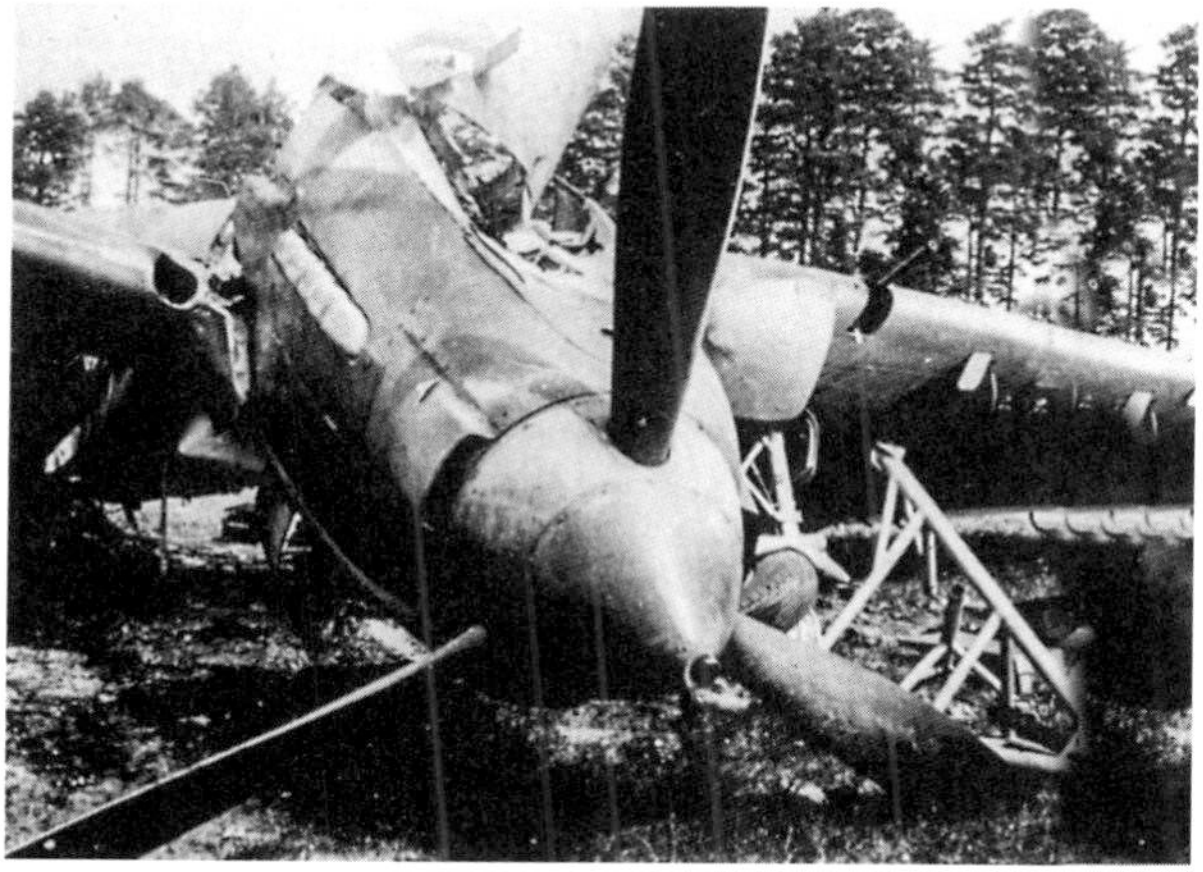

電撃戦の犠牲者
ドイツ軍部隊が地上で鹵獲したこのシュトゥルモビクは、ソ連軍によって爆破された。機体はジャッキで持ち上げて修理中だったため、安全な場所まで飛ばせなかった。(写真:Nowarra)

総統から柏葉付騎士
鉄十字章を授与される
この日、エーリッヒ・ハルトマンと彼に戦い方を教えたヴァルター・クルピンスキーは、アドルフ・ヒトラーから直接柏葉付騎士鉄十字章を受け取った。この儀式は1944年4月4日、オーベルザルツベルクで執り行われた。受章した将校は左からマクシミリアン・オットー博士、ラインハルト・ザイラー、ホルスト・アダマイト、ヴァルター・クルピンスキー、エーリッヒ・ハルトマンとアウグスト・ガイガー。(写真:Obermaier Collection)

成功の鍵

第52戦闘航空団司令官ディートリッヒ・フラバク大佐（左）は最も成功した戦闘機部隊を指揮していた。この写真には125機の撃墜を記録したフラバクとドイツ空軍の著名な戦闘機パイロット4人——エーリッヒ・ハルトマン（352機撃墜）、カール・グラッツ少尉（138機撃墜）、フリードリッヒ・オブレザー少尉（127機撃墜）、ヴィルヘルム・バッツ少佐（237機撃墜）が写っている。

結婚式の来賓

このゲルト・バルクホルンのスナップ写真は、1944年9月10日にバート・ヴィーゼで行われたエーリッヒ・ハルトマンの結婚式で撮影された。バルクホルンとハルトマンはエースの中でも最高位の2人であり、彼らはバルクホルンが1983年1月6日に自動車事故で亡くなるまで親しい友人同士であり続けた。

幸福な若者

1944年に東部戦線を後にした金髪の騎士がデッキチェアで犬を抱えてくつろぐ。1年後、彼はソ連の捕虜となった。

酸素マスクの強化

楽しそうに中隊の仲間が見守る中で、軍医がハルトマンに酸素適正の結果を見せている。

ヨハネス・“マッキー”・シュタインホフ大佐
ドイツ空軍の最も輝かしい人物の1人。シュタインホフはMe-262の不時着事故によりひどい火傷を負うまでに176機の撃墜を記録した。新生ドイツ空軍でシュタインホフは少将まで昇進し、数年間ドイツ空軍を指揮した。

ギュンター・ラル少佐、第3位のエース
275機撃墜でバルクホルンの後を追うラルは、終戦直前に、1機のP-47のため左の親指を失った。ラルは少将として、新生ドイツ空軍を指揮した。

ヨハネス・ヴィーゼ少佐
この第52戦闘航空団のエースは公式では133機を撃墜し、実際は200機以上を撃墜したと思われる。第77戦闘航空団司令官となった2か月後に撃墜され、ソ連の捕虜となった。

ヴィルヘルム・バッツ大尉
12か月で22機！　長い間飛行教官であったバッツが実戦に入るのは遅かったが、空戦戦術と優れた射撃術を会得し、空戦における最高の射手となった。

第七章

第52戦闘航空団のエースたち

英雄の仲間内では大立者だけが堂々と振る舞う。

——匿名

少年時代から対抗心の旺盛なエーリッヒ・ハルトマンは第52戦闘航空団という環境で成長した。柏葉付騎士鉄十字章を受章するまでの道のりは険しかった。彼の進歩は第52戦闘航空団の各飛行中隊で互いに鎬を削る熱きパイロットたちの刺激によるものだ。こうした地道な競争の結果、騎士鉄十字章やより上位の勲章を受賞する優れたエースが数多く生まれた。

ドイツ空軍で最も成功した戦闘機部隊である第52戦闘航空団は、四年間で一万回以上の勝利を収めたとされている。三五二機のエーリッヒ・ハルトマン、三〇一機のゲルハルト・バルクホルン、二七五機のギュンター・ラルというドイツはもちろん世界の三大撃墜王と共に、その代表的な人物を列挙していく。エーリッヒ・ハルトマンと同じ第52戦闘航空団に所属し、一時期に戦果を挙げた数十人の戦闘員には二三七機のヴィルヘルム・バッツ、二一二機のヘルマン・グラーフ、二〇三機のヘルムート・リプフェルトがいる。金髪の騎士とこの五人は同時期に一五八〇機という驚異的な撃墜数を挙げた。

この六人に続き一〇〇から二〇〇機を記録したエースの一団が控えており、彼らはいずれも第52戦闘航空団でかなりの時間を戦闘に費やしている。その中には一九七機のヴァルター・クルピンスキー少佐、一三三機のヨハネス・ヴィーゼ少佐、一二〇機のフリードリッヒ・"フリッツ"・オブレザー中尉、一二六機のヴァルター・ヴォルフルム中尉が含まれる。これらは生きて終戦を迎えたパイロットの撃墜数だ。戦争中は飛行中隊、飛行隊、航空団の間で対抗心が絶えなかった。撃墜数の主導権が頻繁に入れ替わり、競争が各パイロットに最大限の努力を引き出した。

頂点に立ちたい衝動は成功したすべての者にとって原動力となる。対抗心はあったが正々堂々と勝負する態度で友好的だった。そして、毎晩のようにパイロットが集まるとニュースを聞き戦果表がどうなっているか見るのが、その日の主な行事になった。常に勝ち続けることでパイロットの士気は高く、Ｍｅ１０９が技術的に敵と水を開けられ殺到するソ連軍機に圧倒されても航空戦においてドイツ軍が最後までソ連軍に精神的な優位を保つ重要な役割を果たした。

第52戦闘航空団は伝統の一部を成す度量の大きな指導者に恵まれていた。ディートリッヒ・フラバク大佐はエーリッヒ・ハルトマンが初めて実戦に臨んだ時の航空団司令として、またフーベルタス・フォン・ボニン少佐は思い出深い飛行隊長としてすでに紹介した。他にコンドル軍団のベテランであるヘルベルト・イーレフェルト、ギュンター・ラル、そしてヨハネス・〝マッキー〟・シュタインホフなど航空団の記録に名を残した優れた指導者がいる。

中隊長からその後飛行隊長として際立ったシュタインホフの経歴は、飛行と指導の才能を証明し中将として現在のドイツ空軍を率いている。彼は一九四〇年二月に第52戦闘航空団の飛行中隊長、二年後には第Ⅱ飛行隊長になっている。ドイツ軍で最も成功した戦闘機パイロットの何人かはシュタインホフが指揮する第52戦闘航空団の部隊を経ている。その中には西側連合国を相手にドイツ空軍で最大撃墜数を記録した不滅のハンス＝ヨアヒム・マルセイユ大尉がいる(*)。彼はバトル・オブ・ブリテン当時の第52戦闘航空団でシュタインホフの中隊にいた。ヴィルヘルム・バッツ少佐はロシアでシュタインホフの副官を務め、ヴァルター・クルピンスキーは軍歴の早い時期にシュタインホフの僚機として飛行した。シュタインホフ自身は一七六機を撃墜し、そのほとんどが第52戦闘航空団時代だった。

こうした性格の指導力の元で戦いに勝利し、繰り返し空中戦に出続けることで、第52戦闘航空団は野心的な若い戦闘機パイロットを励まし鼓舞していった。彼らは航空戦史上、かつてないほどの成功を収めたのである。激しい撃墜競争の渦中にあってブビ・ハルトマンは追随するライバルのゲルハルト・バルクホルンと五一機の差をつけて頂点に立った。

エーリッヒ・ハルトマンの能力を最大限に引き出したユニークな人間環境を正確に伝えるには、第52戦闘航空団のエース仲間について手短に述べるのが適切だろう。撃墜数の多い者は何十人もいたが、こうしたエースは第52戦闘航空団の特色を表すほんの一例にすぎない。とはいえ彼らこそがドイツ空軍を代表する最も撃墜数の多い戦闘機部隊（第52戦闘航空団に所属したエースの名簿は本書の最後に掲載する）なのである。

エーリッヒがかつての仲間に感情を揺さぶられることはほとんどないが、友人でありライバルでもあったゲルハルト・バルクホルンに対しては珍しく褒め称えている。「私の知る限りゲルハルトは誰でも喜んで身を捧げるような指揮官だ。父親や兄弟、仲間、友人などを見渡しても彼は最高の人物だ」。第二次世界大戦の仲間内でバルクホルンが惜しげもなく称賛されるのは、三〇一機という撃墜数よりもその個性と信念が深い印象を与えたからである。

バルクホルンは著者たちが出会ったどのエースよりも昔の騎士らしかった。騎士道精神に富み高潔で寛大、とても慈悲深く大らかで、まさに英雄であり紳士だ。エーリッヒより四歳年上で、全盛期の彼は豊かな黒髪、オリーブ色の肌とエーリッヒのような鋭く青い瞳が特徴の美男子だった。身長一七五センチのバルクホルンは、今や新生ドイツ空軍の准将である。黒髪に白髪が混じるが整った顔立ちで、軍務を共にする者なら誰からも深く慕われている。

シュタインホフ中将はバルクホルンについてこう語る。「彼は第二次世界大戦の戦闘機パイロットの中でも最高の人物だ。信頼のおける良き指導者である彼は、確認が取れなければ決して撃墜を主張しなかった」。現在のバルクホルンと親交を深めているかつてのイギリス空軍エースたちはもちろん、一緒に勤務したＮＡＴＯの将校たちにとっても、彼は優美な物腰で昔の騎士のような存在である。

撃墜競争でエーリッヒに抜かれてもバルクホルンは他人の成功を自分のことのように喜んだ。戦闘における彼の騎士道精神は、忘れられがちな英雄的資質である〝慈悲〟として頻繁に表れた。ハルトマンたちは、バルクホルンが無力化したソ連軍機のそばを飛びながら敵のパイロットに機体を捨ててパラシュートで脱出するよう合図していたと語っている。バルクホルンは東部戦線で苦戦している時でも人間性を失わなかった。戦いはしたが敵を憎まなかった。仲間のエーリッヒ・ハルトマンにとって彼はこの戦争で一番忘れがたい人物だ。

ヨハネス・ヴィーゼ少佐はベルヒテスガーデンの式典でエーリッヒと一緒に柏葉騎士鉄十字章を授与された第52戦闘航空団のエース仲間である。彼は一九三六年にドイツ空軍へ入隊した職業軍人の将校で、クバン橋頭堡の上空で行われた激しい航空戦における活躍によりソ連軍から〝クバンのライオン〟と呼ばれた。

長年にわたり教官や偵察機パイロットをこなし、一九四一年夏に副官として第52戦闘航空団第Ⅰ飛行隊にやってきた。重装甲の地上攻撃機ＩＬ－２シュトゥルモビクの撃墜が得意で撃墜は七〇機にのぼる。一九四三年七月五日は彼にとって記念すべき日になった。オリョール～クルスク～ビエルゴロド方面で一二機を撃墜し自らも五回も不時着した。彼は第Ⅰ飛行隊長を最後に第52戦闘航空団を去り、一九四四年末にはシュタインホフの後任として第77戦闘航空団司令に昇格した。

彼の戦歴はルール地方上空で行われたスピットファイアとの乱戦で幕を閉じた。機体から脱出を余儀なくされたクバンのライオンはパラシュートがうまく開かず落下の衝撃で重傷を負った。終戦を迎えた彼はアメリカ軍に降伏し捕虜となった。

ヴィーゼは一九四五年九月にアメリカで釈放されて帰国後にドイツの共産主義シンパに目をつけられた。ソ連と戦ったドイツの職業軍人として高位の勲章を持つ彼は、戦後になってある政治的陰謀の犠牲になった。警察に捕まりソ連政府に引き渡されたのである。

ヴィーゼはソ連の収容所でエーリッヒと合流し一九五〇年に釈放された。一九五六年に西ドイツへ移りドイツ連邦空軍に入隊、一九五九年に新生リヒトホーフェン航空団に配属され、かつての第52戦闘航空団やソ連の収容所仲間、エーリッヒたちの指揮下で新生ドイツ空軍最初のジェット戦闘機航空団に居場所を見つけた。

二七五機を撃墜した活気あふれる男ギュンター・ラルは、一九四二年秋にエーリッヒがひよっことしてロシア戦線にやって来て以来、互いに軍歴が交わっている。ラルは戦前からの職業軍人で、エースとして、また指揮官としてだけでなく、卓越した意志と勇気を持った人物として輝かしい戦歴を残した。彼はバトル・オブ・ブリテン、西部戦線、バルカン作戦、クレタ島の戦い、東部戦線、そして英米連合軍のドイツ空襲に対する最後の本土防空戦に参加した。

戦友が最も記憶しているのは、信じられない角度や距離から敵を打ちのめす、彼の超人的な射撃の腕前だった。英米軍機一二〇機を含む総計二二五機を撃墜したハインツ・ベーア中佐は、ドイツ空軍の偉大なエースであり、優秀な戦闘機パイロットに関する目利きでもあった。一九五七年に軽飛行機の墜落事故で早世する前、ベーアは著者に「ギュンター・ラルはドイツ空軍で最も優れた見越射撃の名手であり、伝説のハンス＝ヨアヒム・マルセイユよりも優れていると思う」と話している。

空中戦に積極的で、優れた指導者であり卓越した管理職だったギュンター・ラルは現在五十代前半、精力的で気さくな新生ドイツ空軍の少将だ。おそらく、戦時中撃墜数を競ったドイツ軍パイロットの中で最も頭が切れ、かなり長期間にわたり頂点に君臨していた。二つの決定的な出来事で運が尽きていなければ、史上最高のエースとして戦争を終えていたかもしれない。

夕暮れ近く炎上させたソ連軍機を追っていた彼は、一瞬敵の僚機を忘れた。その数秒後、髪のきれいな若いドイツ人は、エンジンが停止したＭｅ１０９に乗っていることに気がついた。続いて異常な形で胴体着陸して背骨を折り、数時間後にドイツ軍の歩兵が引きずり出した時には下半身が麻痺していた。医師から二度と飛べないと宣告され、のちに結婚する美しい女医に看病されながら健康で強い体を取り戻すために壮絶な闘病生活を送った。

ラルは自分が病床に伏している間も前線で飛行中隊の仲間が撃墜数を増やし続けているという思いで頭がいっぱいになり、医師の反対を押し切っておよそ一年後に戦線へ復帰した。足の下と背中にクッションを敷いて飛行し、驚異的な戦績を重ねて一九四四年四月にはドイツ空軍の戦闘機パイロットの頂点に立った。そんな時期に、名声を得た精鋭部隊を離れなければならなかった。

西部戦線に転属となり、彼は送別会の席でエーリッヒと握手した。

ラル「ブビ、もう俺は邪魔しない。君が撃墜王になるんだろうな」

エーリッヒ「私たちがどうなろうとそれは宿命です」

エーリッヒの言葉は正しかった。二人は一九五五年にハルトマンがロシアから帰国するまで会う機会はなかった。

ラルは第52戦闘航空団を離れて間もなくベルリン上空で米陸軍の戦闘機「サンダーボルト」との空中戦で親指を失い、その後は異なる種類の戦いを強いられることになった。今回の敵は感染症だった。親指は治るまで九ヵ月かかり再び半身不随になりかけた。エーリッヒやゲルハルト・バルクホルンにも撃墜数で抜かれたが、ラル自身はこの時期について後悔していない。「この頃、西部戦線のパイロットは消耗が激しかった。そのまま飛んでいたら私はおそらく死んでいただろう。親指と命を交換できて良かった」

ロシアでエーリッヒの指揮官だったラルは、一九六〇年代に新生ドイツ空軍で再びその役割を担った。金髪の騎士がケルン近郊のヴァーン航空基地で戦術評価士官として勤務を始めた時の上官がラルだった。エーリッヒと対照的なラルは自分が選んだ軍歴にそって献身的に働いた。ラルは鋭敏かつ精力的であり職務に徹した将校として最も好い例といえる。一方のエーリッヒは少年時代に形成された精神構造から因習的な軍隊生活に反感を抱いていた。

一九四二年秋、エーリッヒが東部戦線に来た時点ですでにラルは円熟した経験豊富な将校であり傑出した戦歴を残していた。当時かなり歳若かったエーリッヒはまだ子供っぽく、責任のある地位に昇進するには時間がかかり、難しかった。ラルはエーリッヒに関わる厳しい決断を迫られることもあったが、それでも二人は長年の友人であり続けた。エーリッヒの問題についてのラルの洞察はこの伝記を発表するうえで役に立った。一九五九年以来、エーリッヒの回りで度々沸き起こった論争においてラルはエーリッヒを擁護している。

ラルやバルクホルンら最高位のエースは撃墜競争で鎬を削っていた。先を行く彼らが後から来る者を引っ張っていたのである。競争では下からの突き上げもあり、若手パイロットが迫っていた。第52戦闘航空団には、知名度は低いが才能ある若者たちがおり、その一人にハンス＝ヨアヒム・ビルクナーがいる。彼は一九四三年秋にエーリッヒの僚機として仕込まれた。

エーリッヒ・ハルトマンに似た戦い方をするビルクナーは、一九四三年十月一日に初めて敵機を撃墜した。一年後、彼は一〇〇機撃墜を達成し、輝かしい軍歴を認められて騎士鉄十字章を授与された。ビルクナーは一九四四年十二月中旬までに一一七機撃墜を記録し少尉として中隊長になったが、ポーランドのクラカウで試験飛行中の墜落事故で死亡した。

幸運によって、そうでなければ熟練した操縦技術や戦術に精通していたために、一部のパイロットは戦闘中であってもまるで不死身のように見える。多くの場合、無事でいられるのは運と技術の組合せにかかっている。エーリッヒは幸運だったと自ら認めているが、八〇〇回を超える空中戦を無傷で切り抜けたのは常に運が良かったというより戦術的な勝利だったというのは、彼が以前に述べた説明からも明らかだ。彼は無傷で生き延びて任務を果たすため、整然とした原則を遵守した。

ヘルムート・リプフェルト大尉は何度も墜落しながら多方面の戦闘を無傷で生き延びた第52戦闘航空団の優秀なエースだ。彼は撃墜二〇三機で戦争を終え、現在はケルン近郊の学校で教師をしている。リプフェルトがソ連軍に撃墜された十五回のうち二回は戦闘機で、十三回は対空砲火による。

第52戦闘航空団に加わり、それから二年間は何度もエーリッヒと一緒に飛んだ。リプフェルトが初めて敵機を撃墜したのは一九四三年一月である。その後二十七ヵ月で二〇〇機を記録し、柏葉付騎士鉄十字章を受章し大尉で戦争を終えた。後年、エーリッヒは彼の気性をパウル・ロスマンになぞらえて、いつも幸せで人生の絶頂にいるようだったと言っている。

第52戦闘航空団ではエーリッヒと同世代で、のちにエーリッヒとウーシュの人生にとって重要な人物となるヴァルター・ヴォルフルム中尉は、金髪の騎士のおよそ九十日後にドイツ空軍で最も死亡率の高い航空団に加わった。黒髪で美男子のヴォルフルムは射撃の目利きに苦労し、前線に来て六ヵ月を経過するまで初戦果を挙げられなかった。

ヴォルフルムは一九四三年七月から四四年六月までに撃墜一〇〇機を達成したが、翌月には撃墜されて重傷を負った。回復するまで半年以上も戦線を離れざるをえず、撃墜競争に遅れをとり終戦時には一三七機だった。エーリッヒと一緒に飛んだパイロットの一人である彼は、金髪の騎士は、直射できない場合でも、途方もない距離から標的を攻撃できたと強調する。

ヴォルフルムは降伏時にエーリッヒの飛行隊で中隊を率いており、終戦直前に負傷していたにもかかわらずソ連軍に拘束された。一ヵ月後、ソ連軍は負傷していたヴォルフルムを解放している。

彼は外套の裏地にエーリッヒの手紙を忍ばせて収容所を出た。これはソ連軍に拘束されたあとのエーリッヒとウーシュにとって検閲を受けていない最初の手紙になった。

第52戦闘航空団のエースといえば三三七機を撃墜し、生存している世界第四位のヴィルヘルム・バッツ少佐を抜きには語れない。エーリッヒはバッツが指揮する飛行隊の中隊長だった時期があり、長年の友人でもあった。バッツ自身が認めるように彼は何年も〝お粗末な戦闘機パイロット〟だったが、入院生活を経て鳩から鷹に生まれ変わり航空戦で非常に素晴らしい記録を挙げるようになった。

開戦前からドイツ空軍の職業軍人パイロットとして訓練を受けてきたバッツは、教官として何千時間も飛行したのち一九四二年十二月に無理やり戦闘に駆り出された。初戦果を挙げたのは十一ヵ月も後だったため、第52戦闘航空団の華々しい戦果と競争の雰囲気に不安を感じていた。彼には劣等感があったのだ。

その後月に一、二回ほどの控え目な頻度で撃墜数を重ねたのちに軽い感染症で入院した。彼は気分を一新して戦場に戻り、一九四四年三月から四五年三月までの一年間に二二二機という驚異的な数字を叩き出した。戦闘機パイロット史上、他にこのような業績はない。

少佐に昇進したバッツは第52戦闘航空団第II飛行隊を指揮するようになり、撃墜は二三七機となり剣付騎士鉄十字章を得て戦争を終えた。彼の先見の明は見事で、一早く自分の飛行隊を東部戦線から離脱させたおかげで部下はドイツに帰国しソ連での苦しい監禁を免れた。現在のバッツ中佐はドイツ空軍でエーリッヒと同じ建物の事務所にいる。

戦時中の第52戦闘航空団で最も有名な人物はヘルマン・グラーフ中佐だ。彼の不幸は宣伝相のゲッベルスのプロパガンダにより典型的な英雄に仕立て上げられていったことにある。戦前は錠前屋だったこともあるグラーフは、一九四二年七月に第52戦闘航空団で激戦を繰り広げていた第9飛行中隊に加わった。八ヵ月後には剣・柏葉付騎士鉄十字章に最高位のダイヤモンド付までも加えた。

彼は激烈な十七日間の戦闘で四七機を撃墜し、まだあどけないエーリッヒが第52戦闘航空団に加わった一九四二年十月には二〇〇機を撃墜した史上初のパイロットとなった。その後グラーフは西部戦線に転属し、一九四四年十月には第52戦闘航空団司令として戻ってきた。かつては隆盛を誇った第52戦闘航空団の残党がチェコスロヴァキアでアメリカ軍に降伏した時はエーリッヒと一緒だった。二人は降伏から一週間後にアメリカ軍からソ連軍に引き渡された。

第52戦闘航空団を代表するエースの一覧は以下のとおりである。この感銘深い記録は、同航空団が航空史に名を刻むまで長く厳しい戦いがあったことの証明だ。また、彼らはエーリッヒが撃墜王に至る激しい撃墜競争の状況も説明している。

＊1　第二次世界大戦の撃墜一五八機は、すべてイギリス空軍機である。

■ハルトマン以外の第52戦闘航空団のエースとその撃墜機数

名前	撃墜機数
ゲルハルト・バルクホルン	301
ヴィルヘルム・バッツ	237
ハンス＝ヨアヒム・ビルクナー	117
フーベルタス・フォン・ボニン	77
アドルフ・ボーチャーズ	132
ハンス・ダンマース	113
アドルフ・ディックフェルト	136
ペーター・デュットマン	152
オットー・フェネコルト	136
アドルフ・グルンツ	71
ヘルマン・グラーフ	212
カール・グラッツ	138
アルフレート・グリスラフスキー	133
ゲルハルト・ホフマン	125
ディートリッヒ・フラバク	125
ヘルベルト・イーレフェルト	130
ゲルハルト・ケッペン	85
ベルトルト・コルツ	113

名前	撃墜機数
ヴァルター・クルピンスキー	197
ヘルムート・リプフェルト	203
ルドルフ・ミーティグ	101
フリードリッヒ・オフレザー	120
ギュンター・ラル	275
ハインツ・ザクセンベルク	104
フランツ・シャル	137
ハインツ・シュミット	173
レオポルト・シュタインバッツ	99
ヨハネス・シュタインホフ	176
ハインリッヒ・シュトルム	158
ルドルフ・トレンケル	138
ハンス・ヴァルトマン	134
ヨハネス・ヴィーゼ	133
フランツ・ヴォイディッヒ	110
ヴァルター・ヴォルフルム	137
ヨーゼフ・ツヴェルネマン	126

第八章　名声と剣付騎士鉄十字章

挑戦の意思が強い者ほど手ごたえが繊細だ。
――アーノルド・トインビー

ベルヒテスガーデンで柏葉付騎士鉄十字章の授与式が行われる直前に、エーリッヒと他のパイロットは前線の様子や兵器、戦術などについてヒトラーが事実を質問しても悪い報告をしないように指示された。パイロットたちには「総統の体調が万全でない」と告げられたが、それは不都合な知らせからヒトラーを守るための言い訳だった。エーリッヒはヒトラーを現実から隔離するこの手続きがドイツの指導者の精神に何をもたらすかすぐに理解した。

勲章を授与した総統はシュトゥットガルト出身の金髪の少尉や他のパイロットと三十分ほど会話した。エーリッヒは独裁者の話を聞いているうちに、すっかり冷静になっていた。ヒトラーの強烈な存在感を前に、ザルツブルグに向かう列車での祝賀気分はたちまち消え去った。鷲の巣にある大広間は壁一面が雪を頂いたアルプスを背景にしたガラス張りになっている。そして、ヒトラーのあふれんばかりの精力的な個性が、エーリッヒの関心を引きつけた。ヒトラーに強い好感を抱くハインツ・グデーリアン将軍は、老練な上級将校でさえ彼の虜になったと証言している。ヒトラーは純粋に意志の力で彼らを支配していた。エーリッヒは当時二十一歳だが、この短い間にヒトラーの個性に関して忘れがたい洞察を得たのである。

総統は一九四二年頃の東部戦線における航空戦の状況を詳細に把握していた。彼は一九四一年夏頃、大部分のソ連軍機は旧式な設計で性能も劣り、Ｍｅ１０９が優位だと分かっていた。ヒトラーは機銃の口径や数々の技術を詳細に知っていたがすでに過去の知識だった。

エーリッヒはヒトラーが明らかに事実を理解する能力がありながら東部戦線でドイツ空軍が直面している実態を把握していないことに動揺した。健康状態を理由に、ヒトラーには事実を知らせないよう万全な予防措置が取られていた。エーリッヒは避けがたい疑問を自問自答した。「ヒトラーは故意に誤った情報を与えられているのではないか。もしそうならなぜ？」

ヒトラーは西部戦線に話を移し、集まったパイロットたちにアメリカ軍の爆撃機部隊を攻撃する彼らの見通しについて意見を求めた。総統はドイツ防空の弱点を率直に認めた。西部戦線で奮闘するクルト・ビューリゲンたちエースは、重武装の爆撃機に対抗するためロケット弾など長射程の兵器を要望した。また、広範囲で脅威になっているアメリカ陸軍の「空の要塞」に随伴する護衛戦闘機を迎撃するため味方の戦闘機を増やしてほしいと求めた。

ヒトラーは理解しながら注意深く聞いていた。彼は戦闘機を急ぎ増産していると語った。ロケット弾も開発し改良されている。そして、集まった士官たちに戦況を要約した。

「英米が第二戦線に乗り出したら我々は第二のダンケルクに追い込む。潜水艦部隊は大西洋の補給線を遮断するため新型Uボートを取得している。東部戦線ではロシア人に流血と死をもたらす大規模な防衛体制を構築している」

総統は静かだが積極的に話した。彼を知る多くの人々が証言しているその魅力はあまりに強力で、ほとんど物理的な力のようだった。エーリッヒは総統が発する自信に満ちたオーラに流されるまま、この難解な話の流れに包まれていた。ヒトラーと別れの握手をした時の印象は、醜い下僕や日和見主義者に囲まれた夢想家、といったものだった。総統が嘘で現実から隔絶されているのは疑いようがなかった。最前線の兵士をとうてい奮い立たせる状況ではなかったが、戦争で苦しんでいたのはエーリッヒだけではない。

シュトゥットガルトでは再会を喜ぶ彼をよそに恋人は不安げに動揺していた。戦争の話になるたびにウーシュの愛らしい表情が曇る。戦争は二人を引き離しエーリッヒが死と隣り合わせになる日々の間に束の間の幸福を与える暴君のようだ。

「エーリッヒ、ドイツにとって戦争はますます不利になっているわ。プロパガンダも事実を隠しきれない。昼はアメリカ軍、夜はイギリス軍がやってくるの。ベルリンでさえ何度も爆撃されているのよ」と彼女は言った。

エーリッヒは恋人を安心させようとした。

「総統からすでに製造されて試験中の新兵器について聞いた。おそらく、それらが流れを変えて戦争を終わらせるだろう」

エーリッヒは心にもない言葉を発した。ウーシュにはそれが分かっていた。

「エーリッヒ、私たちはこの先どうなるのか分からない。機会があるうちに結婚して、このひどい戦争が続いている間でもできる限りの幸せを手に入れませんか？」

エーリッヒは喉から手が出るほど「はい」と言いたかったが、彼にとって過酷な東部戦線の体験があまりにも生々しかった。優秀なパイロットが絶え間なく撃墜され死ぬか捕虜になっていた。次は自分かもしれない。一緒に新しい生活を始めるのは絶対にだめだ。ウーシュは未亡人になるか、さらに悪ければ障害を負った元戦闘機パイロットの妻になるかもしれない。彼女の愛くるしい顔を手で包むと屈服しそうになったが、なんとか正しいと思った言葉を口にした。

「愛しいウーシュ。待つしかない。たぶん数ヵ月もすれば、すべてが変わるだろう」。エーリッヒはまだ二十二歳にもなっておらず、それが決断の要因になったのかもしれない。

賢明な医師である父の見通しも、彼の揺れる楽観主義の励みにはならなかった。ヴァイルの実家に戻ると母親は彼の喉元にある柏葉付騎士鉄十字章を見て喜んだ。

「ほら、パパ。息子が勝ち取った綺麗な勲章をご覧なさい」と言った。

エーリッヒと母親が笑いあう幸せな光景を見て、ハルトマン博士に一瞬誇らしげな微笑みが浮かんだ。彼は勲章を見て、「立派だ」とつぶやいて安楽椅子に腰を下ろした。その表情は険しかった。

「エーリッヒ、パイロットとしてうまくやるのは良い、すごく良い。だが、すでにドイツの敗北を認めなければならない。取り返しがつかないほどの敗北だ」

ハルトマン博士はシュトゥットガルトの新聞を手に取った。

「ゲッベルスの素晴らしい文言でさえ、もはや事実を隠せない」

「だけど、パパ。総統は……」

「エーリッヒ、総統は一九三三年以来いろいろと語ってきたが、ほとんど間違いだった。ゲッベルスはソ連にいる我が軍を国境まで〝進撃〟させたと言っている。東部戦線を上空から見れば目に映る光景を、きっとお前は信じるだろう。我々はどこに向かっているのか？」

エーリッヒは両手を上げた。

「パパの言うとおりだ。僕たちはいたるところで撤退している」

「それなら、すべて終わった後の事を考えるんだ。この恐ろしい戦いはそう長くないと思うから、お前がチュービンゲンで医学を学べるように手配している。みんな狂ってる」

シュトゥットガルトで過ごした二週間はあっという間だった。家族とウーシュに別れを告げ、エーリッヒはもう休暇も取れないし飛べないかもしれないと初めて思った。父の言うとおりかもしれない。東部戦線の第52航空団第Ⅲ飛行隊に戻ると心の中で父とウーシュの言葉が総統の自信満々な予見と混ざり合った。楽観主義か悲観主義か、どちらかに決めかねていた。レンベルクにある第9

飛行中隊の基地に降り立つと心の迷いは消えた。厳格に任務をこなすのが優先だ。

一九四四年三月十八日、戦線に復帰すると朗報が飛び込んできた。エーリッヒが風防を開けると中隊の副官が待っていた。機体から降りて戦闘機をビンメルに引き渡し副官が差し伸べた手を取った。

「ブビ、おかえりなさい。おめでとうございます」

「おめでとうって何だ？」

「あなたは中尉になり、二〇一機目と二〇二機目が正式に確認されました」

夜の昇進パーティーでエーリッヒは最後の休暇で感じた陰鬱な雰囲気が、目の前で酒を飲みながら彼の健康と幸運を祝っているパイロットたちにも伝わっているのを感じた。任務の話も助けにならなかった。パイロットたちは連合軍の爆撃機と共にドイツ国内まで飛んでくるアメリカ軍戦闘機の穏やかならざる性能について議論していた。ドイツ北部の工場地帯は散々叩かれていた。その地域に住むパイロットの親族は、東部戦線で連日飛んでいる者よりも危険な目に遭っているように思われた。そうした会話の断片がエーリッヒの憂鬱な気分を助長した。

「ムスタングと渡り合えるなら……奴らがどれだけ手ごわいか見てみたい……」

「ラルはスピットファイアより速くて頑丈だと言っている……」

「……北アフリカでヨアヒム・ミュンヒェベルクがムスタングを撃墜したのを知っているか？」

「ああ、アーヘンの近くでもヴァルター・エーザウがものにしたと聞いた……」

こうした会話が延々と続いた。最後の祝杯を上げてお開きになるとパイロットたちは雨の中をよろめきながら各々のテントに戻っていった。たとえムスタングが飛行場の上空に現れたとしても明日の作戦はない。

夜明けの緊急用滑走路は、一面が水に浸かった轍とびしょ濡れで滑りやすい草の塊になっていた。幅の狭い降着装置と扱いにくい離着陸特性を持つＭｅ１０９が事故を起こすには絶好の状況だった。少なくとも六ヵ月間、第7飛行中隊はソ連軍や天候、物資の欠乏に付きまとわれながら常に基地を移動し、極めて厳しい重圧の下で作戦を行った。一九四三年の最後の四ヵ月、彼らは十三ヵ所以上の異なる基地で活動していたのである。第52戦闘航空団の戦闘日誌には、一九四四年春のレンベルクの状況が記されている。

一九四四年三月十二日〜三月二十三日
『悪天候のため飛行場は酷い水浸し。タンク車が通れないので飛行機は給油所までタキシングで移動しなければならない。過熱しすぎるのを防ぐためにオイル冷却器に水をかけ続けなければならず、作戦の準備に不利で多大な影響を与えている』
（後日）『三月二十二日、飛行隊はカームヤネツィ＝ポジーリシクィイに移動する。参謀が飛行を試みたが、ひどい吹雪で引き返さざるを得なかった。それでも三月二十三日に雲高一〇〇メートルの大吹雪の中を移動した。その間、敵が接近してきたので砲兵隊は飛行場に陣を張った』

戦闘機パイロットにとって楽だといわれてきた東部戦線の戦況でさえこんな有様だった。

三月中も散発的に作戦が行われ第Ⅲ飛行隊は大戦果を挙げた。この部隊は一九四四年三月二十一日に三五〇〇機目の撃墜を達成した。三月末までに飛行隊は全員がソ連領を離れ、レンベルクの第9飛行中隊に合流した。三月十八日、エーリッヒはレンベルクで部隊に合流してからも何機か撃墜している。

レンベルクは不足気味の備品や滑走路一本では対応しきれないほど多くの戦闘機を受け入れて満杯になっていた。長いタキシング時間や離陸待ちで航続距離が極端に短くなり、必要不可欠な攻撃を早めに切り上げて帰還していた。エーリッヒは現場の状況を知っており、戦闘空域に数分間いただけで狩りから戻らざるを得ないことがよくあった。着陸するまでに十分から十五分ほど進入路で待機しなければならなかった。滑走路はともかく、レンベルグの飛行場はただの危険な泥沼になっていた。

二月から三月にかけてドイツ軍が退却する間、東部戦線における航空戦の状況はすでに心許なかったが、四月になるとさらに悪化した。アメリカ軍はルーマニアの目標に四発重爆撃機で攻撃を開始した。第52戦闘航空団司令のディーター・フラバク大佐はアメリカ軍がイタリアの基地から爆撃してくるのは避けられないと考え、度々南方に気を配った。ムスタングが爆撃機に随伴してくるだろう。アメリカ軍の攻勢により第52戦闘個空団の飛行中隊はルーマニアに移動を命じられた。

急造の飛行場に急ぎ移動するのに慣れているエーリッヒと第9飛行中隊は、当初ルーマニアへの移動は日常茶飯事と考えていた。そして第9飛行中隊はロマンの町に配備された。航空機を飛ばすのは問題ないが、地上要員や必要な整備機器の移動は明らかに危険で時間もかかる。機材を積んだ一機のＪｕ52輸送機がカルパチア山脈を横断しようとしたところ、氷結した機体が高地に墜落して炎上した。そのため、残りのＪｕ52は悪天候が続いた場合ウィーンからベオグラード、そしてブカレストを経由することになった。

大混乱に陥ったドイツ空軍の状況は以下のような最高司令部の決定に良く表れている。エーリッヒの第9飛行中隊を含む第52戦闘航空団第Ⅲ飛行隊をロマンに派遣した最高司令部は、これらの部隊を直ちにクリミアに再移動せざるを得なくなった。南部の敗走を食い止め、撤退中のドイツ陸軍部隊に襲いかかるソ連軍機の大群に最後の攻勢をしなければならなかった。

四月中旬までにジリステア近くのザルネシュティを拠点に活動したエーリッヒの飛行中隊は、補給難にもかかわらずソ連空軍に大きな犠牲を与え始めた。最高司令部が撃墜五機以上のパイロットを本土防衛に配置転換するよう命じてエーリッヒの負担はさらに増した。その代わり総飛行時間が一〇〇時間にも満たない未熟なパイロットがやってきた。彼らは三〇対一という勝ち目のない確率で空に放り出されたが、エーリッヒは一度も僚機を失わなかった。

この若いパイロットたちは飛行経験が浅いだけでなく、格闘戦という古い伝統に染まっていた。エーリッヒは可能な限り短期間で彼らに自らの経験の真髄を伝えた。

「敵機を見たらまっすぐ飛んでいって攻撃する必要はない。待機しながら見て理性を働かせる。どのように編隊を組み、どんな戦術をとっているか見定める。敵の中に落伍者や不安定なパイロットがいるか確認する。そんなパイロットはたいてい目立つから、そいつを撃ち落とせ。無意味な格闘戦を二十分やるより、敵から見えるように一機を炎上させ、墜落させて心理的な効果を与えるのが重要だ」

「ただ撃墜するよりも総括的に重要なことがある。ソ連空軍は多勢で、絶えず増援されている。撃墜しても僚機を失えば戦闘に負けたのも同じだ。そんな者は、今後編隊を率いる資格はない。この戦線で飛んだ日から、これまで経験したことがないほど考えをめぐらさなければならない。筋肉ではなく頭で飛べ。それが私にできる最善の助言だ」

その助言に従った多くの若いドイツ人が生き延びた。

四月十八日、ガーランドの司令部からギュンター・ラルとヴァルター・クルピンスキーを本土防衛に異動させる命令が届いた。彼らは第52戦闘航空団にとって最高の指揮官であり、最も手ごわい戦闘機パイロットだった。ラルは依然として撃墜数でエーリッヒ・ハルトマンより約五〇機先行していたが、その栄光の日々は今や過去のものになった。彼は西部戦線の第11戦闘航空団司令として撃墜数を二七五機まで伸ばしたが、またしても負傷とそれに伴う感染症で実質的に戦いから退くことになった。

ラルはエーリッヒとの別れで精力的なこの若者が頂点に立つと直感したようだ。それは正しかった。ヴィルヘルム・バッツがラルの後任として飛行隊長となり、エーリッヒはクリミアで一時的に飛行隊の指揮官に任じられた。そこでさらに撃墜数を増やした。

四月、エーリッヒはさらに撃墜数を九機増やした。一日に三回、四回、五回も出撃するのは当たり前で五月に入っても勝ち続けた。四月十日から五月十日までに、エーリッヒと彼の元僚機だったハンス＝ヨアヒム・ビルクナー軍曹はそれぞれ二一機を撃墜した。エーリッヒが勝ち続けたのは壁に書かれた戦果表に目を奪われていたからではない。クリミアからの撤退は敗走の様相を呈しつつあった。第52戦闘航空団は出撃を命じられた。エーリッヒの命令で殿に八機が残されたが五月九日にはソ連軍の絶え間ない攻撃で、運用可能なＭｅ１０９は一機だけになった。撤退は避けられない。

非常時のＭｅ１０９は本当に役に立つと証明された。ボロボロになったいくつかの戦闘機を使えるようにし、操縦席の後ろにある無線機と装甲板を取り外した。この応急処置をした鉛筆のように細い機体一機に地上要員が二人ずつ潜り込み、エーリッヒと第7飛行中隊のパイロットがリレーで輸送した（＊1）。

エーリッヒ自身がこの緊急脱出の思い出を語っており、Ｍｅ１０９の歴史に有益な資料を加えている。

「コックピットの装甲板と無線機を外すと長さ一二〇センチ余りの貨物室ができる。小柄の者ならパイロットと頭を並べてしゃがんでいることができる」

「クリミアからの緊急避難の際、無線機と装甲を外した胴体に二名を乗せてソ連軍に捕まるのを防いだ。無線機の点検孔の板を外すと、人が潜り込めるほどの大きな空間がある」

「さらに二人が重なるとMe109の胴体には四人が余計に乗れる。エンジン出力が大きく余力が十分あるので飛び上がるのに問題はない。主翼の下部に三〇ミリ機関砲を二門、それに二人を機体に乗せたが、スペースがもっとあればMe109に五、六人は搭載できたと確信している」

　エーリッヒはジリステアを去り、第I飛行隊はドイツ軍歩兵部隊を背後から脅かし続けるシュトゥルモビクを遠ざけるためザルネシュティに集結した。五月十八日までにクリミアでの戦いは終わり、エーリッヒの飛行中隊は再びルーマニアのロマンに向かうよう命じられ、先遣隊が基地を準備した。ルーマニアを戦争から離脱させるため、国内の標的を叩いていたアメリカ軍のB−17やB−24に対する作戦がロマンで始まった。

　エーリッヒは四月の九機に加えて、五月末までに三二機を撃墜した。彼は五月のある任務で再び直感を利かせて好戦的なロシア人パイロットの手にかかって破滅するのを逃れた。ドイツ空軍の監視哨や通信傍受から、ジャシーの北方で約三七五機のソ連軍戦闘機と三七〇機の地上攻撃機が弱体化した第52戦闘航空団の編隊に向かっていると判定された。

　五月二十九日、エーリッヒは集結したソ連軍に対する攻撃を成功させ、僚機のオルジェ・ブレッシン中尉とロマンの基地に帰還しようとしていた。エーリッヒは少し疲れており、その夜に予定されていた新任の飛行隊長ヴィルヘルム・バッツの歓迎会に想いを巡らせていた。バッツは三回の任務で一四機を撃墜していた。優秀な仲間のバッツは戦闘機パイロットとして自己の能力を見出すのに数年かかったが、今では最高のパイロットに変貌しつつある。

エーリッヒはこれから同盟国の領土で始まる歓迎会に心の安らぎを覚えて嬉しかった。シュナップスや歌、それにルーマニアの女の子もいるだろう。歓迎会は絶え間ない嫌な作戦から解放してくれるだろう。振り返ってみれば最近は祝い事がますます少なくなったと思う。

エーリッヒの命を救った直感は、そんな楽しい思いを微かだが強烈な電撃のように掻き消した。彼は気を取り直し僚機がまだそばにいるか確認するため頭を振った。ブレッシンの位置は問題なかった。しかし招かれざる三機目のソ連軍戦闘機が、突き刺すような狙いを僚機に定めていた。

「右にブレイク！　右に急降下しろ」とエーリッヒは無線機に怒鳴った。

若く聡明なブレッシン中尉はソ連軍機の曳光弾が彼の戦闘機が一瞬前にいた空間を切り裂くのを見て、ただちに回避行動をとった。ソ連軍戦闘機は急降下するドイツ軍戦闘機を猛追した。エーリッヒはすぐに右旋回し大急ぎでソ連軍機の後を追った。三機ともスロットル全開で地上に突進する。エーリッヒがソ連軍機に接近し始めてもパイロットは振り向きもせず回避行動も取らなかった。標的に固執していたのだ。ブレッシンを撃墜しようとするあまり自分も追尾されているのに気づかなかった。

エーリッヒは右に機動すればソ連軍機を撃墜できると分かっていた。

「カラヤ2、引き起こせ。右に浅い角度で旋回し、敵を俺に近づかせるんだ」

ブレッシンはその通りにした。エーリッヒはブレッシンを追って旋回するソ連軍機の後方を軽く横切ると、すかさず右側の至近距離に迫った。

「カラヤ2、すぐに後ろを見ろ。尾翼に注意を払わなかったら、何が起こるか見るんだ」

エーリッヒが発射ボタンを押すと機関砲と機銃が一斉射撃で唸りを上げた。銃弾が敵の戦闘機に叩き込まれた。ソ連軍機は空気を震わせるように爆発すると燃える破片をまき散らしながら黒煙を吐いて崩れ落ちていった。激烈な最期を目にしてエーリッヒは頭を振った。自分とカラヤ1は容易に彼と同じ道を辿っていただろう。ロシア人は彼とブレッシンを冷や冷やさせた。だが、背筋が凍るような鋭い直感が警告しなければ、立ち昇る煙は墜落する敵機からのものではなく、エーリッヒの火葬を告げるものだったかもしれない。彼は撃墜した喜びよりも感謝の気持ちでロマンに帰った。

エーリッヒは一九四四年六月末までの二十ヵ月で二四七機を撃墜している。当時の彼はソ連軍に良く知られる存在だったが、戦争末期にドイツで不朽の名声を獲得するには撃墜二五〇機が必要だった。七月一日にエーリッヒはその撃墜数を達成し、歴史に残る名声を手にした。そして金髪の騎士の行く手にまたしても武骨なシュトゥルモビクが現れた。

エーリッヒが巻積雲の上を飛んでいると三機のＩＬ−２がドイツ軍砲兵陣地を荒らしまわっていた。ＩＬ−２は低空を旋回しながら目標目掛けて機銃掃射している。そして背後を気にしていなかった。

エーリッヒは操縦桿を前に押して浅い角度で急降下し、ＩＬ−２の背後から下に回り込みながら五〇メートルに近づくまで射撃し続けた。この一斉射撃でソ連軍機の一機が爆発し、続いて二機目を攻撃するのに完璧な位置についた。再び至近距離まで降下して攻撃すると、このソ連軍機もよろめくように燃えて墜落した。残る三機目に斉射するとこれも爆発した。戦場から大急ぎで逃ながら振り返るとＩＬ−2が墜落した場所に三本の煙が見えた。

基地に戻った金髪の騎士は第52戦闘航空団でギュンター・ラル以来となる撃墜二五〇機のパイロットになった。ここまで上り詰めたエースはほんの一握だ。初めて二五〇機に達したヴァルター・ノヴォトニー少佐は、ほどなくジェット戦闘機Ｍｅ２６２でアメリカ軍の重戦闘機と戦い命を落とすことになる。次にラル、次いでゲルハルト・バルクホルン、第54戦闘航空団のオットー・〝ブルーノ〟・キッテルと続き、五人いる撃墜二五〇機に達した戦闘機パイロットの最後がエーリッヒで、それ以上は増えなかった。

ビンメル・メルテンスたちは若い隊長の背中を軽く叩いてから機体の整備に取りかかった。恥ずかしげに喜ぶ金髪の騎士を隊員が食堂まで案内した。祝いの席が始まったところでビンメルが飛び込んできた。彼の明らかな動揺ぶりが高揚したその場の空気を瞬時に冷ました。

「どうしたビンメル」とエーリッヒ。

「銃弾です」

「どうした？」

「いいえ、いや。何も問題ありません。しかし、あなたはたった一二〇発しか撃っていませんよ。三機も撃墜したのに。知らせた方が良いと思ったから」

パイロットの間から歓声が上がり、存分にシュナップスが振る舞われた。飛行隊長のヴィルヘルム・バッツも一緒に祝杯をあげた。そんな中、ヒトラーの総司令部からエーリッヒ・ハルトマン中尉に柏葉付騎士鉄十字勲章より上位である剣付が授与されるとの知らせが入った。

中尉で剣付の資格を得た者は勲章の歴史上、他に一人しかいない。第52戦闘航空団の飛行中隊長だったヘルマン・グラーフ中尉が剣付を獲得したのは二年以上も前の一九四二年五月十八日だった。剣付を獲得した戦闘機パイロットはガーランド、メルダース、リュッツォウといったドイツ空軍の伝説と化した正統派の英雄、それにハインツ・ベーア、ヴァルター・〝ガレ〟・エーサウのような命知らず、ラル、イーレフェルト、ゲルハルト・バルクホルンのようにひたむきな指揮官、世界に名の知られたマルセイユやノヴォトニーだった。

剣付の授与でエーリッヒはドイツの著名な兵士に仲間入りした。この輝かしい報せは祝勝会に新鮮な空気をもたらした。パイロットたちは再び金髪の騎士を肩に乗せて退避壕の酒席で彼を囲むように座った。

「カラヤ1！　カラヤ1！　カラヤ1のための剣付……（＊2）」

詠唱、歓声、歌声がエーリッヒの頭に響き渡った。名誉を讃えて催されたばか騒ぎの最中にあって、彼はなぜか場違いな感じがした。なにもかも非現実的な感じがする彼の脳裏には、この瞬間も飛行場でカラヤ1が故障しないよう献身的に汗を流しているビンメルの姿があった。そしてシュトゥットガルトに思いを馳せると、そこには彼が心底希求するものを見出せる。

剣付は素晴らしい。そうだ、受賞すればまたウーシュと短期の休暇を過ごせる。この戦争がどれほど狂っていようとも。

来る日も来る日も命がけで勝負をしていると思っていた。成功はすなわち勲章、賞賛、祝勝会だ。彼はロシアの若者たちを追い詰めて殺し、逆に彼らはエーリッヒを殺そうとした。どうかしている。彼が本当に人生で求めていたのはウーシュと一緒になることだった。

あの夜、退避壕の酒席にいた者はエーリッヒが孤立して内に籠っているように見えた。端正な顔に時折浮かぶ笑顔は十分に幸せそうだったが、その面持ちには悲しいものがあった。若い飛行士たちが第三帝国で二番目に高位な勲章の授与を祝っている間も、エーリッヒは一人取り残されていた。剣付を得るのは将軍や元帥で、最前線で戦う兵士が勝ち取るのは一握りの勇敢な者にすぎなかった。エーリッヒにとっては名誉だが、騎士鉄十字章や柏葉付を獲得した時のように血気盛んな若者ではなくなっていた。その後、東プロイセンのインステルブルクにある総統大本営（狼の巣）を訪れ、ヒトラーから剣・柏葉付騎士鉄十字章を授与されたが心が晴れることはなかった。

一九四四年八月三日、エーリッヒは七月二十日にヒトラー暗殺未遂事件があった建物に入った。その建物には爆発の跡が残っていた。砕けた壁、傾いた梁、焦げ跡を背に変わり果てたヒトラーがドイツ空軍の英雄十名を出迎えた（＊3）。エーリッヒは総統の姿に衝撃を受けた。

ゆっくり歩くヒトラーは数ヵ月前にエーリッヒを魅了した強烈な個性が失せて、肉体的に打ちのめされているようだった。ヒトラーは握手するために左手を伸ばしたが、右手はだらりと横に垂れていた。総統の右耳は爆発で聞こえなくなっており、左耳を相手に向けなければならなかった。ヒトラーにエーリッヒがベルヒテスガーデンで会った時の面影はなかったが、それでも前線で戦う彼らに言葉を伝えた。エーリッヒは次のように記憶している。

「ドイツ軍将校がこれほど臆病だとは。兵士の教えに背いて私を殺そうとこの建物に爆弾を仕掛けておきながら自分は逃げようとするなど信じられん。あの日、この建物にいた将校なら誰でも拳銃を抜いて面と向かって私を撃てた。私は将校たちのポケットを検めはしなかった」

「この卑劣な行為で善良な者たちが殺され重傷を負ったのに、私は生かされたままなのを残念に思う。神は私を救ってくれた。私が最初にやるのはこの卑怯な反逆者どもを追い詰めることだ。その上、参謀たちが真実を語らないのは分かっている。シェルナー、モーデル、ロンメルを除くほとんどの将軍は、自分の仕事を理解していない。この総司令部に激戦や損害について泣き言を伝えに駆け込んでくるが、彼らは部下と共に死んだり傷ついたりはしない」

「私は未来に楽観している。英米の侵攻はダンケルクの二の舞になるだろう。信じがたい威力の新兵器が登場し、戦争の流れを覆すと思う。だから七月二十日に神が私の命を救ったのは、希望に満ちた将来に向けてドイツを導くためだと信じる」

エーリッヒは暗い気持ちに包まれて狼の巣を後にした。総統は激怒する一方で、絶望的な状況にあっても希望に満ちていた。彼の会話はゆっくりと物静かだったが力強くはなかった。総統は前線で何が起ころうとも信じていなかった。ヒトラー、ドイツ、そしてドイツ空軍自体も崩壊の兆しが増しているのは明らかだった。

エーリッヒは剣付が自分に名声をもたらしたと理解していた。これからは撃墜ごとに調査と祝宴が行われるだろう。しかし、ドイツが破滅に向かうのを目の当たりにして深く心を痛めた。新たな高みに立つのとは別に彼はドイツを飲み込もうとする破滅を目にして深く動揺した。彼はこの一年で歳をとり賢明になったと感じた。この先、自分を奮い立たせる不変のものが必要だと思った。

＊1　ハルトマン、ラル、クルピンスキーはMe109の胴体後部に二人の整備員を詰め込んだ詳細な様子を著者に語った。この応急措置で地上員はソ連軍に捕まらずに済んだ。

＊2　カラヤは戦闘飛行中に使われるエーリッヒの無線呼出符号または識別名だった。彼はカラヤ1、僚機はカラヤ2、第2小隊の指揮官はカラヤ3、その僚機はカラヤ4である。

＊3　この授与式ではドイツ空軍の夜間戦闘機のトップエースで一二一機を撃墜したハインツ＝ヴォルフガング・シュナウファー少佐も叙勲されている。

落ち着け

エーリッヒはあわててコックピットから出ようとしたがハーネスを外すのに助けが必要だった。それができるのは整備班長ビンメル・メルテンスだけだ。

祝いの花輪

地上員は用意していたシダの花輪を彼の首にかけた。それには棘がある！

Die 9. gratulier
zum
300.
Ursel.
Karaya

儀式

ハルトマンは第9飛行中隊の祝賀に備えて、襟についた棘を払いのけようとした。

鷲の巣への途上

1944年4月4日、ヒトラーの「鷲の巣」への途上、クルピンスキー中尉、バルクホルン少佐、ヴィーゼ少佐とハルトマン中尉が、ベルヒテスガーデン近くのオーバーザルツベルク山中の心地良い気候の中、ポーズをとる。下戸のヴィーゼを除く全員が、山への昼夜を問わない汽車での長い移動中、車掌から提供されたコニャック漬けであった。

祝辞

第8航空軍団司令官ザイデマン将軍は、300機撃墜を達成したハルトマンに祝辞を伝えるため、第9飛行中隊を訪問した。ザイデマンは、第二次世界大戦の "リヒトホーフェン"を見に来た将軍の1人に過ぎなかった。(写真:JG52)

副官が勲章を直す

ヒトラーの空軍副官ベロウ大佐がハルトマンの襟に付けられたダイヤモンド勲章を直している。

ヒトラーからダイヤモンド付を受章

1944年8月25日、ドイツ軍で最高位の勲章を受章するためヴォルフスシャンツェ(狼の巣)に出頭したエーリッヒ・ハルトマンがヒトラーに敬礼する。

ドイツ空軍とハンガリー人たち
1944年、独ソ戦を援助するため、第52戦闘航空団にハンガリー人パイロットが加えられた。ここに写っている将校は左からポッチョンディ大尉（ハンガリー第102戦闘航空群）、第52戦闘航空団のエーリッヒ・ハルトマン中尉、ゲルハルト・バルクホルン大尉、ハンガリー軍のコブァーチ少佐、第52戦闘航空団のヘルムート・リプフェルト大尉、ハインリッヒ・シュトルム大尉。

ドイツの金髪の騎士
晴れやかなエーリッヒ・ハルトマンはこの直後にヒトラー総統から柏葉剣付騎士鉄十字章を授与される。エーリッヒはこの名誉を獲得するために239回の空中戦で勝利を記録した。1944年8月1日、少年のような“ブビ”がこの写真のためにポーズをとった。

VORLÄUFIGES BESITZZEUGNIS

DER FÜHRER
UND OBERSTE BEFEHLSHABER
DER WEHRMACHT
HAT

DEM Oberleutnant Erich H a r t m a n n

DAS
EICHENLAUB MIT SCHWERTERN
ZUM RITTERKREUZ
DES EISERNEN KREUZES

AM 2. Juli 1944 VERLIEHEN.

Hauptquartier d.Ob.d.L. . DEN 20.Juli 1944
Der Chef des Luftwaffenpersonalamts

Generaloberst

証明書
エーリッヒ・ハルトマンへの柏葉剣付騎士鉄十字章に添えて、ドイツ空軍人事部長のロルツァー将軍が1944年7月20日付けで署名した証明書。

重大な瞬間

1944年8月24日、ヘルメットをかぶった無線士のカール・ユンガー曹長がエーリッヒ・ハルトマンの299機目となる獲物、エアラコブラを撃墜する模様を聞いている。“もう1機、300機撃墜した！”ユンガーは指を立てて言った。左には従軍記者ハインツ・エッカートがいる。

ユンガー曹長は、ハルトマンが「命中」と300機目の撃墜を報告すると、雄叫びをあげた。（写真：第52戦闘航空団）

勝利の挨拶

ハルトマンは第8飛行中隊の駐機場上空を通過する際、翼を5回振って297機目から301機目の撃墜を表現した。（写真：第52戦闘航空団）

無事着陸！

ハルトマンはMe109G-14（機体ナンバー166221）を駐機位置に止めて、エンジンを切った。他のパイロットと地上作業員が到着を待っている。

第九章　スターリンの鷹

敵を探し出せ！　敵がどれだけ強いかではなく、どこにいるのかを聞け。
——ソ連軍戦闘機パイロットの標語

エーリッヒ・ハルトマンは戦歴の比較的早い時期に英米の戦闘機エースが一九三九年から四五年にかけて挙げた撃墜数を超えていた。エーリッヒと同じ第52戦闘航空団のエース仲間についての概略はすでに紹介したが、東部戦線のドイツ空軍エースの多くが撃墜一〇〇機を超えている。ドイツ軍の撃墜記録と検証方法は正確かつ信頼できるために、エーリッヒをはじめ東部戦線で撃墜数の多いエースが航空機とパイロットの両面で劣った敵と対峙していたという結論は避けがたいが、このような結論は部分的にしか正しくない。というのも東部戦線における航空戦の様々な側面の中でも戦闘機に関わる作戦は、西ドイツを除き西側諸国ではほとんど知られていないからだ。もしソ連軍の航空機やパイロットが劣っていたからドイツ軍エースは成功したのだ、という通説を受け入れるなら、ソ連の産業や戦闘機エースの輝かしい功績は見過ごされてしまうだろう。ソ連の航空戦力の歴史的事実を評価するうえで、イデオロギーや体制に対する嫌悪感は脇に置くべきだ。

ドイツ、アメリカ、イギリスはソ連の業績について愚かな偏見を長く共有してきた。一九四一年以降、ドイツ国民に降りかかった災難は彼らの指導者がソ連の巨大さを過小評価したことに起因していると考えられる。今日の宇宙開発競争はアメリカがソ連に抱いてきた普遍的な優越感を委縮させた。ソ連は生活水準の低さと輝かしい技術的成果を併せ持ち、西側諸国が抱く従来の感覚を混乱させて大きな判断ミスを引き起こしている。

東部戦線の航空戦とエーリッヒの功績を評価する際に、彼が大草原地帯の上空でカモを撃墜していたと手放しに納得するのは誤りだ。敵はＭｅ１０９より性能の優れた第一線級の航空機で反撃が可能であり、実際にそうしている。その中には連合軍のエースとして英米を圧倒したソ連軍パイロットもいる。したがってエーリッヒの撃墜数を公明正大に集計するには、何よりも技術と人間の面で敵対したソ連軍の質に焦点を当てなければならない。

公開されている技術情報（＊１）ではドイツ軍の高い撃墜数を一括りに説明できるだけのソ連軍機の劣勢は見られない。独ソ戦が始まった当初にソ連軍が保有した機体で、全体的にＭｅ１０９より優れた戦闘機は少なくとも一種類しかない。戦争が進捗するにつれてソ連の航空産業はＭｅ１０９の各派生型に勝る戦闘機を生産するだけでなく、ドイツをはるかに凌ぐ驚嘆すべき航空機の生産を達成した。

著者は前著『Horrido!』『Fighter Aces of the Luftwaffe』（＊2）で、東部戦線と西部戦線における航空戦がどれほど違うかについて幅広く扱っている。西側諸国では英米のドイツ本土空襲を航空戦の主要な舞台と見なすのが当たり前だ。だが実際には、ソ連が喪失した航空機は英米の約二倍になる。最も規模の大きい航空戦は東部戦線で繰り広げられた。

ソ連軍の厳しい統制下で発展が妨げられた空軍は、徐々に分離し一九三九年に再編成された。再編後は航空師団が最大の部隊となり、四～五個飛行中隊からなる飛行連隊が三～六個で編成された。ドイツ軍がソ連に進攻した一九四一年六月の時点でソ連の航空戦力は、一六二飛行連隊を擁する四〇～五〇個航空師団と推定し、ソ連空軍全体で約一万五〇〇〇機とされる。

ソ連空軍の戦闘機部隊は主にポリカルポフI－15とI－16、その改良型や派生型（I－151、I－153）を装備していた。I－15はスペイン内戦に投入された単座のガル翼複葉機である。ドイツ軍の攻撃を受けた一九四一年、すでに陳腐化していたI－15とI－16はMiG－3やLaGG－3に機種転換中だった。ドイツ空軍が前線基地に駐留していたソ連の航空艦隊を攻撃した時、近代的な単葉機への転換は四分の一以下しか実現していなかった。侵攻から九十日でソ連は防衛の要となる空軍力が事実上壊滅し、ドイツ空軍は完勝した。

ソ連空軍にとって航空機による戦術としての対地支援は一九三九年の組織改編後も主要任務だった。そのため戦闘機を含むほぼすべての航空機に爆弾が搭載されるようになった。独ソ戦初期の航空戦ではドイツ空軍の爆撃機や戦闘爆撃機に随伴する戦闘機が優勢で、爆弾を搭載したソ連軍戦闘機を迎撃し多大な損害を与えた。その後、ソ連空軍は戦闘機が爆弾を搭載したまま航空優勢にあるドイツ軍戦闘機と交戦するのを禁止したため、しばしばソ連側から戦闘を避けるようになった。ドイツ空軍はこれを戦意喪失とみなしたが、撃墜されたソ連軍パイロットの尋問で事実が判明した。

ソ連は一九三九年のイギリスや一九四一年のアメリカよりも多くの点で航空戦の課題に対処する準備を整えていた。ソ連空軍は特別に訓練を受けたパイロットで編成された予備軍を注意深く計画的に増強した。同様に二十四時間体制の大規模な航空機の生産体制が一九四一年までにはかなり準備できており、ドイツ軍の電撃戦が始まった同年六月から七月にかけての被害から迅速に回復できたのである。ソ連軍は工場から大量に生み出される戦闘機に備えて訓練学校でパイロットを安定的に供給し続けた。

ソ連空軍の損害が深刻なのは変わらなかったが、パイロットの訓練が追いつかないドイツ空軍戦闘機部隊とは対照的に、彼らのパイロットは戦争が進むにつれて着実に質が向上した。ソ連は四発の戦略爆撃機を持たないドイツ空軍の手が届かない場所で広大な軍需工場と飛行学校を運営できた。その結果、ドイツ空軍はこれらの物資や人員が前線に到着してから対処しなければならなかった。

一九四二年後半からソ連の航空戦力が航空戦を圧倒する流れになり、月を追うごとにその力を増していった。一九四四年半ばになるとソ連空軍が東部戦線の空域を支配し、戦術的にも一九四一年の状況をはるかに超えていた。それにもかかわらず、ドイツ空軍にとってロシア戦線の航空戦は気楽なピクニックのようなものだったという伝説が定着し長く語り継がれてきた。ソ連軍を相手にするのは簡単だったという一面的な結論は事実に反する。

エーリッヒは東部戦線の戦いを、連合軍が西部戦線で行った都市爆撃に対峙する戦闘機の迎撃にたとえている。雹のように飛び交う鉛や鋼鉄の弾丸のすぐ脇を飛行するパイロットは、いずれにせよ被弾は避けられなくなる。「一〇機でソ連軍三〇〇機と対峙するのも珍しくなかった。ありえないと思われるだろうが空中衝突と撃墜されるのはほぼ同じ確率だった。このような大軍勢に対して我々は細心の注意を払って攻撃しないと決して生き残れなかった」

ソ連軍パイロットの質は東部戦線で戦ったドイツ軍エースの体験によって異なる。長期にわたる日々の作戦では、技術的にも精神的にもドイツ軍が優れていると感じた。特に撃墜数で最上位に立つパイロットはそうだった。しかしソ連軍戦闘機部隊の精鋭である親衛戦闘機連隊の質については、ほぼ見解が一致している。ドイツ人は彼らに敬意を表した。

ソ連の凄腕パイロットは親衛連隊に集中していた。彼らは好戦的で戦術面でも手強く恐れを知らない。現状で最も優れた戦闘機を操縦する本物の戦士の見本だった。彼らの作戦はバトル・オブ・ブリテンを戦った不滅の〝かくも少数〟と同様に不屈の士気で活気づいていた。

好戦的なソ連空軍の戦闘魂はオリョール近郊でスターリンの鷹と呼ばれる若いパイロットの一人ウラジミール・D・ラヴリネンコフ中尉に関わる注目すべき出来事によって説明できる。撃墜三〇機のエースであるラヴリネンコフは、撃ち落としたMe109のドイツ軍パイロットが平地に着陸するのを見届けた。ドイツ軍パイロットはコックピットから飛び降りて近くにある木や下草が生い茂ったガレ場に身を隠した。

ラヴリネンコフは現場の上空を低空で旋回しながらソ連軍部隊はドイツ軍の居場所を見つけられずに逃がしてしまうかもしれないと考えた。この若いロシア人中尉は不時着したMe109のそばに戦闘機を着陸させると捜索中の歩兵をガレ場の雑木林に誘導した。ラヴリネンコフは倒れているドイツ人を見つけると飛びかかり両手で首を絞めて殺した。ソ連のエースはあっけにとられる兵隊の足元に敵の死体を置き去りにして、すぐさま戦闘機に戻ると砂煙を上げて飛び立った。

第二次世界大戦の連合軍において親衛連隊はトップクラスの戦果を収めた戦闘機パイロットを輩出している。イデオロギー的な敵対関係を理由にソ連を全面否定しようとするのは歴史を記録するうえで不適切だ。東部戦線の航空戦は西部戦線の死闘に匹敵すると捉えるべきではないという理不尽な偏見が広まっている。だが歴史上、東部戦線のドイツ軍ほど強敵に直面した戦闘機パイロットはいなかったというのが事実だ。またソ連の優秀な戦闘機エースも戦史家から正当な評価を受けてこなかった。ソ連のトップ・パイロットの撃墜数はアメリカやイギリスの半分にすぎず四半世紀にわたって無名のままだ。

東部戦線のドイツ軍を代表するエースたちは、ほとんどが何度も撃墜されるか不時着している。彼らの被撃墜率は史上最も高かった。エーリッヒを例に上げると一四〇〇回の出撃と空中戦八〇〇回のほとんどが圧倒的な数的劣勢下での戦いであり、彼が戦術的に不利になるのは避けられなかった。彼がソ連軍戦闘機の銃弾を浴びた戦いはおよそ二〇〇回にのぼるという。ハルトマン、ラル、バルクホルンを始めとするドイツ軍のトップエースたちは、おそらく史上最高の技量を持つ戦闘機乗りだったが、常に数的劣勢、平均の法則〔同じ条件で同じ行動を繰り返せば常に一定の成果が得られるという確率の考え方〕、そして単なる偶然のいずれかで撃墜された。

いかなる場所で親衛戦闘機連隊が活動しようとも、ドイツ空軍は自信をもって強固な対抗手段を取れた。大半のソ連軍パイロットは技量で親衛連隊に及ばないが、長い消耗戦でドイツ軍を苦しめた。ソ連のトップエースであるイワン・コジェドゥーブ少佐はドイツ軍機を六二機撃墜しており、太平洋戦線で四〇機を撃墜した英米トップのリチャード・I・ボング少佐よりも撃墜数が多いパイロットが他に七人いる。

イワン・コジェドゥーブは一九二〇年にウクライナで工場労働者の息子として生まれた。一九三〇年代にソ連で盛んだった航空クラブで飛ぶことに目覚めた。ソ連空軍親衛戦闘機連隊で活躍した軍歴によって、米国議会名誉勲章に相当する称号「ソ連邦英雄」を三度も受賞した。

コジェドゥーブは朝鮮戦争中の一九五一年から五二年にかけて、北朝鮮航空師団で戦闘機を指揮していたとされる。彼の部隊はアメリカ空軍のF－86EやF－86F「セイバー」よりも軽量なMiG－15ジェット戦闘機で戦った。コジェドゥーブが朝鮮戦争で出撃したかどうか二十年近く経った今でも不明だが、当時三十一歳の若さからするとその可能性はある。アメリカ軍当局はソ連の熟練パイロットが朝鮮半島で戦ったのは確かであり、コジェドゥーブが第二次世界大戦で記録した六二機撃墜に数を追加した可能性があると考えている。

コジェドゥーブの自伝『Ich greife an（私は攻撃する）』は一九五六年に東ドイツで出版されている。歴史的に興味深い著作であるはずだが、共産党に入党したのが彼の人生で最も重要であるかのように誇張した非常に極端な内容だ。少年期の学校生活から国で最高の勲章を手にするまですべての経歴が赤いプリズムを通して映し出されており、輝かしい飛行履歴を彩りながらも歪んでいる。

第52戦闘航空団と頻繁に戦った親衛戦闘機連隊のアレクサンドル・ポクルイシュキン大佐は最も有名なソ連の戦闘機エースである。〝サシャ〟・ポクルイシュキンは五九機を撃墜し戦時中にソ連邦英雄を三度授与されている。彼の経歴はドイツや連合国のエースと共通する部分が多い。国を問わずこの手のエースには似たような逸話がよく語られる。着用した軍服や軍旗に関係なく、ほとんどの戦闘機エースは同じような戦火をくぐり抜けてきた。

ポクルイシュキンは少年時代を過ごしたシベリアでソ連の先駆的な飛行家であるヴァレリー・チカロフの功績に感銘を受けた。ノボシビルスクの親元を離れてからは労働者として働きながら専門学校で学んだ。一九三二年に赤軍に入隊すると航空学校に送られ飛行訓練を受けたが、学校が閉鎖して整備士の訓練を受けることになり彼の熱意は失望に変わった。

彼は整備員の訓練を受けながら何十回もパイロットに転向を求めて上官に上申書を提出したが、整備員が必要だという理由で却下された。訓練が終わり優秀な整備員として才能を発揮しながらも彼はパイロットになる夢を諦めきれず、一九三六年から三八年までOssoaviakim（防衛・航空化学工業振興協会）の事業として運営されていたクラスノダール航空クラブで、エーリッヒ・ハルトマンと同様にグライダーの飛行を学んだ。

一九三八年冬、上官に内緒で一年かかる民間パイロットの課程を十七日で修了した。さすがに上官も認めざるを得ず、ポクルイシュキンは航空学校への紹介状を手にした。

ポクルイシュキンはカチンスカヤ赤旗軍用航空学校を優秀な成績で卒業後、まもなく正式にオデッサ軍管区の第55戦闘機航空連隊に配属された。戦闘機部隊に入隊したポクルイシュキンはロシア革命がもたらした平等主義にとてつもない衝撃を受けた。軍服にはまだ整備士の記章がついており、パイロット仲間にほとんど口をきいてもらえない。彼らには正規のパイロットという自負があり、元整備員のポクスイシュキンは白い目で見られた。

不屈のポクルイシュキンは自分が成りあがりの整備員ではないとすぐさま証明した。彼の優れた操縦技術を否定できないうえに航空機の構造やエンジンに関する詳しい知識は、パイロット仲間をはるかに凌駕していた。彼らはすぐにポクルイシュキンを完全に受け入れたが、知識の広さから本来は教官に回されるべきだった。

パイロットを目指していたポクルイシュキンが整備員という脇道に逸れながらも航空戦術に強い関心を持ったのは彼の行動力によるところが大きい。この時期彼は日記をつけており、戦術的な概念を書き留めていたのは戦史家にとって好都合だった。彼にとっての聖書はフランスのルネ・ポール・フォンク大尉が書いた第一次世界大戦における戦闘機戦術の名著『Mes Combats（我が空戦）』である。フォンクは七五機を撃墜し第一次世界大戦の連合軍でトップエースだった。

真面目で決断力があり勤勉なポクルイシュキンはフォンクの理論や操縦法を模擬空戦で実践し、新世代の戦闘機に合わせて修正し拡張することで革新をもたらした。整備員として数学を学んでいたころから正確さを期して、軍隊にいる間は自分と相手の戦術機動をすべて日記に書き留めることを習慣にしていた。

ロシア革命後のソ連では、個人主義を何か本質的な悪でありブルジョア的とみなす大衆心理が育っていた。これはソ連のために第二次世界大戦を戦った若い世代の組織的な物の見方になった。その結果、航空戦で勝つために不可欠となる崇高な個性、素早い決断力、敏感な反応といった資質を何百万もの若いソ連兵から奪った。それは強靭な独善性に取って代わられる。彼らと戦ったドイツ人の経験からも明らかなように、大半のソ連軍パイロットは近代的な航空機の設計技術よりもはるかに難しい、心理的な壁の克服を強いられた。彼らは前者（技術）を克服し、後者（心理）と戦ったのである。

一九一三年生まれのポクルイシュキンは強迫観念に囚われたソ連の教育に強く影響される前に少年期を終えていた。彼が偉大なエースになれたのは空中戦における個人の重要性を当初から理解していたからである。彼の際限のないスケッチと粘り強い操縦法の研究を見れば、劣った機体を操る優れたパイロットが優れた機体を操るが実力は劣る相手をいかに打ち負せるかが分かる。彼は模擬戦闘の経験でさらに確信を得た。

ドイツ側のエーリッヒ・ハルトマンと同様にポクルイシュキンも奇襲し迅速に激闘するやり方の

信奉者になった。この攻撃法を開発するにあたって、彼が早い段階で手引としたのはソコロフという熟練の戦闘機パイロットだった。ポクルイシュキンは最初に配属された飛行隊で彼と一緒に飛んでいた。ソコロフは奇襲で猛攻すればたちまち敵のパイロットは混乱し、撃墜されるかもしれないという心理戦に勝利すると主張した。ポクルイシュキンは日記にこう書いている。「勝利の要因は機動と射撃だ！」

ポクルイシュキンは主として曲技飛行と機動に専念していた。そして実際に銃撃で相手を倒すにはまだ学ぶべきことが多いと分かった。また自分の身を守る方法が分からなかった。吹き流しの曳航標的を使った訓練では弾薬が尽きるまで繰り返し射撃した。何百発もの弾が青空を飛び交ったが標的に命中するのは三、四発だった。

戸惑うポクルイシュキンはどうして空中では標的に命中させられないのか理解できなかった。彼のやり方は完璧で、空軍の手引きにある射撃手順どおりだった。答えを出すには彼の数学の素養が助けになった。

腰を据えて弾道や弾速、空対空射撃の問題点を数学的観点から見つけ出した。何ページも計算しグラフもたくさん描いている。こうした努力の結果、エーリッヒ・ハルトマンが何年ものちに実戦から得たのと同じ結論に達した。ポクルイシュキンは興奮気味に書いている。「成功は近接射撃にかかっている」

ポクルイシュキンは近接射撃に最適な位置を計算するのが課題だと確信して機動の略図を描くと、

翌日には期待を胸に飛び立った。彼は訓練で試した結果について書いている。

「秘訣はこうだ。一定の角度で標的に近づくと同時に法則に則り射撃ボタンを押してもすでに弾は脇に逸れている。これは若いパイロットにとって大変危険だ。少しでも狙いを間違えば標的ではなく曳航機に鉛弾を撃ち込んでしまう。

着陸すると標的を牽引したパイロットが激怒していた。『あんなに詰め寄ってどういうつもりだ。あれなら仲間だって殺せる』。しかし、私の腕も目も間違ってはいない。近距離から高い命中率で射撃し続けた。空中戦における接近戦とはそういうものだ」

ポクルイシュキンは数学的な分析によってエーリッヒが数年後に持ち前の分析力で見出したのと同じ基本的戦術を導き出したのである。彼らの発想と所見が似ているのは注目に値する。両者は実戦で結論の有効性を確かめている。

ポクルイシュキンは六〇〇回以上の出撃で五九機を撃墜し、開戦前に導き出した所見を疑う余地はなくなった。一九四一年、ドイツがソ連に侵攻した時点でポクルイシュキンは一人前の戦闘機パイロットとしてウクライナで任務に就いていた。ドイツ軍の攻勢が始まって二日後、彼はＭｉＧ－3に乗りヤッシーへ偵察に向かい第52戦闘航空団の戦闘機と遭遇した。その地域では後にエーリッヒが任務に就くようになって何度もドイツ軍戦闘機と対峙することになる。セミョーノフ中尉を僚機に従えたポクルイシュキンは、三機が下に二機がその上空に位置したＭｅ１０９の五機編隊を目撃した。ポクルイシュキンは操縦桿を引いて高い位置にいるドイツ軍の二機編隊に向かって素早く上昇を始めた。

先頭を行くドイツ軍戦闘機が急角度で上昇すると、ポクルイシュキンはその背後に回り込むようにストールターン［機体を垂直上昇させ、速度が落ちた失速状態で舵を切って真横に反転して垂直降下する曲芸飛行］で対抗した。至近距離まで近づいてＭｅ１０９に一斉射撃を加えた。ドイツ軍戦闘機は火を噴くと轟音と共に煙を引きながら東に向かった。

初戦果を喜ぶ間もなく彼は多くの新人戦闘機パイロットが命を落としたのと同じ過ちを犯してしまう。真っ逆さまに落ちていく敵機を見ながら、その激烈な光景に魅了された。被弾したドイツ軍機の僚機はポクルイシュキンを追い越しながらその様子を見ていた。左翼が機関砲の銃弾で裂け曳光弾が風防を貫いた瞬間、彼は我に返った。

ポクルイシュキンはＭｉＧ－３を地上近くまで急降下させると、まるで初陣のエーリッヒのように、コックピットの中で装甲板を背にしゃがみ込むと低空飛行で帰路についた。間一髪のところで命拾いをしたが初勝利の喜びは半減した。アドルフ・ガーランドやギュンター・ラルのように著名な戦闘機のエースでも、ポクルイシュキンと同様に壮絶な墜落の光景から目が離せず、敵の攻撃を許してしまったと告白している。ガーランドは負傷して命を落としかけている。ラルは墜落して背骨を骨折し死の淵に立たされた。ポクルイシュキンは根本的な教訓を二人の優秀なドイツ人パイロットと同じようにして学んだのである。

ポクルイシュキンは勇猛果敢に臨んだ激戦でこの攻撃方法を実証したが、一九四一年秋まで戦闘機同士で戦う機会はほとんど得られなかった。何度も偵察任務をこなすもドイツ軍戦闘機とはほぼ遭遇しなかった。それでも空中機動の研究は怠らず、その後の戦いでは攻撃してくる敵に対して迅速かつ適切に対応するようにした。移動と対抗手段を身に付け、戦闘中は本能的に正しく行動して生き延びられるようになった。

ポクルイシュキンの革新的な方法は開戦前のソ連空軍が囚われていた戦闘機の水平機動という理論から脱却するのに大きく貢献した。戦前に水平飛行で戦いを教わったソ連軍パイロットは、一九四一年から四二年の空中戦で新たな現実に直面し急速に再教育されていった。航空機の性能向上と低翼単葉機の主力化は戦闘戦術に垂直機動の時代を切り開いた。ポクルイシュキンはソ連軍の戦術的発展に最も大きく貢献した人物である。

彼は急速旋回上昇を回避に多用した。彼は多くの保守的な仲間が忠告するのに反して、追撃してくるドイツ軍機をやり過ごすため敵に身を晒すようにして速度を落としスナップロールを実践した。彼はその指導力、航空機の設計や技術に関する知識、そして個別指導の才によりソ連空軍では戦闘機パイロットの第一線に立った。

ポクルイシュキンの教えは戦火の中で自らが作り上げたものだった。写真のごとく焼き付いた記憶が戦闘中のあらゆる機動を詳細に思い起こさせた。彼はそれを詳細なスケッチにまとめて防空壕の壁に図やグラフ、戦果表にして貼り付けた。ポクルイシュキンは対決したドイツ軍のトップ・パイロットと同じく何度も撃墜され不時着している。またドイツ軍機との戦闘から何とか帰還した彼の機体を見た仲間は損傷の具合に愕然とした。

ポクルイシュキンには敵を知りたいという飽くなき情熱があった。軌道を詳細に記録するだけでなく鹵獲したドイツ軍戦闘機で飛行し、その弱点を注意深く書き留めた。彼は自分がドイツ軍パイロットであればこの機体でどんな戦術を取るかを考え、Ｍｅ１０９の特性や弱点を長々と書き連ねた。そしてソ連で最高の戦闘機なら無骨なドイツ軍機より優れていると考えた。

ポクルイシュキンの飛行連隊はクバン半島で再び第52戦闘航空団と長期にわたって交戦し、その知識と経験を四つの言葉に抽出して空中戦の基本方式にまとめた。「高度、速度、機動、射撃」

優れた航空機とポクルイシュキンのような指導者がいれば、親衛戦闘機連隊に恐い者はなかった。無線傍受していた第52戦闘航空団は、ソ連が送信する無線が何度もドイツ軍の周波数に合わせて切り替わるのに驚いた。ソ連軍がドイツ語で挑戦状を叩きつけてきたのである。

「すべてのドイツ軍パイロットは気をつけろ。エースのポクルイシュキンが空にいる！」

ソ連軍全体を見ればこのような戦闘機パイロットの士気高揚は例外的だが、親衛連隊にとっては当たり前になっていた。鮮やかな赤を基調とした荒々しい色で機体を彩り、あらゆる面で各国空軍の優秀な戦闘機部隊に匹敵する存在になった。

また別の面でもポクルイシュキンはエーリッヒに似ていた。彼は指導者が必ず遂行すべきこととして、新米パイロットを生かすために注意深く指導するのを信条としており、経験と個別指導で彼らがエースとなる基礎を築いた。彼は深い知識と図解を用い、空戦の技法の説明に腐心した。射撃眼を持つように指導し、ソ連軍に多くのトップエースを生み出したのは彼が個別指導したおかげである。ドイツ軍機を五〇機以上撃墜したとされるアレクサンドル・クルボフはポクルイシュキンの仕込みで指導者としての訓練を受けた。クルボフはソ連邦英雄の称号を二度授与されている。

ソ連軍で最も有名なエースのポクルイシュキンは、エーリッヒと戦い方が似ており、戦術の大部分も同様の考え方をしていた。しかし、ポクルイシュキンはどのドイツ空軍パイロットや戦闘機指揮官よりもヴェルナー・メルダース大佐に匹敵するといえる。このロシア人はメルダースと同い齢である。ポクルイシュキンの戦術的洞察力と新しい手法を開発する粘り強さは、ドイツ空軍が第一次世界大戦以来の旧態依然とした戦術から抜け出すのに大きく貢献したメルダースを彷彿させる。

メルダースはポクルイシュキンと同様に緻密な性格だった。メルダースが入念に指導した若いパイロットたちは彼ら自身が今も認めているように、彼の指導があったからこそ生き延びて現在のドイツで豊かな暮らしを享受している。ソ連に対するプロパガンダ的な歪曲により、戦闘機エース、指導者、そして戦術家としてのポクルイシュキンの功績を霞ませてはならない。彼の名声は自分の力で勝ち取ったのであり、第52戦闘航空団のエーリッヒが率いた部隊と頻繁に戦ったのだから本書で評価するのにふさわしい。

ポクルイシュキンとエーリッヒが戦った確かな証拠はないが、彼らが直接敵対しなかったとも断言できない。八〇〇回以上の空中戦の多くはポクルイシュキンが指揮する編隊が相手なので、金髪の騎士が有名なロシア人と遭遇した可能性はあるが誰にも確証はない。

著者は歴史的な意図から三〇機以上を撃墜したソ連の戦闘機エースもリストに加える。これはソ連の航空史家M・モスコフの名簿を元に、ロンドン在住のイギリス航空史家ジーン・アレクサンダー女史と彼女が関係する調査会社キャシディ・グループを経て著者に届いたものだ。

＊1 出典Asher Lee『Soviet Air and Rocket Forces』（Garden City, N.Y.: Doubleday, 1961）、William Green『Warplanes of the Second World War: Fighters（Volume 3）』（London: Macdonald & Co., 1961）、同『Famous Fighters of the Second World War』（London: Macdonald & Co., 1961）。

＊2 （New York：Macmillan, 1968）

■第二次世界大戦のソ連空軍エース

名前	撃墜機数
イワン・ニキートヴィッチ・コジェドゥーブ	62
アレクサンドル・イワノヴィッチ・ポクルイシュキン	59
グリゴリー・アンドレーヴィッチ・レチカロフ	58
ニコライ・ドミトリエヴィチ・グラエフ	57
キリル・アレクセーエヴィッチ・エフスティグネフ	52
ドミトリー・ボリソヴィッチ・グリンカ・グリンカ	50
アレクサンドル・フェドロヴィッチ・クルボフ	50
イワン・マルコヴィッチ・ピリペンコ	48
アルセニー・ヴァシリエヴィッチ・ヴォロジェーイキン	46
ヴァシリイ・ニコレーヴィッチ・クバレフ	46
ニコライ・ミハイロヴィッチ ・スコモロホイ	46
ゲオルギー・ドミトリーヴィチ・コスティレフ	43
セルゲイ・モルグノフ	42
ヴィタリイ・イヴァノヴィッチ・ポプコフ	41
アレクセイヴァシルエヴィッチ・アレリウキン	40
ヴィクトル・フェドロヴィッチ・ゴルベフ	39
ワシリイ・フェドロヴィッチ・ゴルベフ	38
セルゲイ・ダニロヴィッチ・ルガンスキー	37
ミハイル・エヴデキモヴィッチ・ピヴォヴァロフ	37
グリゴリイ・カピタノビッチ・グルチャエフ	36
アナトリー・ガヴリロヴィッチ・ドルギーク	36
ニコライ・フェドロヴィッチ・クズネツォフ	36
アレクサンドル・イワノヴィッチ・コルドゥノフ	36
イワン・イルイチ・ババク	35
パーヴェル・ミハイロヴィッチ・カモージン	35

名前	撃墜機数
ウラジーミル・ドミトリーヴィッチ・ラヴリネコフ	35
ニコライ・サゾノヴィッチ・パヴルーシキン	35
ペトル・アンドレヴィッチ・グニド	34
アレクサンドル・ヴァシルオヴィッチ・コチェコフ	34
セルゲイ・イワノヴィッチ・ルキヤノフ	34
イワン・ニキティチ・シトフ	34
アレクサンドル・ミハイロヴィッチ・チスロフ	34
フェドール・ミハイロヴィッチ・チュブコブ	34
アンドレイ・イェゴロヴィッチ・ボロヴィフ	32
ミハイル・ミハイロヴィッチ・ゼレンキン	32
ミハイル・セルゲオヴィッチ・コメルコフ	32
ニコライ・フェドロヴィッチ・クラスノフ	32
アレクセイ・コンスタンティノヴィッチ・リャザノフ	32
イワン・ニキフィロヴィッチ・ステパネンコ	32
パーヴェル・イェコヴレヴィッチ・ゴロバチェフ	31
ヴィクトル・ヴァシルエヴィッチ・キリリューク	31
スルタン・アクメット＝ハーン	30
フェドール・フェドロヴィッチ・アルキペンコ	30
ウラジミール・イヴァノヴィッチ・ボブロフ	30
ボリス・ボリソヴィッチ・グリンカ	30
イワン・ドミトリイエヴィッチ・リクホバビイ	30
ペトル・ヤコヴレヴィッチ・リホレトフ	30
ヴァレンティン・ニコリエヴィッチ・マハロフ	30
ペトル・アファナスエヴィッチ・ポクリシェフ	30
アレクセイ・ステパノヴィッチ・フロビストフ	30

第十章
三〇〇機撃墜とダイヤモンド付騎士鉄十字章

正々堂々と戦うのが正義の道なら、私の仲間はこの上なく尊い
——匿名

一九四四年七月の第三週、ロシア戦線に戻ったエーリッヒはソ連軍航空部隊の数的優位がかつてないほど明確になっていることに気づいた。米英のレンドリース機はこれまでと変わらなかったが、Yak、LaGG、シュトゥルモビク、MiGの数が恐ろしい勢いで増えていた。ソ連軍の戦闘機パイロットはこれまでになく戦術的に研ぎ澄まされており、赤く塗装された親衛連隊の航空機には一流の人材が乗っていた。親衛連隊にはコジェドゥーブ、ポクルイシュキン、レチカロフなどエース級の指導者がおり、そのほとんどがドイツ空軍機を五〇機以上撃墜している。これらは危険人物だった。

一九四四年夏、東部戦線で積極的に活動するドイツ軍パイロットは、自分の膝元で標的を目にす

るようになった。離陸して十五分もすると大量のソ連軍機が現れるのでエーリッヒは次々と獲物を手に入れた。一九四四年七月二十日から八月二十二日まで、さらに三二機を撃墜した。これまで撃墜した二八二機は、機数だけで見てもソ連の航空連隊を一五個以上は消滅させていた。今や撃墜数の競争相手はゲルハルト・バルクホルンだけだった。エーリッヒと、彼がドイツ空軍で最も尊敬する人物のゲルハルトはここ数週間終始接戦を繰り広げており、通信の不備から公式な撃墜確認が遅れていた。

格闘戦に優れたゲルハルトはドイツ空軍が〝サーカス〟と呼んだ形式の空中戦で際立っていた。ひとたび射撃眼を見出すと撃墜数は安定したが、彼の名声はその資質より何度も撃墜されるという派手さに負うところが大きい。ラルと同じようにバルクホルンも負傷して長い間飛べなかった。一九四四年六月、アメリカ軍とのプロイエスティ防衛戦で重傷を負ったゲルハルトは病室で天井を見続け、その間にエーリッヒはソ連軍に打撃を与え続けた。

一九四四年八月二十三日、エーリッヒは大事な日を迎えた。この日、三回の任務で二九〇機目の撃墜を達成した。今やゲルハルト・バルクホルンを抜きドイツ空軍だけでなく史上最高のトップエースになったのである。その後、バルクホルンはドイツ本土防空に移されてエーリッヒと彼の対決は終わったが、行く手には別の挑戦が待ち受けていた。

エーリッヒの飛行中隊では隊員たちが撃墜三〇〇機という驚異的な数字を目前にして、期待に胸を膨らませた。歴史的な偉業は彼の手の内にあったが、敵が幸運に恵まれたり思わぬ事故に見舞われたりしたらその栄誉を失ってしまうかもしれない。日が経つにつれて飛行中隊の緊張感はより顕著になっていった。

わずか四年前、有能なヴェルナー・メルダース大佐は第一次世界大戦でリヒトホーフェンが記録した撃墜八〇機を初めて超え、その後一〇〇機を達成するとドイツの盛り上がりはほとんど信じられないほどだった。今となっては一〇〇機など遠い昔の出来事であり、エーリッヒにとっては三〇〇機の可能性が差し迫っていた。

一九四二年八月二十九日、優秀だが過小評価されていたゴードン・ゴロプがメルダースの記録を抜いた一五〇機という歴史的な新記録を収めたが、リュッツォウやエーサウなどのエースがゴロプを猛追していた。東部戦線での輝かしい栄光に包まれたヘルマン・グラーフは二〇〇機を突破したが、短期間でその栄誉を分かち合う者が現れた。第54戦闘航空団、後にジェット戦闘機Ｍｅ２６２でノヴォトニー・コマンドを指揮するヴァルター・ノヴォトニーは二五〇機の記録を打ち立てたが、ギュンター・ラル、オットー・キッテル、ゲルハルト・バルクホルン、エーリッヒ・ハルトマンに追い抜かれた。ハルトマンにとって残り八機で魅惑の三〇〇機撃墜の瞬間が目前に迫っていた。

その盛り上がりぶりがどれほどだったか、幸いにも当時の記録が残されている。カール・ユンガー曹長は金髪の騎士と同じ飛行中隊の仲間で一時期は僚機を務めていた。エーリッヒが偉大な勝利を収めた翌日の出来事を沈着冷静な彼の視点から書き留めている。

第52戦闘航空団の戦闘機エースである黒髪のカール・ユンガーは好戦的な精力家で、戦い方や生き様も硬派だった。ハルトマンはその日の朝、ポーランドのクラカウにいた飛行中隊がワルシャワに出発する前に午前三時までバカ騒ぎをした思い出を振り返っている。ユンガーはサングラスだけの素っ裸で自分の折り畳みベッドにばたりと倒れ込み、朝になっても起きてこられなかった。飛行中隊は彼を残して出発した。

二時間後、ワルシャワではＭｅ１０９に乗ったユンガーが単独で現れ部隊の殿《しんがり》になった。エーリッヒと仲間が見守る中、ユンガーが着陸態勢に入った。彼が降下を始めた時、理由は分からないが馬草を積んだ大きな二台の荷車を馬に引かせたポーランド人の農夫が突然方向を変えて滑走路を横切ったのだ。

その牧歌的な風景をユンガーが一変させた。土埃と藁が舞い上がり、その中から罪のない馬が飛び出して駆け回り始めた。パイロットたちが墜落現場に立ち昇る土煙のそばまで駆け付けた頃には騒ぎが収まっていた。戦闘機の残骸は航空機とは思えないほど捩じれた金属の塊になっていた。エーリッヒが「ユンガーが事故死したのは残念だ」と口を開きかけたところ、捩じれた残骸の下から何か動く音がした。瓦礫の中からいきなり這い出たユンガーは立ち上がるとサングラスをかけたまま「地上に戻れて感謝します」と言った。次の日、彼は再び戦いに飛び立った。

その後、ユンガーは一九四四年八月二十四日の経緯を書いてウーシュ・ハルトマンに送っている。ソ連に投獄されているエーリッヒが生きて戻れるか分からないから彼女に思い出の品として持たせたかったのである。

前進基地の片隅

一九四四年八月二十四日　カール・ユンガー曹長

「昨日は素晴らしい一日だった。空の戦いではこれまでに前例のない日だ。私の隊長であるエーリッヒ・ハルトマン中尉は、すでに剣付柏葉鉄十字章を持っている。二回の戦闘任務で一一機を撃墜し、これで三〇一機になる。彼は初めて三〇〇機の大台を超えた世界一の戦闘機パイロットといえる」

「昨日はずっと飛行場全体が高揚した空気に包まれていた。『今日、三〇〇機は取れるのか？ブビに出来るのか？』という問いかけが飛び交い、誰もが興奮し期待で緊張していた。隊長は前日もイワン〔ソ連機〕を八機撃墜し、二九〇機まで増やした。昨日の朝は天候が思わしくなかった。昼過ぎに晴れたので稼働時間は半日になった。昼食後にその日最初の任務があり、飛行隊長はその機会を無駄にしなかった。彼が僚機と離陸した直後に私たちは時を数え始めた」

「ちょうど一時間後、二機の航空機が地平線上に現れて私たちの飛行場に向かってきた。二十二歳の〝親父〟の見慣れたマークを付けたＭｅ１０９は翼を振ると機首を上げて、もう一度通過しながら翼を振った。さらに一回、もう一回……五回、六回と繰り返していく。皆が喝采し喜びで熱狂の叫び声を上げた。今や隊長は二九六機を撃墜している。あとわずか四機だ。幸運を！」

「二機ともが整備を終えて再び飛び立てるようになるのが待ち遠しかった。給油と銃弾の装塡が永遠に続くように思われた。その間、私たちは議論をし、賭けに興じていた。今日なのか、それとももう一日待たなければならないのか？　突然、別の任務が命じられた。金髪の隊長を先頭に誰もが機体に飛び乗った」

「彼は易々とコックピットに乗り込む。いつもと変わらぬ落ち着きで安全ベルトの留め金を締める。彼は表に感情を出さなかった。口角のあたりに少しきつい筋が見えるだけだ。これがかっこ良い。戦闘機パイロットの頂点に立つという間違いなく歴史的な任務の出撃前確認を落ち着いて慎重に行う。その場に居合わせた者たちにはまたとない体験だった」

「彼の合図で整備員はエンジンの始動を開始する。最初はゆっくりと、そしてスターターが最高回転数で作動するまで速くしていく。すると、少しガタガタとプロペラが回り、ついにエンジンが動き出す。回転がなめらかになると、隊長は僚機を従えて滑走路に向かう」

「彼らは機首を風上に向け停止する。最後の試運転の唸りが唸りが耳に響く。そして離陸。陽を浴びる大地から砂煙が舞い上がり、疾走する細身の戦闘機が優雅に宙を舞う。二機は針路を東に取る。これから一時間でどうなるか？　記者と車で前進基地に向かうと、すでにそこでは皆が期待に胸を膨らませている。ヘッドホンで二機の無線を聞いている男の元に向かうと彼がヘッドホンを渡してくれたのでプラグを差して聴く……」

この歴史的な日にユンガー曹長と一緒だったのは従軍記者のハインツ・エッカートで、至高の任務の間、ヘッドホンを通してそれから起こった出来事を以下のように伝えている。

「パイロット同士の会話はとても簡潔だ。最も重要な要素を言葉で確実に伝えるだけだ。全体を一言で要約する場合もある。会話が長く途切れることもあれば応答が小刻みに繰り返されることもある。そして数分も経たずに次々と敵機を撃墜して何度も盛り上がる。そして二言、時には一言で状況を表し、地上で聴いている者は息を呑むような興奮に包まれる」

「皆がレシーバーを付けた無線機の操作員に群がっている。いつ来るか。操作員は通信機のボタンを操作している……。彼は勝利の合図を逃すのではないかと少し神経質になっている」

「十五時四十四分、ハルトマンから地上基地へ『敵の確認情報は?』『なし』『それならなんで奴らは俺たちを追ってくるんだ』。十五時五十分、地上基地からハルトマンへ『サンドウィエッツ上空に敵編隊接近中』。

「十五時五十一分『八機編隊に気を付けろ……エアラコブラだ……くそ!』。十六時『命中!(*1)』。十六時三分『命中!』十六時六分。『後方と上方に気をつけろ! 右にエアラコブラ! 命中!』。一六時七分『上方に注意!』一六時九分『こいつをやるぞ!』十六時十分『注意! 命中!』。僚機の呼びかけ『おめでとう。これで三〇〇機だ!』。地上基地からハルトマンへ『おめでとう！』」

「その後五分間、操作員は何の通信も受け取れない。辺りは狂乱状態だ。騒ぎが続いて言葉が分からない。さらに続く」

「十六時十五分『サンドウィエツの西、六キロ。軽爆撃機六機、高度二〇〇〇メートル、旋回中……ああ……別の編隊がいる。Pe－2だ』。十六時十七分『オストロヴィエツの東八キロ、高度三〇〇〇メートル、戦闘機の編隊……手が出せない、ちくしょう』。十六時二十七分『右に単発機！　俺たちの仲間だ……』。十六時二十九分『後ろを見ろ！』『了解！』。十六時三十五分、僚機からハルトマンへ『おめでとう！』。十六時三十七分『着陸のため降下する。翼を五回振る』」

「わずか一時間前、テントの前で私たちと腰を下ろしていた彼は、涼しい風に当るためシャツの前を開けて、私たちと婚約者の話をしながら思いにふけり白昼夢を見ているようだった。彼女の写真が机に立ててある。彼は胸を見下ろし若者らしく陽気に笑った」

「彼は『胸毛がある！　これで男になれる！』と言った。その時、彼はこの歴史的な任務のために離陸するよう言われた。内心の思いを胸に仕舞うように皮肉を込めて軽やかな笑顔でそう言った。冗談と自己認識が一つに合わさっていた」

ユンガー曹長が飛行場で熱狂する飛行中隊の様子を再び語る。

「三〇〇機と三〇一機目の知らせは、あたかも贖罪のように襲い掛かって来た。何もかもが慌ただしくなる。隊長が帰ってくるまでの数分間で、慌てて花輪を編む。盾を描いて銘文を記し雑な旗をこしらえる。誇らしげなビンメルの回りで地上員が蜂の群れのように動き回っている。

もうすぐ戻ってくる。持ち場を離れられる者は誰もが隊長機の駐機場に向かって押し寄せていく」

「少佐や大尉、中尉も地上員の群れに入り混じり、敬意を示したいという共通の思いで結ばれている。私はシャンパンのボトルとグラス二つを小脇に抱えている」

「大騒ぎで後れを取らないよう今のうちにシャンパンボトルのワイヤーを開けておく。ポンと音がしてコルクが大きなカーブを描きながら宙を舞う。すかさず掌でボトルの口をふさぐ。一滴も失わせてはいけない。突然、群衆の中で悲しみに暮れる。みんな喜んでいる。『早く隊長が戻ってくれないかな』と思うしかなかった。

私の願いが叶ったかのように、カラヤ1が飛行場の上空に轟音を立ててやってきた。ハルトマン中尉は翼を振りながら五回通過した。この偉業の背後にある活力と集中力の源は一部の者にしか理解できないだろう」

「五回目の通過後、ハルトマン中尉は仲間たちの歓声に包まれて機体を上昇させ、見事に着陸させた。彼はなめらかに機体を待機所まで移動させ、私たちはエンジンが止まる瞬間を心待ちにする。だが、彼はそう簡単に思い通りにはさせない。彼は再びエンジンを大きくふかすと機体を回転させ、風防を開けたままプロペラの後流に顔を晒す。この時、手を握って祝福できるのは整備班長のビンメル・メルテンスだけだ。妬みもせず誰もが立って待っている」

「エンジンの唸りがシューと消えてプロペラが最後に一回りすると、もう遠慮はいらない。飛行隊長代理のヴィリー・バッツが機体に飛び乗る。第52戦闘航空団司令ディーター・フラバク大佐が彼の横に立つ。彼らは隊長の手を叩く。彼はコックピットから出るなり二人の僚友に肩車をされた。その一人は誇り高きビンメル・メルテンスだ」

「最後に飾り立てた首飾りを彼に掛けた。従軍記者が写真を撮ろうとして少しの間割り込んできた。様々な角度から隊長を撮影している間、この場限りと分かっている私たちも待ちきれなくなる」

「肩車から降ろされた隊長と握手したり背中を叩いたり、せめて視線を合わせようと皆が群がってくる。その場にいた者は、あの数分間を忘れられないだろう。ようやく興奮が醒め、群衆は少しずつ減り始め、全員が宿舎に向かって歩き出した」

「宿舎へ着く間に椅子とテーブルが運ばれ、私たちは遠慮なく隊長を囲んで座った。今日は彼の日だ。フラバク大佐が彼の横に座って楽しそうに乾杯している。大佐に促されて隊長は空中戦で最後にはらはらさせられた瞬間を語った。皆が興奮を抑えながら話を熱心に聞いている」

「盛大な宴会のあとに、ちょっとした特別な席が設けられた。隊長はビンメルと整備員たちだけで宴会を開きたいと言う。目に付くあらゆるアルコール飲料を氷に漬ける。隊長のテントの周囲に半円形に藁を敷いてクッション代わりにした。その中央に焚き火を用意する。予定の時間になると全員が揃った。夜の深い闇が広がっている。月と星だけに見守られて火が灯される。燃え盛る炎が皆の顔に独特の表情を映し出している。

「酒瓶が回され十二時過ぎまで隊長と飲む。最後の薪が灰になると私たちは感動を胸に宴を終わらせ、隊長におやすみなさいと言って床に就いた。こうして、私たちの忘れがたい一日が幕を閉じた」


翌日、エーリッヒはフラバク大佐のテントに呼ばれた。エーリッヒが戦線に到着した日から二人の間には同志のような関係があった。いまフラバクが喉元に付けている柏葉付騎士鉄十字章を獲得するため撃墜数を重ねていた時、エーリッヒは彼の僚機として飛ぶのが誇らしかった。このような素晴らしい仲間を守り続けるのは戦闘機乗りが指揮官に捧げられる最高の贈り物である。こうして様々な出来事は元の鞘に納まったのだ。満面の笑みを浮かべたフラバクが手を伸ばしてエーリッヒの手を軽く叩いた。

「ブビ、おめでとう。本当におめでとう！　総統は君にダイヤモンド付を授与した。明後日、ヴォルフスシャンツェ（狼の巣）に出頭し、総統直々の表彰を受ける」

かねてより撃墜三〇〇機を達成すればダイヤモンド付を得られるとエーリッヒは分かっていた。高位の勲章を受ける心の準備はしていたが、総統大本営からの正式な通達には大いに動揺した。フラバクは話を続けた。

「この戦争でダイヤモンド付を授与された昼間戦闘機パイロット（＊2）は七人しかいない……」

めくるめくようなエーリッヒの思考にフラバクの言葉が混じる。ある考えが真っ先に浮かんだ。狼の巣を訪れた後は休暇で家に戻る。またウーシュに会える。

「エーリッヒ、当然だが君が行く前にダイヤモンド付の祝賀会を盛大に開かなくてはならない。滅多にない名誉で、君は第52戦闘航空団の誇りだ」

フラバクは再びエーリッヒの手を握る。彼はふらつきながら司令のテントを出た。二年前のエーリッヒなら、これほど短期間にドイツ空軍の英雄を超えるとは信じられなかっただろう。彼はソ連の手中にある哀れなパウル・ロスマンを思った。この成功の一端はロスマンのおかげだ。そしてビンメルがいなかったらどうなっていただろう？　だが、数ある働き者の中から受賞するのは一人。それが軍隊のやり方だ。

祝賀会は盛り上がり、パイロットたちは飛行中隊の配給酒類をおだてたり拝借したり、交渉したりして補充した。焚き火を囲んでさらに楽しい夜が更けていく。翌日、エーリッヒはＭｅ１０９に乗り込んでヴォルフスシャンツェに向かうため地図を確認する時点になっても頭が痛かった。戦闘機が離陸すると周囲を護衛の仲間たちが飛び回り、前線のはるか後方までたった一機のＭｅ１０９を見守り続けた。そして、最後に翼を振って挨拶すると彼らは戦場に向かい、エーリッヒは狼の巣に向けて西を目指した。

七月二十日のヒトラー暗殺計画が失敗して以降、総統は共謀者とその関係者を排除した。エーリッヒがダイヤモンド付を授与されるとの報告を受けた頃にはヒトラーの暗殺未遂により狼の巣も雰囲気が変わっていた。

恐怖と疑心暗鬼があらゆる方面に広がっていた。警備は極めて厳重だった。総統の側近たちは総司令部を三つの保安区画に分け、その三番目つまり内側では武器の携行が絶対に禁止とされた。

ヒトラーから高位の勲章を授与されるために出頭を命じられた兵士は、そのほとんどが警備規則に従い喜んで拳銃を外しただろう。エーリッヒは抵抗を感じた。規制の根底にある疑心暗鬼に屈辱を覚えたのである。彼は湧き上がる怒りを抑えながら親衛隊の警備士官と冷静に話した。

「前線の将校を信用できない（＊3）のならダイヤモンド付を辞退したいと総統にお伝えください」

警備士官は青ざめた。

「ダイヤモンド付を受け取れないと総統に伝えろというのか？　拳銃規制のために？」

「はい、お願いします。私が言ったとおりお伝えください」

「待ってくれハルトマン。フォン・ベロウ大佐に会ってくる」

「よろしくお願いします」

ヒトラーの空軍副官であるフォン・ベロウ大佐は、すでにエーリッヒと会ったことがある。前年の出来事だが、酒で酩酊してザルツブルクに到着した金髪の騎士の酔いを、無理やり醒まさせたのが彼だ。剣付の受賞以来の再会である。我慢強いフォン・ベロウは若い戦闘機パイロットの扱いに長けていた。年上の騎士は勇敢なこの金髪の少年のため、今まさに警備規定を変更しなければならないだろう。エーリッヒがダイヤモンド付を拒否したら、おそらくヒトラーは大暴れするだろう。

長身で金髪のフォン・ベロウ大佐は諦め顔で警備担当者の机に歩み寄った。

「ハルトマン、どうしてもというなら拳銃を携帯しても良い。さあ、中に入ってダイヤモンド付を受け取ってくれたまえ」

エーリッヒは総統の応接室に入ると冷静になった。自然に軍帽を脱ぎ拳銃を外して備え付けのスタンドに掛けた。やってきたヒトラーは武器に全く気づかなかった。エーリッヒは総統が明らかに前かがみで、右腕がまだ横にだらりと垂れていることに気づいた。

ヒトラーの窪んだ目はどんよりとし、やつれた顔は疲れきっていた。この老人はかつて世界を虜にした。エーリッヒはダイヤモンド付を手渡す総統の片腕が震えているのを目にした。

ヒトラーは「君やルーデル（＊4）のような者がもっといれば良いのに」と言った。

コーヒーを飲みながらエーリッヒの家族について質問した後に、総統は隣の建物で共に昼食をとるよう指示した。エーリッヒは部屋を横切り拳銃を身に着けた。総統は何も言わなかった。二人は一緒に食堂がある別の建物に向かった。席に着くとヒトラーは戦争について語り始めた。今回は以前に二度謁見した時とは違う表現をした。

「ハルトマン、この戦争は軍事的には敗北している。君も分かっているはずだ。だが連合国の間には多大な政治的差異がある。一方はイギリスとアメリカ、もう一方はソ連。我々は持ち堪えて待つだけだ。そのうちソ連は我々ドイツだけでなくイギリスやアメリカとも戦うことになる。そうでなければ我々には共産主義者の大軍に蹂躙される道しか選択肢がない。それが祖国にとって何を意味するか分かっているはずだ」

総統は東部戦線で活動するゲリラ兵の話を数多く聞いていた。

「パルチザンだよ、ハルトマン。パルチザンだ。我が軍の将軍は彼らがどこにでもいて甚大な被害を与えていると言っている。君も経験があるか？」

「東部戦線の中央軍集団に配備されていた時、地図にパルチザンの占領地区と記された大きな森林地帯に二度不時着したことがあります。二回ともそこから歩いて外に出ましたが敵は見ませんでした（＊5）」

「なるほど、それなら将軍は私に誤った情報を伝えているのか？」

「そうかもしれません、総統閣下。私には分かりませんが、パルチザンに悩まされたことは一度もありません。ルーマニアで多数の航空機が保管されていた航空兵站部がアメリカ軍に爆撃されたことがあり、パルチザンの活動によるものだと報告されています」

「なぜそれを知っている？　ハルトマン」

「私たちの飛行隊では周知の事実です」

「周知の事実だって？　ふむふむ。それなら将軍たちが私に以前よりも情報を正しく伝えていないのは確かだな」

すると、ヒトラーは唐突にドイツ本土の上空で行われている航空戦に話題を変えた。

「ハルトマン、君は東部戦線でしか飛んだことがないだろうが、英米によるドイツへの爆撃についてどう思うかね？」

「私が見聞きした限りの意見ですが、この問題は正しい取り組みがなされていません」

「なぜダメなのかね？」

「ゲーリング元帥は昼夜問わず視界に関係なく、天候に関わりなく爆撃機が来ればいつでも出撃を命じています」

「それが問題だと？　ハルトマン」

「私が見るところではそうです。総統閣下。墜落が避けがたい悪天候に離着陸を強いて、不必要に多くのパイロットを失っています。パイロット全員が計器飛行を出来るようになるには少なくとも一年はかかるでしょう。だから晴天（昼間作戦）に全力でアメリカ軍を強襲するべきだと信じています。そうすれば爆撃は阻止できるでしょう（＊6）」

　会話の間、総統は昼食をもそもそと食べていた。

「ハルトマン、教えてくれ。戦闘機パイロットの訓練は不十分だと思うか？」

「不十分なのは承知しています。ロシアにいる私の飛行中隊には総飛行時間が六十時間に満たない若者が送られてきており、そのうちＭｅ１０９に乗っているのはわずか二十時間です。彼らはそのようなわずかな訓練で出撃しなければなりません。東部戦線で喪失する戦闘機の大半はそれが理由です」

ヒトラーはぼんやりしているようだった。エーリッヒは話を続ける。

「このような青年が私たちの元にきて、現実のところたちまち撃墜されるのです。彼らは風のように通り過ぎていきます。これは罪です、総統閣下。国内向けのプロパガンダに責任があると思います」

これにはヒトラーも腰を上げ、生気を見せた。

「どうする?」とヒトラーは言った。

「彼らは戦うどころかＭｅ１０９を離着陸させるのがやっとです。それでも彼らは前線にやって来て、作戦に参加させてほしいと自己を犠牲にして熱心に懇願するのです」

ヒトラーはひどく疲れた様子で崩れ落ちるようにして椅子に座った。

「ハルトマン、君の言うとおりかもしれない。だが、もう遅すぎる。私が言うようにこの戦争は軍事的に負けている。ロケット、戦車、銃、潜水艦、新しい作戦、攻勢、撤退、いかれた発明といった思い付きが、あらゆる方面から毎日のように持ち込まれる。それを決めるのは私だけだ。もはや時間がない……」

総統が突然立ち上がったので会見が終わったと理解した。ヒトラーの握手に力はなく形だけだった。八月二十五日、狼の巣を後にしたエーリッヒは二度と生きてトラーに会うことはないだろうと思った。

ロシアに戻った彼は群がる仲間に美しく飾られた勲章を検められて再び祝辞を受けた。勇敢で陽気な仲間たちを目にしても彼は祖国の崩壊と敗北の結末は避けられないという確信を消し去ることができなかった。

翌日、十日間の休暇命令が下った。アドルフ・ガーランド総監と会見のためにベルリン＝ガトーに戻り、それからシュトゥットガルトに向かい休暇を取る。大型エンジンが轟音を立てるＪｕ52輸送機の狭い機内で、彼は物思いに耽りながら家路につく。ウーシュに会うまであと数時間だ。彼は三〇一機を撃墜した。ウーシュは三〇二機目だ。今すぐ結婚する。戦争なんてクソ食らえ。

＊1　原文のBull's－eyeはこの時にエーリッヒ・ハルトマンが使っていた〝命中〟を意味する戦闘機用語。
＊2　メルダース、ガーランド、ゴロプ、グラーフ、ノヴォトニー、マルセイユ（死後）、ハルトマン。
＊3　ドイツ語の「Vertrauen」は文字どおり「信用できない」の意味で、英語の「他者の誠実さに対する個人的な信頼」とほぼ同じである。
＊4　ハンス＝ウルリッヒ・ルーデル大佐。ドイツ空軍のスツーカ・パイロットの第一人者で、第2地上攻撃航空団（ＳＧ－２）司令。
＊5　ハルトマンはドイツで休暇を終えて列車で帰ってきた二人の戦闘機パイロットが、パルチザンに殺された話を知らなかった。
＊6　エーリッヒ・ハルトマンは知らなかったが、この方針は戦闘機隊総監として追い詰められていたアドルフ・ガーランドが、ほぼ毎日ゲーリングに進言していた。彼の構想は好天に壊滅的かつ効果的な戦術をもって戦闘機で大規模な攻撃をするというものだった。

祝福

1944年8月25日、ヒトラーは世界で最も戦果を挙げた戦闘機パイロット（この時点で301機撃墜）としてハルトマンを祝福した。

後世に残された記録

エーリッヒ・ハルトマンとフォン・ベロウ大佐は、ハルトマンがヒトラーと会う直前にポーズをとる。

幸福な戦闘機パイロット

301機撃墜の後、ゲーリングはハルトマンを戦闘から遠ざけ地上に留めようとした。戦闘機隊総監アドルフ・ガーランドはハルトマンに救いの手を差し伸べ、帝国元帥に命令を撤回するよう交渉した。

ヒトラーの問いかけ

勲章授与式の後、ヒトラーはハルトマンと共に座り、前線の状況について質問した。

厳粛な一時
ヴィルヘルム・バッツ（右）をはじめとする来賓たちは、結婚式が始まるのをじっと待っている。

302機目の撃墜！
1944年9月9日、花嫁となるウルスラ・ペーチュの到着を心配そうに待つ花婿エーリッヒ・ハルトマンを落ち着かせようと気を利かせる、バート・ヴィーゼの外科医、ライヒェルト医師。

アーチをくぐる
"戦闘機パイロットの家"の出席者たちでハルトマン夫妻の休暇のために礼典用の短剣でトンネルを作った。

結婚式
牧師は彼らを夫と妻であると宣告した。右側、カメラの後方にはバルクホルンが立っている。

名誉の護衛
ゲルハルト・バルクホルン少佐とバッツ大尉がハルトマン夫妻の結婚休暇を護衛する。多数のバート・ヴィーゼ市民もついてきている。

ハルトマン飛行隊長
1944年11月1日、ハルトマンはアドルフ・ボーチャーズに代わり第52戦闘航空団の第I飛行隊の指揮官となった。

近くに呼ぶ
ハインツ・“ビンメル”・メルテンス整備班長と冷静な“ブビ”・ハルトマンが、敵弾がエーリッヒのMe109の風防に作った穴について議論している。ビンメルは交換用のガラスを持っている。ハルトマンが九死に一生を得たこの出来事は、1944年9月25日に起きた。補給不足が第52戦闘航空団の作戦行動に深刻な支障を来し始めた時期であった。

身体検査
ハルトマンと飛行隊の軍医が、エーリッヒを第52戦闘航空団第I飛行隊司令へと転属させるための飛行身体検査の結果を確認する。

ウクライナの黒い悪魔
1944年後半に撮影されたこの写真には、ハルトマンが乗るMe109の機首に黒いチューリップの花びらが鮮明に写っている。スピナーのスパイラル塗装が敵の対空砲を攪乱させるとドイツ空軍のパイロットたちは信じていた。また、この頃ハルトマンは1000回目の戦闘飛行を達成した。

1944年11月23日
整備班長ハインツ・"ビンメル"・メルテンスがハルトマンが乗り込むコックピットの風防の縁に座っている。ハルトマンが327機目の撃墜を記録した直後の着陸時である。

中尉と犬
実家で休暇中に隣人のペットをかわいがるエーリッヒ・ハルトマン中尉。

第十一章　三〇二回目の勝利

生き残りたければ先を見通せ。
――エディ・リッケンバッカー大尉

ベルリン＝ガトーの司令部で行われたアドルフ・ガーランド戦闘機隊総監との会見は簡潔で要点を押さえたものだった。ガーランドはエーリッヒをMe262の試験部隊に異動させるつもりだった。この部隊は画期的な双発ジェット戦闘機の飛行試験と限定的な戦闘行動を行う。エーリッヒの操縦技術と戦歴がガーランドの考えている任務に適しているのは間違いないが、金髪の騎士は転属を望まなかった。

エーリッヒはガーランドに第52戦闘航空団と仲間への深い愛着とロシア戦線で母国のために最善を尽くす信念を説明し、試験部隊への転属要請を断った。ガーランドは指揮官として部下の隠れた動機を見抜く不思議な直観があり、エーリッヒの要望は真実に思われた。ガーランドは戦闘機部隊の士気高揚のために仲間意識を尊重し、エーリッヒの要望の妥当性を認めた。彼はエーリッヒをジェット機に乗せるのを止め、ダイヤモンド付受賞後に出された彼を戦闘任務から外す命令を取り消した。その後、ガーランドはエーリッヒをバート・ヴィーゼにある戦闘機パイロットの家［Jagdfliegerheim。一九二八年にホテルとして建設され、四二年から四五年の終戦まで戦闘機パイロットの保養施設に使われた］に向かわせ、ロシア戦線に戻るまでの間、休養するよう命じた。エーリッヒは第52戦闘航空団に残れて大いに安堵し、ガーランドの司令部を後にしてウーシュに会いたいという思いを募らせた。

ベルリンからシュトゥットガルトに向かう列車の旅で、エーリッヒはこれまでこだわり続けていた結婚の計画を白紙に戻すことにした。正式に婚約した一年前、二人はエーリッヒが大尉に昇進するまで結婚を待つと決めていたが、つい先月、彼らは挙式の日取りを一九四四年のクリスマスに決定した。しかし戦況の変化とダイヤモンド付の受賞で、すべてが変わってしまった。

エーリッヒがシュトゥットガルトで列車を降りるとウーシュが待っていた。満面の笑みで彼女を抱きしめてキスをした。

「いとしいウーシュ。この休暇中に結婚しよう。これ以上待つつもりはない」

未来のハルトマン夫人は驚いて彼を見た。

「でも、エーリッヒ。先月、クリスマスまで待つと決めたばかりでしょ……」

「分かっている。だけど状況が変わった。前線にいる俺たちの飛行隊には家庭持ちの既婚者が多い。彼らはクリスマス休暇を優先して取る。俺は家に戻れないかもしれない」

「でも、ウェディングドレスも持ってないのよ」

ウーシュは少し悲しそうだった。

「買えば良いよ。良ければ今日にでも。でも、休暇という絶好の機会があるうちに結婚しないといけない。ダイヤモンド付を手に入れて状況が変わったんだ」

エーリッヒは車に乗るため歩きながら、バート・ヴィーゼにある戦闘機パイロットの保養施設で結婚式を挙げられると説明した。そこに行くよう命令を受けていた。ヴァイルやシュトゥットガルトでは結婚式を挙げられないのだ。この知らせを伝えられたウーシュの表情が少しこわばったように見えた。ドイツ国内の移動はますます困難で危険になっていた。彼女が動揺しているのを感じ取り、彼は車に座ったまま身を乗り出して再びキスをした。

「君は三〇二機目の撃墜になる」と囁いた。

ウーシュの顔が輝いた。

「エーリッヒ・ハルトマン。皆にそう言っているの？　ウーシュを撃墜したと？」

「いや、ただの撃墜じゃない。唯一の大切なものだ……」

エーリッヒはもう一度キスして彼女が結婚式のためにバート・ヴィーゼに来てくれると確信した。

その後、ヴァイルの屋内スポーツ場でエーリッヒのための市民祝賀会が催され、それからはバート・ヴィーゼにある戦闘機パイロットの家に向かうという目まぐるしい二日間を送った。後には人生で最も大切な日のため準備に忙殺されるウーシュが残された。結婚式は翌週の土曜日に決まった。

ウーシュは金曜日に列車でミュンヘンを経由して正午に到着する予定だ。こうすることで互いに最終的な結論を出す時間を持てるだろう。計画はこれだけだが実際はいろんなことがあった。

エーリッヒにとっては順調に事が進んだ。戦闘機パイロットの家は快適でだだっ広く、中央に宴会場があり催し物には最適だった。大勢の戦闘機パイロットが華やかな雰囲気を盛り上げてくれた。週末の茶会ではダンスが催され、若い女性たちが颯爽とした若い飛行士の気を引くために近隣から集まった。戦闘機パイロットが休養できるよう、手入れの行き届いた敷地とヨットを浮かべた湖が近くにあり、戦争を忘れられるのどかな片田舎だった。バート・ヴィーゼはハネムーンに最適な場所だった。

エーリッヒは戦闘機パイロットの家に腰を据えて準備を始めた。彼は地元の役場で婚姻届や必要な書類を手配した。料理、シャンパンや会場の準備、ダンス用オーケストラなど宴会の手配をした。引くに引けないほど結婚式にのめり込み多額の費用が必要になった。彼は心配になってヴァイルの父に電話した。

「父さん、ここで何もかも整うよ。手配は済んだ。あとはウーシュに来てもらうだけだ」

ハルトマン博士の声は心強かった。

「もちろん、彼女は来るとも」

「父さん、彼女が金曜日にシュトゥットガルト発の列車に乗れるよう手配してほしいんだ。そっちにいるドイツ空軍の憲兵に電話をして説明してくれないか？　彼女を駅まで送ってくれるかもしれない」

「もちろんそうする。心配しなくて良い。ただ、そこで彼女を待っているんだ」

電話を切ったエーリッヒは、いつも父親から受けた堅実で穏やかな支援に思いを馳せた。

同じ頃、ウーシュもバート・ヴィーゼに行くと決めた。優柔不断な女性なら、ウーシュの行く手に待ち受けるような前途多難な旅を止めてしまっただろう。シュトゥットガルト駅は爆撃で破壊されていた。ウーシュはシュトゥットガルトの北にあるコーンヴェストハイムから朝の列車に乗らないと正午までにバート・ヴィーゼに到着できないと知った。ドイツ空軍は午前九時にオートバイとサイドカーで迎えに来てくれたが、その頃には黒髪の花嫁はバート・ヴィーゼの最寄り駅であるグミュントへの乗り換え地点であるミュンヘンに向かっていた。

列車がミュンヘン市内に入ると空襲警報が鳴り響いた。ウーシュは電車から降りるとすぐに近くの防空壕へ逃げ込まなければならなかった。息苦しいホテルの地下室に三時間いて花婿に会う予定がすっかり狂ってしまった。結婚式の前夜に、花嫁にとっては思いもよらず神経をすり減らす試練だった。その頃、戦闘機パイロットの家ではダイヤモンド付を着用した花婿が別の試練に晒されていた。

ドイツの伝統である〝エルフの夜〟は他の西側諸国の婚前祝いと同じようなものだ。新郎の友人で未婚男性が独身時代の最後を飾るため新郎を酒浸りにする。そして、祝いの参加者は古い陶磁器を暖炉に投げ入れ、夫婦となった新郎新婦は翌日に初めての家事として後片付けをする。エーリッヒを祝うエルフの夜は通常よりかなり早い時間に始まった。

　正午前にエーリッヒは戦闘機パイロットの家専属の医師アルフレート・ロスバッハ医師とグミュント駅に向かった。戦時中には贅沢品となっていた小型車を医師は持っていた。エーリッヒは笑顔を浮かべ期待ではちきれんばかりになりながらウーシュの姿を探し、長い列車を早足に闊歩した。降車した乗客にウーシュの姿はなかった。出発の汽笛が鳴りエーリッヒは再び客車ごとに調べて回った。やはりウーシュは乗っていない。

「ウーシュは列車を乗り継げなかったに違いない」と彼は言う。

　ロスバッハ医師の手慣れた態度に慰められた。

「彼女は次の列車に乗ってるよ。いつ会えるのか確かめよう」

　次の列車は二時間後の予定だった。エーリッヒは動揺した。シュトゥットガルトに電話をかけようとしてさらに動揺した。爆撃で交換機が壊れ電話がつながらなかったのである。ロスバッハ医師はこの問題に立ち向かい適切な対策を講じた。

「戦闘機パイロットの家に戻って一杯やろう」と医師は言った。

　エーリッヒも同意し二人はバート・ヴィーゼまで田舎道をひたすら戻った。彼らが戻るとエルフの夜が始まった。現在、西ドイツで医師として成功しているロスバッハ氏がその後の出来事を語る。

「エルフの夜は昼過ぎに私の部屋で始まり、たちまち全員がほろ酔い気分になった。私たちは次の列車で来るであろうウーシュに会うためエルフの夜を一旦中断し、グミュント駅まで再び車を走らせた。ウーシュはまだ来ない。この板挟みを大量のシャンパンやコニャックで紛らわせていたら、しばらくして以前ほど深刻な感じではなくなった。

さらに二本の列車が到着し、私たちはそれを念入りに調べたが、それでも花嫁はいなかった。エルフの夜の祝賀気分は、さらに危機的状況になった。ヴァルター・クルピンスキーが大声を上げた。「彼女は思い留まったんだ。ブビ。行くのをやめようとね」。エーリッヒは彼の言うような最悪の可能性を信じそうになった。

エーリッヒはほぼ望みを失いかけていたが、真夜中過ぎの最終列車で遂に花嫁が到着した。ウーシュは疲れ果てていたが、嬉しそうに彼らと車でバート・ヴィーゼへ向かった。何人かの戦闘機パイロットは酔っぱらって朦朧とする目で内気なウーシュを満足げに見つめたが、彼女はすぐさま近くの宿泊施設に連れて行かれた。彼女は嬉しそうにベッドへ倒れ込み、花婿はエルフの慈悲に身をゆだねることとなった。

翌朝、エーリッヒはあまり気分がすぐれなかったが、その日の課題を確認し最も上等な軍服で結婚式に臨んだ。立会人や友人が集まり、一行は役場に向かった。第52戦闘航空団の仲間であるゲルハルト・バルクホルン、ヴィルヘルム・バッツ、ヴァルター・クルピンスキーが居合わせた。結婚式の様子をバッツが回想する。

「ゲルハルト・バルクホルンと私がブビの結婚式の証人になった。新郎新婦を先頭に左がバルクホルン、右に私で教会へ入った。同じ並びで教会を出ると門の前にサーベルでアーチを作った正装のドイツ空軍将校が隊列を組んでおり、一同は驚いた。新郎新婦、そしてバルクホルンと私がその間を通った。今でも思い出に残る上首尾な結婚式だったと言える」

簡素な市民結婚式は大きな愛で山場を迎えた。一般的なドイツの習慣ならエーリッヒとウーシュはすぐに教会で式をやり直すところだが、バート・ヴィーゼにはプロテスタントの教会はなかった。教会での挙式は持ち越しに（かなり後に）なった。エーリッヒがロシアで投獄されたために教会での結婚式は十一年後になったのだ。

その数時間後、戦闘機パイロットの家で披露宴が行われた。ハルトマン博士の振る舞いでシャンパンが飲み放題となり、戦闘機パイロットは大いに楽しんだ。小規模なオーケストラが円舞曲を演奏したが、夜が更けるにつれエルフの夜とその日の出来事がエーリッヒに影響を及ぼし始めた。金髪の騎士と夫人は客人におやすみを言い、近くの宿泊施設に用意された豪華な部屋へ移った。彼らが眠っている間、落ち着かない戦闘機パイロットの一団は朝まで三〇二機目の撃墜を祝った。

バート・ヴィーゼ周辺の静かな田園風景の中で過ごす蜜月の日々は戦争をひどく遠いものに感じさせた。アルデンヌ攻防戦がドイツに束の間の希望をもたらした。新聞にはドイツ軍の攻勢を受けて連合軍が後退したという勝利の見出しが躍っている。ベルリンのラジオ放送はイギリスとアメリカが海岸に追い詰められて第二のダンケルクになるだろうと大々的に伝えた。

一時の蜜月も、この朗報で終わりを告げた。ドイツでは長い間、うわべを取り繕った悪いニュースが報じられていたのである。戦闘航空兵だったエーリッヒは祖国の勝ち目が薄いと分かっていたが、高揚する気持ちでアルデンヌのニュースを聞いた。こんなニュースが聞きたかったのだ。これを機に人生が変わるかもしれない。

そんなことを考えながらエーリッヒはロスバッハ医師の部屋に駆け込み、新鮮な気持ちで勝利のラジオ報道に耳を傾けていた。

「これは素晴らしい。大勝利を収めようとしている。これなら家庭を持てるぞ」とエーリッヒは言った。

ロスバッハ医師は愕然とした。

「エーリッヒ、こんな時代だからこそ家族を持つのは待った方が賢明じゃないか……」

「いや、今はダメだなんて待つ必要はないんです先生。僕は家庭を持てるんだ」

エーリッヒはまだ一時の感情に駆られる若者であり、自制できなかった。結婚式から八日後、バート・ヴィーゼからヴァイルに出発した時、ウーシュは妊娠しており、アルデンヌの攻勢はドイツの失敗として記録に書き込まれることになった。差し迫ったエーリッヒのロシア戦線復帰が、楽しい家族との再会に影を落とした。日が経つにつれて彼は落ち着きを失った。

「エーリッヒ、どうしたの。何か悩みでも？」

すでにウーシュはエーリッヒの事を彼以上に分かっていた。

「前線にいる飛行隊のことを考えているんだ。彼らが外地で戦っているというのに、俺はこんな幸せな場所にいる権利なんてない。俺は戻る」

ウーシュの顔が曇った。

「でも、あなたの休暇はまだ二週間もあるのよ」

「知ってる。でも、戻らないといけないんだ。理由は分かるだろ？」

頷きうっすらと微笑むウーシュの目には涙が溢れていた。

「やるべきことをしなさい。準備を手伝うわ」

数時間後、エーリッヒはベーブリンゲン飛行場でシュトルヒに乗り込んでいた。グライダーや母のクレム複座機で何度も離陸した同じ飛行場の端に、この小型機を移動させた。風上に向けてシュトルヒを走らせると機体がきれいに浮き上がるのを感じた。愛しいウーシュの顔が下にちらっと見え、手を振ったかと思うと姿が消えた。クラカウに針路を向ける。そこには前線に戻る彼をMe109が待っている。一息ついて邪悪な戦争を呪った。

この新婚夫婦は一九四四年のクリスマスに顔を合わせることはなかった。エーリッヒが懸念したとおり戦線から離れられなかったが、家庭持ちの既婚男性がクリスマス後に部隊へ戻ると短期間の新年休暇が許された。エーリッヒは幸運に恵まれたが、大晦日の夜にシュトゥットガルトに到着すると空襲警報が鳴り響きウーシュと一緒に逃げ出さなければならなかった。ヴァーゲルブルグトンネルの退避壕に駆け込む前に短く抱擁しただけだった。

シュトゥットガルトの街に爆弾が稲妻のように降り注いだ。エーリッヒに東西の戦線が圧迫するように重くのしかかる。ウーシュは元気そうにしていたが無理をしているのは間違いない。妊娠三ヵ月の彼女はハルトマン博士の手厚い保護を受けながらヴァイルのエーリッヒ宅で暮らしていたが、それでも時代の重圧からは逃れられなかった。家族全員が良く眠れなかったとウーシュはエーリッヒに語った。彼らは連夜にわたり地下室で過ごしたが、飛行機の轟音、爆弾が落ちる音、対空砲火の咆哮で皆が眠れない日々を送っていた。ヴァイルは無事だったがベーブリンゲンとシュトゥットガルトは何度も爆撃を受けた。ヴァイル・イム・シェーンブッフはシュトゥットガルトから二〇キロ、ベンブリンゲンからは六キロしか離れていなかったが、爆撃機はこの小さな町に手を出さなかった。

そんな陰気な話が彼らの再会の喜びに影を落とす。退避壕を出てヴァイルの自宅に向かう間、エーリッヒは激しく動揺し何もしゃべらなかった。彼の不安な気持ちにウーシュが割り込んだ。

「休暇はどれくらいあるの？」

彼の顔が晴れやかになった。

「十日。丸十日だ。きっと素晴らしい休暇になる」

四日後に届いた電報はあまり良いものではなかった。エーリッヒはケーニヒスベルク・ノイマルクで特殊計器課程を受けるよう命じられた。今回は四日で別れを告げるのが辛かった。計器課程の後でまた休暇が取れるとエーリッヒは自分を慰めた。その夢はソ連軍がハンガリーを攻勢したため打ち砕かれた。

ケーニヒスベルク・ノイマルクに到着した翌日、エーリッヒを第52戦闘航空団に再配属するとの緊急命令が下された。彼の飛行隊はハンガリーで戦闘の真っただ中にあり、攻勢を仕掛けるソ連軍機の大群を相手にするのに計器課程は必要なかった。激闘が続き金髪の騎士の撃墜数は三三六機となり、あとを追うライバルのゲルハルト・バルクホルンに大差をつけた。三月に入っても第52戦闘航空団は激戦を続けていたが、またもエーリッヒに緊急電が届いた。

飛行任務を取りやめてMe262への機種転換訓練のためレヒフェルトに出頭せよ。

エーリッヒはレヒフェルトに戻る飛行機の中で戦争は完全な敗北だと確信した。彼はドイツに押し寄せるソ連軍の大兵力と物資を目の当たりにしていた。祖国に迫るソ連の大軍を思い浮かべると本当に恐ろしくなった。少なくともウーシュをシュトゥットガルトより安全な場所に連れて行くのが最優先だった。もうすぐ子供が産まれる。

彼は副官のヴィル・ヴァン・デ・カンプ大尉に不安な気持ちを打ち明けた。ヴァン・デ・カンプの家族はレヒフェルトの南、ショーンガウの郊外に家があった。すぐに彼は子供が産まれるまでそこに移るように提案してくれた。エーリッヒは申し出を快く受け入れた。

レヒフェルトに出頭後、エーリッヒはシュトルヒを借りてベーブリンゲンに飛んだ。父親の助けで古いトラックの都合をつけロッテンブーフにいるウーシュの元まで車を走らせた。シャツ姿のエースは家具や持ち物をトラックに積み込み、ウーシュと財産一式を遠い田舎のショーンガウにある魅力的な古い館ヴァン・デ・カンプ邸に運んだ。主要な幹線道路から離れており軍隊が侵攻しても近くには来ないだろう。

田園に囲まれた古い邸宅に安心して、子供が産まれるまでウーシュは幸せに過ごせるだろう。ヴァン・デ・カンプ家がウーシュを快く迎え入れてくれたおかげで、エーリッヒは燃えるような不安が和らぐのを感じた。戦線が容赦なく西に向かうにつれ、ソ連軍との戦いよりも彼女の安全が気がかりだった。

ドイツの田舎町でウーシュに別れを告げたエーリッヒは、戦線を離れた時よりも幸せだった。シヨーンガウでの出来事は戦前の幸せな月日が戻って来たかのようだった。緑豊かな平和に彼らは包まれていた。貴重なひと時、子供への思いに共鳴するのを除けば、二人は他愛のない子供のように再び恋に落ちた。エーリッヒはウーシュに優しくキスした。

「ウーシュ、勇気を出せ。俺のことは心配するな」と言った。

それから十年半もの間、二人が唇を重ねることはなかった。輝く黒髪の愛しい人が見えなくなると、エーリッヒはレヒフェルトで待ち受けている課題に思いを馳せた。これから革新的なターボジェット戦闘機Ｍｅ２６２の操縦を学ぶ。

レヒフェルトの飛行場は世界最速の戦闘機があっても頼りにならなかった。基地は毎日朝早くから爆撃を受けており、滑走路の補修にたいていは午前十時三十分までかかり、それまで飛ぶことはできない。飛行できるのはほんの一時間半ほどだった。というのも昼の十二時半にはアメリカ軍のP－38が編隊を組んで低空を機銃掃射するからだ。

時にはモスキート戦闘爆撃機が一～一・八トンの高性能爆弾で攻撃してくることもあった。夜になるとさらに多くのモスキートがマーリン・エンジンの滑らかだがぞっとするような爆音を響かせてやってくる。このイギリス空軍機はレヒフェルト基地近くにある明かりをことごとく急降下で機銃掃射した。

その渦中にあってジェット機への転換訓練を担当したのは、ドイツが誇る空の英雄ハインツ・〝プリッツル〟・ベーア中佐である。「ベーアはエーリッヒ・ハルトマン、ヘルマン・グラーフ、アドルフ・ガーランドほどドイツ国民に知られていなかったが、パイロット仲間の評価で彼の上に立つ者はいなかった。黒髪で中肉中背、鷹のような顔立ちのハインツ・ベーアは英雄の中の英雄だった。彼は剣付柏葉騎士鉄十字章を身につけていたが、本来ならダイヤモンド付を帯びるにふさわしかった。この時点で二〇四機を撃墜しており、ドイツ軍戦闘機が敵に遭遇するあらゆる戦場で戦ってきた。Ｍｅ２６２でさらに一六機の英米軍機（＊）を撃墜し、最終的に二二〇機（そのうち一二〇機は西側連合軍機）で終戦を迎えた。英米軍機の撃墜数で彼を超えるのは不滅のマルセイユだけである。今はＭｅ２６２を戦場に投入できるようドイツ空軍の優秀なパイロットを訓練するのがベーアの仕事だった。

アドルフ・ガーランド率いる第44戦闘団は才能ある戦闘機パイロットの花形が集められており、ジェット戦闘機部隊の中でも腕利きの飛行中隊と呼ばれるようになった。第44戦闘団に選ばれたほとんどのパイロットは何らかの騎士鉄十字章を保持しており、部隊章といわれたほどだった。ガーランドはMe262を戦闘機として実用化するためにヒトラーの「爆撃機として使え」という理不尽な指示に苦闘してきた。若き戦闘機パイロットは苦闘の中でゲーリングやヒムラーをはじめとする多くの敵を作り、ドイツ空軍参謀本部の背後にある官僚主義が進歩の足かせになった。

ガーランドはすでに歴史に残る天才的な戦略と戦術を推奨していたが、長年にわたる妨害で挫折し却下されてきた。対立はますます険悪となり、彼は指揮官の任を解かれた。ヒトラーとゲーリングは彼にジェット戦闘機部隊の編成を許可し、その主張を証明させた。彼らはガーランドが戦死すると予想していたのだ。

この政治的陰謀とガーランドの苦闘は若き金髪の騎士が知るところではない。Me262のドラマが演じられる間、彼は東部戦線の戦いに忙殺されていた。そのため、機内での点検作業はエーリッヒにとって楽しいばかりで、レヒフェルトの過酷な状況下でも機知と活力に富んだベーアのおかげで、楽しく過ごすことができた。三月末にガーランドが基地にやってくると、エーリッヒは彼の執務室に出頭を命じられた。

戦時中に四度目となるガーランドとの面会で、エーリッヒは彼が表面上はほとんど変わっていないこと気づいた。黒髪の元戦闘機隊総監は鋭い眼光と鉛筆のように細い口髭、そして圧倒的な個性のオーラを放っており、依然として目を引く存在だった。彼は独特なユーモアで彼を迎えた。

「やあ、エーリッヒ。今私は飛行中隊の隊長なんだ」と言った。

「そう聞いています。総監殿」とエーリッヒ。

「Ｍｅ２６２を戦闘機として活用するために最高のパイロットを集めている。リュッツオウ大佐、シュタインホフ大佐、クルピンスキー少佐、ホーハーゲン少佐……。

ガーランドは熱意に燃えていた。

「私の飛行中隊に加わってくれ」

ベーアはＭｅ２６２を点検する際、エーリッヒにおそらくガーランドは第44戦闘団で一緒に飛びたがるだろうと話していた。エーリッヒはその可能性に激しく動揺した。

「みな軍務歴も長く階級も上の大物エースがいる飛行中隊で、私はどうすれば良いのですか？」

「もちろん、私たちと飛んでほしい。君は世界トップの撃墜王だ」

「ですが総監殿。私は再び誰かの僚機としては飛びたくありません。私があなたの飛行中隊に加われば確実にそうなるでしょう」

ガーランドはエーリッヒの熱意のなさに気づかない様子だった。しばらくしてガーランドは電話を強く握りしめていた。そしてエーリッヒに手を振り退室を促した。会見は終わった。

宿舎に戻りながらエーリッヒは腕利きの飛行中隊の構想について考えた。シュタインホフ、リュッツォウ、ベーア……彼らは皆、自分よりずっと年上で経験豊富な先輩だった。いずれも大佐、中佐、少佐で、その多くが戦闘航空団の指揮を執っていた。自分は若くして大尉になったが、それまで長い時間がかかった。一番の撃墜王なのは事実だがガーランドが第44戦闘団の熟練者なのに比べて自分はまだ二十二歳の小童《こわっぱ》だと分かっていた。

エーリッヒは歩きながら傍らにある砕けたレンガの破片を蹴ってこの幸運を呪った。むしろ東部戦線の第52戦闘航空団第I飛行隊こそが自分の居場所だと感じた。そこなら飛行隊長として自分の運命をある程度はやり繰りできる。どうやって腕利き揃いの飛行中隊から逃げ出すか。

翌日、現在チェコスロヴァキアで作戦を行っている第52戦闘航空団の司令官ヘルマン・グラーフからレヒフェルトに緊急電が届いた。グラーフはエーリッヒを第52戦闘航空団第I飛行隊長に急ぎ復帰させるよう要請していた。部隊は激戦の重圧に晒されており、グラーフの要請は板挟みにあるエーリッヒにとって好都合だった。

二日後、ゴードン・ゴロブ大佐が思いがけずレヒフェルトを訪れた。彼はアドルフ・ガーランドの後任となり戦闘機部隊総監を務めており、自身も撃墜一五〇機の戦闘機エースである。エーリッヒと同じダイヤモンド付を帯びており、ドイツ空軍の戦闘機エース九人うちの一人として、この名誉ある勲章を獲得していた。ゴロブは新しい航空兵装に強い関心があり、レヒフェルトで進められているＭｅ２６２の訓練計画に注目していた。エーリッヒはゴロブが自分を第52戦闘航空団に戻す権限がある将官だと分かっていた。彼はこの新任の戦闘機総監と会見の都合をつけた。

「東部戦線にいる第52戦闘航空団の飛行隊に復帰を希望します」

「なぜ？　Ｍｅ２６２が嫌いなのかね」

「Ｍｅ２６２は素晴らしいですが、私は前線に出て以来、飛行隊の連中と共にあります。自分の部隊に誇りがあり、ここでＭｅ２６２を操縦するよりも、そちらの方でやれることがあると信じています」

「他に理由は？」

「敵の爆撃や機銃掃射続きでMe262は滅多に飛べません。自分は国のために何もしていないと感じます。第52戦闘航空団なら何かできるのは確かです。そして、指揮官のグラーフ大佐が私の帰還を要請しています」

ゴロブは頷く。指導者として勘が鋭いオーストリア人の彼はエーリッヒの心中を察しているようだった。

「よろしい。君は自分の飛行隊に戻るが良い。私が命令を確認しよう」

エーリッヒは数時間以内に再びMe109を手にして東部戦線へと向かった。後年になって急ぎ第52戦闘航空団に復帰を希望した自分を呪った。何年もの厳しい獄中生活にあって第44戦闘団にガーランドと一緒に留まれば良かったと何度も思った。だが一九四五年春に意気揚々とレヒフェルトを旅立った彼の脳裏にそんな考えはなかった。彼を待っていたのはムスタングなどのアメリカ軍機との新たな苦闘を含む最後の戦いだった。

＊　ハインツ・ベーア中佐はMe262で一六機を撃墜した第二次世界大戦でトップのジェット機エースだ。彼はアドルフ・ガーランドが編成した腕利きの飛行中隊である第44戦闘団最後の指揮官だった。

第十二章 ムスタング

ムスタングは着想を得た日から記録を打ち立てた……
――ウィリアム・グリーン（第二次世界大戦の著名な戦闘機パイロット）

エーリッヒはチェコスロヴァキアのドイッチュブロート（現在のハブリーチクーフ・ブロート）にいる飛行隊に戻った。ルーマニアで少しでも早くアメリカ軍と戦おうと思い巡らせた。P‐51「ムスタング」はソ連のYak‐9と同等かそれ以上の速度と機動性、堅牢性を備えていた。第52戦闘航空団は東部戦線で使い続け、すでに旧式化したMe109を、前年のルーマニアでムスタングに対抗するため使用せざるを得ず、P‐51に苦戦した。旧型のMe109は非常時の高高度出力や退避に必要なメタノール噴射装置を装備しておらず、ムスタングとの戦闘では著しく不利だった。

第52戦闘航空団はプロイエシュチとブカレストの防衛戦で優秀な人材と多くの航空機を失った。今ではアメリカ軍が大量のムスタングをチェコスロヴァキアに投入しており、エーリッヒはすぐにでも戦闘に出なければならないと思った。前線に近づくにつれ、アメリカ軍戦闘機と初めて遭遇した時のすさまじい光景が脳裏に浮かんだ。

ドイツ軍は悲惨なセバストポリの戦いを経て混乱と共にクリミアを撤退した。その後に出された命令により、初めてアメリカ軍と対決することになった。アメリカ軍はドイツ空軍に重圧がかかっているこの時期を選んでブカレスト近郊のプロイエシュチ油田の攻撃を開始した。壊滅的な状況になった第52戦闘航空団第I飛行隊は東部戦線から離脱し、ルーマニア戦線で油田保護に従事した。一九四四年六月二十三日、エーリッヒの飛行隊はプロイエシュチから数分の飛行距離にあるジリステアの草地を飛行場とするように命じられた。

彼は自分の飛行中隊を率いてルーマニアに飛びジリステアの草地を見つけるとパイロットたちを着陸させた。間に合わせの基地には先遣隊の地上員が待機していた。飛行中隊に給油を終えたところで緊急発進の命令が出た。

彼が機体によじ登ると、すでに暖かかったエンジンはすぐにかかった。ジリステアの先遣隊にビンメルがいなかったので準備完了の合図をしたのは見知らぬ整備員だった。エーリッヒのシュヴァルム（小隊）は滑走路の端までタキシングした。カール・ユンガー曹長はエーリッヒの僚機を務めて、パプルス中尉とヴェスター軍曹が第二ロッテを編成した。そして、第二シュヴァルムが後に続くようにして全機は順調に離陸した。飛行中隊の任務は第52戦闘航空団の戦闘機が「肥えた犬（敵の爆撃機）」に近づけるよう護衛することだった。

アメリカ軍はルーマニア上空で爆撃任務を行っていたが、まるで自分たちの編隊をドイツ軍機に迎撃させる意図でもあるかのように悠然と飛行した。毎日、同じ時間にアメリカ軍がやってくる。アメリカ軍の重爆撃機は午前十一時から午後一時の間、時刻に正確な鉄道のように姿を現した。第52戦闘航空団司令ディーター・フラバク大佐は、時刻に正確なアメリカ軍に当初信じられないと思いながらも大いに喜んだ。「常時哨戒する必要はない。我々は最小限の努力で最大限の力を発揮する。彼らが立てた作戦に従えば最大限の損害を与えられる」とエーリッヒに言った。

エーリッヒは飛行中隊をプロイエシュチに向かわせていると、フラバクの言葉が頭に響き渡った。ドイツ軍の対空砲火が立て続けに炸裂し空一面を黒煙が覆う。大規模な弾幕だった。B-17「フライング・フォートレス（空の要塞）」の各一〇〜一五機編隊が、水平方向にも垂直方向にも大挙して対空砲火をくぐり抜けてきた。地上まで伸びる煙の筋から対空砲火で二、三機撃墜したと分かる。さらに四キロ離れたプロイエシュチの西側から第二陣のB-17大編隊が飛来した。

エーリッヒはB-17とほぼ同じ高度にいた。高度計を確認すると六四〇〇メートルだった。敵の護衛戦闘機は見当たらない。つまり爆撃機に一矢報いることができる。操縦桿を引き戻すとカラヤ1は大きく弧を描きながら太陽に向かって南へ上昇した。太陽を背にすればなおさら優位に立てる。

高度計の針は七八〇〇メートルを指しており、編隊を組む爆撃機を攻撃するのに理想的な位置へ上昇した。すぐに周囲を見渡すといずれのシュヴァルムも無事だった。操縦桿を前に倒し爆撃機に向けて急降下する。密集するムスタングの四機編隊が突然九〇〇メートル下方を横切るのが視界に入った。無視するにはあまりにも惜しい標的だ。

「敵の戦闘機を攻撃する」と彼は無線で言った。

Ｍｅ１０９は唸りを上げながらムスタングに向かった。エーリッヒは完璧に一撃できる位置を判断し、編隊のうち無防備な最後尾のアメリカ軍機に急接近した。両者の距離は急速に縮まっていく。三〇〇メートル……二五〇メートル……二〇〇メートル。「エーリッヒ、もっと近づけ」。一五〇メートル……一〇〇メートル……白と青の星条旗が触れられそうなほど近くにあった。ムスタングが風防を埋め尽くした。機銃が二秒間唸りを上げる。

アメリカ軍戦闘機から破片が飛び散りエーリッヒの翼に打ちつけられた。エーリッヒは自分の手に馴染んだメッサーシュミットを上昇させると、ムスタングから煙と炎が吹き出した。崩壊したムスタングの破片がエーリッヒの機体に降り注ぐ。振り返ると、巨大な赤黒い火の玉が残骸となった戦闘機を包み込み、翼と尾部の塊が煙を上げて回転しながら落ちていく。

エーリッヒは務めを果たすため厳しい口調で、「火を見ている暇はない」と大声を出した。すでに次のムスタングが風防を埋め尽くしており、再び距離を急速に縮めていった。一〇〇メートルで機銃の発射ボタンを押した。またもやムスタングがたわみぐらつくのが見えた。爆発しない。構わない。ムスタングのエンジンのカウリングが剥がれ、その中に眩いほどの赤い業火を目にした。黒煙を上げながらアメリカ軍戦闘機は横転し、制御不能な錐もみ状態に陥った。すでに終わりだ。

エーリッヒは第二編隊が別のムスタング二機を次々と血祭りにあげるのを見た。下では爆撃機がまだ唸りを上げて飛んでおり、すぐ近くにいた二機のムスタングが持ち場を離れて旋回していた。また完璧な一撃が出来る。

「もう一度、戦闘機を攻撃する」と無線で言った。

金髪の騎士のシュヴァルムがムスタングを追った。アメリカ軍の僚機を完璧に攻撃する……距離を縮める……二〇〇……一五〇……一〇〇メートル。発射ボタンを押すとムスタングの主翼は閃光と共に半分が切断された。パイロットがコックピットから身を乗り出して脱出するのが見えた。

「墜落するまで見るな。指揮官機をやる」

アメリカ軍機の指揮官はエーリッヒを発見したが遅かった。彼はムスタングを標準的な角度で左に旋回させた。エーリッヒはムスタングが外部燃料タンクを搭載しているのに気づくまで、その操縦ぶりが信じられないほど不器用だと思っていた。エーリッヒは左旋回するムスタングの内側にカラヤ1を寄せると思い切り右に上昇して引き金を握り締めた。ムスタングはエーリッヒの予想どおり反対側に横転し機銃の射線に飛び込んだ。

「馬鹿な奴だ！　左に急旋回すれば良かったのに」とエーリッヒは声を荒げた。

被弾したムスタングのプロペラに鮮やかな火花が散り、エンジンから尾翼まで機体全体が光を放った。銃弾を撃ち尽くしたが、すべての標的を捉えたように見えた。ムスタングから赤黒い煙が上がり数秒後には白く太くグリコール（冷却水）が流出した。

敵機の下に潜り込み損傷したムスタングを見上げると三メートルもの長さの炎が尾翼に沿って後

方になびいていた。アメリカ軍機は機首を上げて失速しそのまま回転しながら地上に落ちていく。

エーリッヒはパイロットがまだ生きているかもしれないと思い燃え盛る残骸を眺めた。

「跳べ！　跳べ！　頼むから跳んでくれ！」。エーリッヒはアメリカ軍パイロットに聞こえているかのように呼びかけた。回転するムスタングから風防が吹き飛び、パイロットが棺桶ら抜け出そうともがいた。パラシュートが開きエーリッヒは安堵した。

ちらっと振り返ると僚機のカール・ユンガーもそこの様子を見ていた。弾薬もないのにここでボサッとしていているわけにはいかない。上空に飛行機雲が見えている。新手のムスタングがやってくる。時間切れだ。

「ロマンの本拠地に戻る」と彼は無線で言った。

彼は給油と再装塡のため凱旋しながら静かに独白した。「今日は運が良かった、エーリッヒ。次はうまくいかないかもしれない」。ロマンに着陸後、駐機場でビンメルがいつものように満面の笑みで待っていた。エーリッヒはエンジン・スイッチを切り風防を開けると、左手の指四本をビンメルに見せた。

四機撃墜の合図を見てビンメルは微笑んだ。

「ムスタングですか？」。ビンメルが大声で質問したのは、着陸直後のパイロットは耳がよく聞こえないのを知っていたからだった。エーリッヒが頷くとビンメルは小さく口笛を吹きながら戦いに備えてカラヤ1の整備に取りかかった。燃料を満たしオイルを調べ弾倉が満載なのを確認した。風防を拭き戦闘機を一通り目で点検した。

その後数日間、さらに三回の任務をこなし、戦闘時間は長かったが戦果は少なかった。アメリカ軍機は毎日、鉄道の時刻表のようにやってくるから重爆撃機を見つけるのは簡単だったが攻撃は難しかった。最初の戦闘でムスタングが手痛い被害を受け、アメリカ軍パイロットは大いに衝撃を受けた。彼らが警戒を強めたのでエーリッヒは爆撃機を攻撃できなくなった。頑丈なムスタングとの激戦はどう転んでも結果を残せなかった。エーリッヒのシュヴァルムは敵機に弾を命中させたり損傷させたりはしたが撃墜は確認できなかった。ムスタングは爆撃機をしっかり護衛している。爆撃機が進む方向に向かうドイツ空軍戦闘機の編隊が一つでもあれば、すべてのムスタングが寄り集まり防御した。

エーリッヒがアメリカ軍機と対峙した五回目の任務は、これまでと変わらない晴天の中、高度六〇〇〇メートルからの迎撃で始まった。彼は爆撃機の強襲に割り当てたシュヴァルムを護衛するため自分の編隊を高度七〇〇〇メートルに保った。四機のＭｅ１０９が攻撃するのを見ていたエーリッヒは八五〇〇メートル以上から急降下するムマスタングの一群が視界に入った。それまで彼と仲間はムスタングに気付いていなかったが、幸いアメリカ軍戦闘機もこちらに気付いていなかった。さもなければ自分たちが撃墜されていたかもしれない。

ムスタングはエーリッヒから三〇〇メートル下のＭｅ１０９に目標を定めていた。爆撃機のはるか下に別の飛行中隊のＭｅ１０９が二機、全速力で上昇しながら爆撃機に向かっていた。このドイツ軍機の後方には四機のムスタングが浅い角度で上昇しながら無防備なMe109に急接近しつつあった。エーリッヒは無線機を掴んだ。

「後ろを見ろ！　ムスタング！　後ろを見ろ！　ムスタング！」

上昇する二機の友軍戦闘機に動きはない。彼らに聴こえていない。このやろう。もう打つ手がない。彼に出来るのはムスタングが攻撃してくる間に他のシュヴァルムを守ることだけだった。エーリッヒは操縦桿を前に押してムスタングを上後方から狙った。

「降下して下から見ていろ」とエーリッヒはユンガーに言った。

すでにムスタングの指揮官機がMe109の一機を照準器に捉えて銃撃を浴びせていた。さらに三機のムスタングが列をなして一撃の準備を整えていた。〝四対一！〟エーリッヒは叫んだ。彼は背後から最大速度で四機のアメリカ軍機に急降下し接近した。アメリカ軍の指揮官機は銃撃し続け、被弾したMe109は煙を吐き出した。小さな破片が爆発で吹き飛ばされプロペラの後流に乗って後ろに流れていった。アメリカ軍機の五〇口径AN／M2一二・七ミリ機銃は致命的だが、Me109の二〇ミリ機関砲ほどの破壊力はなかった。

四〇〇……三〇〇……二〇〇……一〇〇メートル。瞬く間に距離が縮まる。尾翼がチェック柄のムスタングは納屋のように大きく見えた。ムスタングが風防一杯に広がり最後尾の一機に後方下部の三〇度という攻撃に完璧な角度で突っ込んだ。エーリッヒは機銃の発射ボタンを押した。ムスタングは吹き飛びカラヤ1は爆発と炎で衝撃を受けた。

エーリッヒは即座に目標を三機目のムスタングに切り替えたが、敵のパイロットは一瞬麻痺したように見えた。ムスタングはカラヤ1の一斉射撃を受けて燃え始めた。アメリカ軍機は飛び続け、今度はエーリッヒが攻撃される番だった。

「ブビ、ブビ、後ろだ！　離脱！　離脱！」。警告するユンガー曹長の声がヘッドホンから鳴り響く。

エーリッヒは操縦桿を押して急降下した。目玉が膨らみ飛行帽を被った頭が風防に打ち付けられ、マイナスGで身体が安全ベルトに強く締め付けられた。金髪の騎士は全出力で左に急旋回し、背後に張り付いたムスタングを振り切った。

「各自、基地に戻れ。俺は一人でやる」と彼は無線で僚機に伝えた。そうすればユンガーにもチャンスはある。とにかくアメリカ軍の戦闘機が多すぎて対応しきれない。エーリッヒの後ろに群がる大群は復讐を果たすべく一機のメッサーシュミットを逃すまいと決意しているようだ。

エーリッヒはバックミラーと左右を素早く見回した。執念深い八機のムスタングが後ろに取り付いている。マイナスGで離脱しながら一瞬相手を翻弄し、少しは距離を稼いだが窮地に立っている。

そして自分の守護神に語り掛けるように独白を始めた。

「よし、エーリッヒ、慌てるな、飛べ。これまでにない飛び方をしろ」

ムスタングは二個の四機小隊に分かれてエーリッヒをしっかり挟み込んでいた。彼らの速度はエーリッヒと同じぐらいだが一定ではなかった。

「急旋回だエーリッヒ。本当の急旋回でないとお前のウィスキー腹に銃弾を食らうぞ」

カラヤ1が一度左急旋回すると、金髪の騎士をボールにした野球が始まった。右のムスタング二機が銃撃……左の二機からは曳光弾の嵐……右からさらに銃撃。

「運が良かったな、エーリッヒ。彼らは上から撃ってこない。撃つのが早いし遠すぎる。今回も運が良い、エーリッヒ。敵が俺のやり方で攻撃していたらとっくにやられている……」

右急旋回……左急旋回……そして、時にムスタングとの距離が詰まると銃撃を加える。

「そうやっても彼らに当たらないことはわかっているだろう、エーリッヒ。だがこちらの曳光弾は向こうに見えているはずだ。少しは動揺させられるだろう。それに、もう少しで敵に捕まりそうな時に自分の銃の音を聞けば、いくらかましな気分になる」八人の執拗なアメリカ人と一人のドイツ人がルーマニアの空を駆け抜けながらイタチごっこ。アメリカ軍機の一二・七ミリ機銃の銃声が間断なく鳴り響く中、エーリッヒは曳光弾をかわした。数秒後には軍服の下で体に汗が伝わるのを感じた。アドレナリンが体にみなぎり汗が噴き出す。蒸し風呂にいるかのように汗が顔を流れ肌着までびしょ濡れだ。軍服まで湿ってきた。Ｍｅ１０９はすさまじい旋回を繰り返し彼は重労働を強いられた。

断続的なアメリカ軍機の銃撃で過大なストレスに晒されたカラヤ1がうなりを上げる中、エーリッヒの脳裏には過去の記憶が走馬灯のように流れた。少年時代に熱中したスポーツの数々が目の前に浮かぶ。「体操が好きで良かったな、エーリッヒ。これまで無事に戻ってこられる強さを与えてくれた。それらが連携して今の自分を救っている」

急旋回の際にＰ－51と衝突する恐れが僅かながらもあったので、もう一度銃撃を試みたが機銃からは何の反応もない。感覚がなくなるような旋回を幾度も重ねながら、エーリッヒは徐々に自分の基地へ戻っていた。旋回の度にささやかながら攻撃し、数メートルずつ距離を伸ばして、実際に少しずつムスタングを引き離していた。

アメリカ軍機は数メートルの差をつけられながらも金髪の騎士の尾部に張り付き頻繁に乱射した。彼らは獲物に命中させるほど優位に立てないが重圧はかけ続けている。八機がそれぞれのやり方で撃墜するつもりだった。

「続けろ、エーリッヒ。その調子だ。基地の近くにある対空砲が尻に張り付いたヒルを取り除いてくれる」

エーリッヒはまたも急旋回を繰り返した。

「くそ！」

計器盤の燃料警告灯が赤く光っている。燃料がほとんどなくなったカラヤ1は、緊急着陸するには基地から離れすぎていた。

「脱出しろ、エーリッヒ。宙返りだ、素早く優しく」

彼は安全ベルトを外した。次の旋回に差し掛かると風防の緊急解除装置を外した。プレキシガラス製の扉がプロペラの後流に吹き飛ばされ、コックピットを引き裂くように風が吹き荒れた。旋回に入るとエーリッヒは操縦桿をみぞおちに向けて力いっぱい引いた。Ｍｅ１０９が急上昇すると彼は操縦桿を離し、命運が尽きた機体を解き放った。

彼が地上に落ちていく間、空と大地と木々、旋回するムスタングとブーツを履いた自分の足が目の前で万華鏡のようにめくるめく。Dリングを引っ張った。絹と紐の擦れる音に続いてパラシュートが花開いた。パラシュートのハーネスにぐいと引かれて全身を強く打ち付けたような衝撃が走った。彼は怒りに満ちた八機のムスタングに囲まれ、なすすべもなくパラシュートに揺られていた。

ドイツの戦闘機パイロットにとって、パラシュートにぶら下がっている敵を銃撃するなんて考えられなかった。彼らはそれを戦争や兵士の戦いではなく殺人とみなしていたのである。こうした伝統的な騎士道精神は総力戦にそぐわないと思われるかもしれないが、ドイツ空軍は最後までこの規範に従った。パラシュートに揺られながら無防備な金髪の騎士は敵のアメリカ軍も同じだろうかと考えた。もし違っていたらどれほど恐ろしいだろうか。空中で銃撃されて死に、血まみれのボロ布のようになって地上に落ちるのだろうか。

そんな彼の前へ、まるで狙いを定めるかのようにムスタングが列をなしてやってきた。肝が縮む思いがして一瞬ウーシュのことが頭をよぎった。するとアメリカ軍戦闘機が轟音を上げながら数メートル先を通り過ぎていった。白と黄色のヘルメットを被り、いいようもない悪意に満ちた憎々しげな顔が巨大なゴーグル越しにエーリッヒを睨んでいた。だがアメリカ軍パイロットは男らしく上げた手を振り、機体をバンクさせて去った。（*）

エーリッヒは生きている幸せを感じた。彼は八機のアメリカ軍機が指揮官機に率いられ列をなして北に向かうと安堵した。緑豊かな大地に舞い降りて、繰り返し自分に言い聞かせた。「運が良かったな、エーリッヒ。お前は幸運な少年だ。神にかけて今夜は誕生日パーティーを開くんだ」

基地から四キロ弱のところに降りて、陸軍のトラックで飛行中隊に戻った。司令部は悪い知らせに満ちていた。飛行隊はほぼ半数の航空機が撃墜されたのだ。パイロット二名が死亡し、他に多数が負傷した。メタノール噴射装置のない旧式のMe109では経験豊富なパイロットでもムスタングには勝てない。上級司令部はこれらの大損害とさらなる悪化が確実なことからアメリカ軍戦闘機への攻撃を即時に停止するよう命じた。

この時期、エーリッヒ・ハルトマンの飛行隊長は長年の仲間であり敬愛するヴィルヘルム・バッツ大尉（現中佐）だった。バッツはプロエシュチ防衛戦の頃について回想している。

「五月後半には二つの戦線で戦いを余儀なくされた。ソ連軍だけでなく南のルーマニアではアメリカ軍の四発爆撃機からプロエシュチ油田を守るために至る所で戦闘機が切実に求められていた。パイロットの力量が問われるだけでなく、対地支援部隊にも大きな負担が強いられた厳しい時期だと記憶している」

「プロエシュチ油田の防衛では本人の希望でブビをいつも戦闘機パイロットの指揮官にしていた。常に飛行隊全員で飛び立ち、ブビは自分の飛行中隊の最後尾をムスタングから守った。彼は見事に自分の任務をやり遂げた。この種の四発機は我々東部戦線のパイロットにとって馴染みはなかったが、ブビのおかげで損失は比較的少なかった。彼は私たちを守り続け、ムスタングを足止めして私たちの首元から引き離した。ブビがいたから我々は爆撃機の攻撃に成果を挙げられた。現在（1967年）、ブビがルーマニアで何機撃墜したかは覚えていないが、ムスタングを相手にうまく立ち回り我々の損害が増すのを防いでくれたのは分かっている」

チェコスロヴァキアに向かう途上で、エーリッヒは一九四四年春にムスタングと行った五回の戦闘を振り返った。ルーマニアでアメリカ軍と戦ってからほぼ一年が経った。今や敵がもっと強力になっているのは確かだ。ドイッチュブロートに降り立つと、第52戦闘航空団第I飛行隊の様子から彼の懸念は確信となった。アメリカ軍戦闘機が定期的にチェコスロヴァキアの空へ侵入していた。金髪の騎士は数日のうちに再びアメリカ軍のムスタングと交戦することになった。

ソ連軍爆撃機がプラハに向かっていると報告が入り、エーリッヒは緊急発進の命令を受けた。爆撃機を迎撃するためシュヴァルムを組むことになった。ビンメルが準備を終えると、エーリッヒは数分後に離陸しプラハに向けて急上昇した。高度六四〇〇メートルで水平飛行に移り敵がいないか空を見回し始めた。

すぐにソ連軍機が視界に入った。エーリッヒが数えるとレンドリースのA－20ダグラス「ボストン」とソ連空軍のPe－2からなる混成編隊で爆撃機は約三〇機だった。一番上空で護衛しているのはYak－11とP－39「エアラコブラ」の戦闘機部隊約二五機である。ソ連軍戦闘機は高度約三七〇〇メートルを飛行していた。エーリッヒは無線機のスイッチを入れた。

「二個編隊で攻撃する」

太陽を背にエーリッヒは敵陣に飛び込む覚悟を決めて操縦桿を前に押した。だがためらった。直感が制したのだ。すると彼の編隊より少し高い位置に、西から降下しながら近づいてくる飛行機雲が目の端に見えた。最初は増援のMe109がやってきたと思ったが、銀色に輝く見知らぬ機体の列だから仲間ではない。ドイツ軍戦闘機は機体表面の金属仕上げはかなり前からやっていない。ドイツ空軍機はすべて塗装されており、太陽の光に反射しないのである。表面を研磨するのは通常アメリカ軍機だ。やがて、その姿を認識できるようになった。ムスタングだ！

銀色の機体は水平飛行をするエーリッヒと僚機より約九〇〇メートル下にやってきた。ムスタングはソ連軍の直掩機より約九〇〇メートル上空をゆっくり旋回し始めた。アメリカ軍機は上にいるエーリッヒに気付いていない。太陽を背に高度差の利点を得て、昔ながらの一撃戦法をする準備が完全に整った。ソ連軍機とアメリカ軍機のパイロットはお互いしか目に入っておらず、背後の自分には気付いていない。エーリッヒは無線機のスイッチを入れた。

「一撃だけする。ムスタング、ソ連軍の上空直掩機、そして爆撃機の順で通り抜ける」

二機のMe109がエンジン全開の唸りを上げながら、旋回するムスタングの頭上に舞い降りた。エーリッヒは電光石火のごとく距離を詰めて素早く銃撃を加えた。最後尾のムスタングは誰に撃たれたか分からなかっただろう。P-51はよろめきながら制御不能に陥り、のたうち回りながら煙を上げて破片をまき散らした。エーリッヒは緩い角度で旋回し、次のムスタングが風防一杯になるほどの至近距離に突進した。エーリッヒが炸裂弾をエンジンに打ち込むとP-51は急に機首を上げた。

被弾したムスタングは制御不能になり、エーリッヒの横を回転しながら激しく煙を上げ、機体をばらけさせながら地上に向けて真っ逆さまに落ちていった。

カラヤ1はエンジンに悲鳴を上げさせ振動しながら全開でソ連軍の直掩戦闘機をかき乱し駆け抜けていった。速すぎて敵の戦闘機は撃つ間もない。今度はボストン爆撃機がすごい勢いで駆け昇ってくる。銃の発射ボタンを押すと一機の爆撃機から破片が吹き飛んだ。命中！　命中！　よし、だが致命傷じゃない。上へ下へと爆撃機を幻惑させて機首を上げる。

身体にひどく重力がかかり、エーリッヒは一瞬のうちに目の前が真っ白になった。操縦桿を押す手を緩め、視野を保つようにする。唸りを上げるＭｅ１０９が弧を描きながら上昇し爆撃機とほぼ水平になると、エーリッヒは背後を確認した。僚機はまだ付いてきていた。第二編隊はどうなった？　周りを探した。

第二編隊は敵編隊を切り裂きながらやってくる。ムスタングがまた一機燃えながら落ちていったがパイロットは緊急脱出した。エーリッヒは宙返りしたパイロットの背後に絹が波打つのを見た。エーリッヒはタイミングを見てうまく第二編隊と合流した。上空からは識別しにくい迷彩を施したＭｅ１０９は素早く去った。

振り返ると彼の奇襲で予想以上に酷い結果になっていた。ソ連軍のＹａｋやエアラコブラがムスタングと格闘戦中だ！　ソ連軍機はエーリッヒが攻撃を仕掛けた時にアメリカ軍機を見ていた。疑い深いソ連軍パイロットはアメリカ軍が攻撃してきたと思ったに違いない。ソ連軍の爆撃機パイロットはパニックに陥った。彼らは爆弾を投棄し何もない田園地帯を吹き飛ばしながら、やって来た方向に戻っていった。彼らは任務を放棄したのである。

アメリカ軍とソ連軍の格闘戦は猛烈な勢いで続いていた。エーリッヒは航空機が入り乱れる中から三機のＹａｋ-11が炎を吹いて落ちるのを見た。一方、ムスタングはグリコールを吐きながら南に向かっていた。信じられない思いでエーリッヒは首を振った。連合国であるソ連とアメリカは互いに信頼が薄かったようだ。Ｍｅ１０９の機首を下げて本拠地に向かいながらエーリッヒは腹の底から笑いを抑え切れなかった。

もうムスタングと戦うことはないだろう。終戦は目前だった。アメリカ人は自分たちの勝利を分かっているようで、数も多く自信に満ち溢れていた。大軍でヨーロッパを意のままに駆け巡り、敵を見つけ次第に蹴散らしていくのだから彼らは安心していた。たまにエーリッヒ・ハルトマンとの戦いのように、その自信から警戒心が薄れてしまうこともあった。

今日、エーリッヒは八〇〇回を超える空中戦の経験を元に、空で警戒すべき事について書いている。

「一種の自己暗示のようなもので、私自身が訓練中に初めて墜落してから一九四五年五月八日に最後の着陸を終えるまで一度も空で眠ったことはない。離陸後はいつも嫌な感じがしていた。なぜならこの瞬間は、空にいるどんなパイロットよりも自分は優れているとか、うまくやれるという考えがなかったからだ。飛行中はずっと胃の具合が悪かった。しかし敵を認識したその瞬間から絶対的な優越感を得られた……。

　空は未知の要素が多くて恐ろしい。私の感覚では雲や太陽は憎むべき、そして愛すべき存在だ。今日では撃墜した相手の八〇パーセントは、被弾するまで私の存在に気付いていなかったと確信している。そんなわけで私の空中戦は迅速かつ単純だった。しかし、いつもある要因が何よりも私に作用していた。仲間よりずっと早く、時には数分前に敵機を発見できたのだ。これは経験や技術ではなく天賦の才だったのだ。私の空戦法則はこうだ。『先に相手を目にしたパイロットが、すでに半ば勝利を手にしている』」

　アメリカ軍との戦いでエーリッヒ・ハルトマンは航空機の技術的不利を技量と経験で補い、手強いムスタングを確実に七機撃墜している。空中戦で一対八という劣勢にあり、彼を追い詰めて撃ち落そうとする無情なムスタングに対し最善を尽くして打ち勝った。彼が生き延びてこの話を出来るのは追っ手のアメリカ軍機が正々堂々と勝負する態度を失わず、人殺しに手を染めなかったからだ。

＊　どの国でも勝利したパイロットはパラシュートで降下する飛行士を撃つのを避けるのが普通だった。

第十三章　降伏

未だに私たちは根っからの野蛮人で、文明の薄い制服をぎこちなく着ている。

――ジョージ・バーナード・ショー

一九四五年五月八日、第52戦闘航空団第I飛行隊の作戦は明らかに終わりを迎えていた。チェコスロヴァキアでドイツ軍の戦闘は統制を失い、強大なソ連軍は無敵といっても良かった。ヘルマン・グラーフ中佐と第52戦闘航空団の参謀はエーリッヒの第I飛行隊と一緒にドイッチュブロートにいた。金髪の騎士に最後の作戦を命じたのはグラーフだった。

任務はソ連軍の先鋒がドイッチュブロートからどれだけの距離にいるか確認することだった。カラヤ1の計器盤にある時計は0830を指しており、エーリッヒは僚機と離陸すると高度三六〇〇メートルまで上昇し東に向かった。エーリッヒは幹線道路沿いにドイッチュブロートから最も近い主要都市ブリュン（現ブルノ）を目指した。ブリュンには黒く大きな煙が立ち込めている。すでに敵が街に入っているのだろう。

　煙が立ち昇る辺りを周回し、激しい火災が起きているのを確認した。ソ連軍が砲撃中か、あるいはすでに占領を始めているのか。東側の郊外にはソ連軍部隊や車両の列が街の中心部に向けて群がっていた。エーリッヒは身を強張らせた。立ち昇る煙の回りを緩やかに飛ぶ八機のＹａｋ‐11を見つけた。ソ連軍機は彼より下にいた。燃えるブリュンの光景に気を取られているソ連軍パイロットは上空にいるエーリッヒと僚機に気付かず、航空ショーのように上空をせわしなく旋回していた。

　地上にいるソ連軍に勝利の賛辞を送るかのように一機のＹａｋ‐11が機首を上げてエーリッヒの真下で旋回を始めた。金髪の騎士は翼を翻して僚機に〝攻撃〟の合図を送り、操縦桿を前に押して旋回しているソ連軍機の真上に達すると反転してカラヤ1を射撃位置に向かわせ、六〇メートルの距離まで急速に詰めていった。Ｙａｋが風防の前面を埋め尽くす。機銃の発射ボタンを押し、難なく僚機と連携して攻撃すると数秒後には離脱した。射撃は短かったがソ連軍戦闘機に間違いなく命中した。射撃後、Ｙａｋは火を噴いて黒煙を上げ制御不能に陥ると回転しながら落ちていった。街外れの野原に墜落して爆発した。残骸となった機体は激しく炎上し、ブリュンを覆う厚い雲に煙が加わった。Ｙａｋ‐11はエーリッヒ・ハルトマンの撃墜三五二機目になった。

　エーリッヒは旋回を続けるＹａｋを再び攻撃する際の〝観察、決断〟の段階で、上空に輝くものを捉えた。密集した一二機の編隊が飛んでいた。磨き上げられた機体表面はさらに輝き、その正体は間違いなくムスタングだった。ソ連軍とアメリカ軍に挟まれる恐れがあるためエーリッヒはカラヤ1の機首を下げて僚機を横目に黒煙に飛び込んで避難した。

煙の雲の西側から飛び出し、エンジン全開でドイッチュブロートに向かうと、エーリッヒはすぐに振り返りムスタングを振り切ったか確認した。敵を見失ったソ連軍機はあまり幸運とはいえなかった。またしてもアメリカ軍機とソ連軍機は互いの正体を取り間違えたのである。ブリュン上空ではYakとムスタングが激しい空中戦を繰り広げていた。エーリッヒは墜落した航空機を目にしなかったが、連合国軍同士の戦いによる損害を調べに戻るつもりはなかった。この状況は滑稽だった。

彼はドイッチュブロートの臨時滑走路にカラヤ1を着陸させ、最後の任務を果たし撃墜もしたと実感した。二年半あまりの戦闘で単発戦闘機二六一機、双発機九一機を撃墜している。第52戦闘航空団第I飛行隊の戦いは数時間後に終わろうとしていた。カラヤ1のエンジンが音を立てて止まり、エーリッヒはビンメルから悪い知らせを聞くために風防を開けた。

「ソ連軍が飛行場を砲撃してきました。滑走路に穴が開いていないのが幸いです」とビンメルはいう。エーリッヒがMe109を降りると忠実なビンメルが燃料と弾薬の補給に取りかかった。ビンメルに見つめられた金髪の騎士は首を横に振った。二人ともカラヤ1が二度と飛ばないのを分かっていた。

エーリッヒが報告のため司令のテントに入ると、グラーフ中佐が険しく張り詰めた表情でいた。

「ソ連軍はすでにブリュンを占領しています」

グラーフは頷く。

「そうだと思ったが、確かめなければならなかった。我々はここで挟み撃ちにあう」と彼は言った。

グラーフは目の前に広げられた地図にあるストラコニツェの町を指さした。

「一〇〇キロ西にあるストラコニツェをアメリカ軍の戦車部隊が占拠している。アメリカ軍とソ連軍の境界線（モルダウ川）のすぐそばにある村では、小規模な戦車部隊の先遣隊が報告されている。ソ連軍はブリュンにいる。我々の戦争は終わったんだよ、ブビ」

「降伏するんですか？」

「そうだ、私は命令を受けている。だが、その前に我々だけで決めなければならないことがある」

グラーフはエーリッヒに無線のメッセージを手渡した。

グラーフとハルトマンは直ちにドルトムントに飛び、イギリス軍に降伏せよ。他の第52戦闘航空団の要員はドイッチュブロートでソ連軍に降伏する
航空艦隊司令官ザイデマン将軍

ヘルマン・グラーフの顔は苦笑で歪んでいた。彼はエーリッヒを直視した。

「将軍は私や君がソ連軍の手に落ちるのを望んでいない。そうなれば、我々ダイヤモンド付の保有者二人が面倒なことになると分かっているからだ」

グラーフは喉元の飾りをはじいた。

「ブビ、私とお前で五五〇機近いソ連軍機を撃墜しているんだぞ。壁際に立たされて銃殺されるかもしれない」

「では、ザイデマン将軍の命令に従うのですか」とエーリッヒは言った。

グラーフはテントの入り口まで歩き帆布を開けた。

「外を見ろ、ブビ。二〇〇〇人以上の女性、子供、老人、戦闘航空団の親族、ソ連から逃げてきた難民、彼らは皆無防備だ。Ｍｅ１０９に乗ってドルトムントまで飛び、彼らを置き去りにできると思うか？」

「私もそう思います。ここを離れるのは間違っています。そんなことはできません」

「同意してくれてうれしい。だから、命令を忘れて仲間たちと一緒にいよう。ソ連軍に降伏するのも無視しよう」

グラーフはこれからアメリカ軍が占領するピーセクまで護衛部隊を組んで辿り着き降伏するための詳細な手順に取りかかった。そして、エーリッヒには航空機と武器や弾薬の処分を見届ける役目を負わせた。

エーリッヒは飛行場に出て第52戦闘航空団の残留物を焼却する嫌な仕事に取り掛かった。Ｍｅ１０９の燃料と弾薬はまだ残っていたが、再び飛び立てば引揚げに向けて荷造りをしている何百人もの女性や子供を射程に捉えたソ連軍の砲兵が集中砲火で殺すだろう。彼らの安全が第一だった。

「兵器小屋に武器弾薬をすべて集めろ。弾薬を処分するため集めた弾薬箱を開けろ。機体の燃料系を開けろ。機体をできるだけ密集させろ。燃料を集めて何もかも破壊するんだ」

　エーリッヒが大声でまくし立てる指示に隊員たちはせわしく動き回った。Ｍｅ１０９は長い機首を空に向けて置かれていた。もう飛ぶことはないだろう。パイロットたちは戦闘機にガソリンをかけ、誇らしかった第52戦闘航空団を燃やす用意をした。二五機のＭｅ１０９を燃やせばすさまじい光景になるはずだ。

　ビンメルはカラヤ1の燃料バルブを開いた。飛行場にある二五機も同様で辺りにガソリンの匂いが立ち込めた。そしてドラム缶のガソリンが地面に撒かれた。エーリッヒは女や子供がいなくなったことを確認した。第52戦闘航空団の隊員に見送られながら、民間人の列が遠ざかっていく。悲しい瞬間がやってきた。

　エーリッヒはカラヤ1のコックピットに飛び乗った。

「下がれ、ビンメル！　銃弾を森に撃ち込むぞ」

　エーリッヒが機銃の発射ボタンを押すと、ビンメルは飛びのいた。コックピットのエーリッヒは銃口から放たれる閃光の大きさに驚いた。高速で飛行する戦闘中は、あれほどの炎にはならない。機銃の炎に気化したガソリンが引火し、強烈な閃光が続いた。数秒後にカラヤ1は炎に包まれ、エーリッヒはコックピットから慌てて逃げ出した。くそ！　このまま焼け死ぬぞ！　逃げろ！　逃げろ！

　ビンメルは爆発するように燃え上がる戦闘機を前にして立ちすくんだ。彼が駆け寄ろうとしたら炎の中から煙に包まれた金髪の騎士が現れた。エーリッヒは髪が焦げ両手にやけどを負っていた。これはエーリッヒにとってカラヤ1との忘れがたい別れの記念になった。ビンメルは隊長の無事を確認すると、すぐに出発するためトラックに飛び乗った。エーリッヒがビンメルを見たのはそれが最後だった。（＊1）

撃ち捨てられた燃料、弾薬、航空機に炎が広がっていく。第52戦闘航空団の戦闘機パイロットにとって辛い瞬間だった。彼らの愛機Ｍｅ１０９はあっという間に火に包まれた。頼りになった愛機を自分の手で燃やすのを見るのは、それに乗って戦った強者ならだれでも気分が萎える。

待機していた車にエーリッヒが乗り込むと、弾薬や砲弾に加えて燃料の入ったドラム缶も爆発し始め一段と激しい爆風が吹き荒れた。朝のうちから立ち昇る激しい黒煙は、ドイツで最も戦果を挙げた戦闘航空団の火葬にふさわしい墓標となった。エーリッヒは最後にもう一度、振り返った。カラヤ1は地面に叩きつけられるように崩れ落ち、燃え盛る炎の向こうに見えなくなった。

エーリッヒは見知らぬ列の先頭に向かった。このまとまりのない集団を率いるのがドイツ空軍の将校として最後の役割になった。彼はヘルマン・グラーフ中佐、それに第２１０戦闘航空団司令ハルトマン・グラッサー少佐とこの珍しい任務を分担し、ドイッチュブロートの目前で戦闘航空団の参謀と合流した。グラッサーはこの困難な時期に慌てることなく本分を果たした。

バトル・オブ・ブリテンのエースとして、各地の戦線で優れた戦功を挙げたグラッサーは柏葉騎士鉄十字章を帯び撃墜一〇三機を記録した。戦前からドイツ空軍の将校として訓練を受けたグラッサーは、不死身のヴェルナー・〝ダディ〟・メルダース大佐の副官を長く務めた。第210戦闘航空団司令としてソ連軍の航空部隊に対抗するため亡命ロシア人の飛行訓練を組織化していた。この亡命ロシア人航空部隊は、かつてモスクワ防衛戦でドイツ軍と戦い、その後捕虜になり親ナチに転じたロシア解放軍のアンドレイ・ウラソフ将軍指揮下で航空支援が想定されていた。終戦を迎えた混乱の最中、ウラソフはアメリカ軍に降伏を拒否されソ連軍に捕まった。モスクワに送られ裁判で反逆罪となり仲間のロシア解放軍将校と共に絞首刑になった。この当時は世界のいたるところでこうした暴挙が行われていた。

午後遅くに隊列はピーセクに近づいた。エーリッヒは道路を慎重に移動する数台のアメリカ軍の戦車を見つけた。アメリカ人の操縦手が開けた畑を横切って来るドイツ軍を見て車列を止めた。グラーフとエーリッヒは先頭の戦車に近づき、砲塔から様子を見ていたアメリカ人将校に敬礼した。

「私はドイツ空軍52戦闘航空団司令のグラーフ中佐である。こちらは我が戦闘航空団第1飛行中隊長のハルトマン少佐だ。部隊の隊員とドイツ人難民も一緒だ。我々はアメリカ軍に降伏する」

アメリカ軍士官は砲塔から送話器を取り出し、ピーセクの司令部に無線電話で話し始めた。数分後にはアメリカ陸軍第90歩兵師団の兵隊を乗せたトラックが戦車の横に停車した。アメリカ兵は道路脇の畑にドイツ軍を集め始めた。アメリカ兵はドイツ軍の武器を取り上げたが、将校は拳銃の所持を許され規律の保持が課せられた。

ドイツ製の腕時計は連合軍の記念品として高く評価されており、捕虜になった第52戦闘航空団の隊員は手放さなければならなかった。アメリカ兵はすでに自分の腕時計を持っており、ハルトマンとグラッサー少佐は困惑した。エーリッヒはグラッサーが彼の時計を取り上げて涼しい顔をしているアメリカ軍の少尉に正論を語るのを聞いた。

「アメリカのように豊かな国には腕時計など存分にあるのでは？」

若いアメリカ人はニヤッと笑って首をかしげた。

「確かにそうだ。でも、これは土産だから、違う」

アメリカ兵がドイツ軍捕虜を整列させている間に、チェコの民間人と数人のアメリカ兵がドイツ軍将校たちの車に飛び付いた。価値のあるものはすべて戦場の記念品として押収されることになり、エーリッヒも航空日誌や写真集などの記録を失った。これらの品物がどうなったか未だに不明だ。

アメリカ兵たちは何人かのドイツ人女性に見とれていたが、彼女たちに手を出さなかった。エーリッヒは一安心した。腕時計や私物を失うにしてもアメリカ人の手に渡るのなら少しは気休めになった。すでにソ連が占領したドイツ地域では、ドイツ人女性に対して現代では考えられないような性的暴行が繰り返されていた。エーリッヒはアメリカ軍士官から第52戦闘航空団をソ連に引き渡さないとの言質を得て、部下やその家族がそうした事態を免れると安堵した。

エーリッヒは知らなかったが、アメリカ陸軍第90歩兵師団と随伴する第16機甲師団は、命令を受けた東側の境界線をはるかに超え無許可で偵察を強行していた。ピルゼン（現プルゼニ）がアメリカ陸軍第3軍にとって最東端の目的地だった。連合国の高官会議（欧州諮問委員会＝EAC）では、ソ連によるチェコスロヴァキアの解放が決められていた。つまりアメリカ軍がピルゼンより東で捕らえたドイツ兵は、すべて侵攻中のソ連軍に引き渡さなければならなかったのだ。

この方針は主にドイツ軍将校を対象としていたが、のちにソ連と戦ったドイツ軍兵士や航空兵にも適用されるようになった。ソ連は徹底して彼らを処罰するつもりだった。テヘラン会議でスターリンとルーズヴェルトは五万人のドイツ軍将校の抹殺について面白半分に言及し、ウィンストン・チャーチルを戦慄させた（＊2）。ルーズヴェルトとスターリンの間では冗談ですまされたものが、戦後は計画として現実になりつつあった。ドイツ軍将校が夜間に自宅で捕らえられ、ソ連の収容所で秘かに何年も強制労働を強いられるということも珍しくなかった。

不思議なことにドイツ軍将校はナチ党を含むいかなる政党にも法律で所属が禁じられており、ほとんど政治に関与していなかった。連合国軍に捕らえられた合法的な戦争捕虜はソ連に移送されるべきだという考えには処罰という明確な目的があり、従来の手順からは著しく逸脱している。戦争捕虜への待遇はこうした経緯で確立し処理された。この先例が後年にアジアで起こった紛争で捕虜になった多くのアメリカ軍人に苦難をもたらした。

難民や降伏した兵士の集まりだったエーリッヒの隊列は、ボヘミア西部のシュッテンホーフェン近郊の金網で囲われた区画に留め置かれた。両脇をアメリカ軍戦車が守るこの場所には、さらに何千人もの難民や解隊したドイツ軍兵士が押し込められ、まもなくこの野外キャンプに五万人以上の兵士や老若男女の難民が集められた。

キャンプはほどなくして劣悪な状態となり衛生面で大きな問題が生じた。時には士官たちが秩序の維持に苦労することもあった。大量の「捕虜」が自分にできる最善の道と考えて故郷を目指し西に流出し始め、アメリカ軍の警備兵も目をつぶるようになった。多くのアメリカ兵は脱走者に助言を与え、地図やチョコレート、兵隊の糧食で支援した。こうしたアメリカ兵の行動は軍の命令で認められていなかったが、彼らの姿勢は本質的に最も現実に即した人道主義に沿ったものだ。警備兵は難民がシュッテンホーフェンの檻で地面に寝たまま餓死するよりも、自分たちで食料を調達して帰り道を探した方が良いと単純に考えていた。

この状況は同じ地域にある他の収容所も変わらなかった。今日、多くのドイツ人はアメリカ軍の捕虜だったのはほんの数日だと語っている。大半はヒッチハイクや苦労して徒歩で、数週間以内に自宅に帰っている。エーリッヒ・ハルトマンはあまり幸運ではなかった。

捕虜になって一週間ほど経つと、ハルトマンたちが後方に移動させられるという噂が流れた。一九四五年五月十六日、アメリカ軍はエーリッヒ、ヘルマン・グラーフ、ハルトマン・グラッサーに捕虜の処置として全員をドイツのレーゲンスブルクに送ると伝えた。彼らはその日の午後四時にトラックで移動することになった。アメリカ軍の元にあったこの八日間、彼らは捕虜になった時に持ち込んでいたわずかな乾燥食品や親切な兵士が個人的に分けてくれた食料やチョコレートで凌いでいた。エーリッヒはもっとまともな環境に移れると喜んだ。

ドイツ兵はトラックに乗せられてピーセク地区を去った。数キロ走ると車列が止まり、エーリッヒと仲間は降りるように命じられた。彼らは草原でソ連兵に囲まれた。不安げなドイツ人たちがトラックから転がり出ると、ソ連兵はすぐにドイツ人女性を男から引き離し始めた。

アメリカ人たちはその場を去る前に自らが知らず知らずのうちにドイツで生まれただけで何の罪もない民間人の女性や少女を破滅に導いたのを垣間見る羽目になった。アメリカ兵は彼らの同盟国が人間の残虐性において最悪な行為に手を染める可能性に気付いた。アメリカ中西部のキオカク（アイオワ州）やココモ（インディアナ州）からやって来た若い兵士たちは、熊（ソ連兵）の行動を間近で目撃したのである。

丸腰のドイツ人が並ばされ、半分酔っぱらったソ連軍兵士がライフルや機関銃を手にふらつきながら囲んでいる。残りの兵士は女性や少女を地面に押し倒して服をはぎ取ると、仲間のソ連兵や苦悶の表情のドイツ人、トラックの中で驚きに目を丸くしているアメリカ兵の前で強姦し始めた。

アメリカ兵はその光景に氷固まっているようだった。裸にされた二人のドイツ人少女が泣きながらトラックに駆け寄り逃げ場を求めてよじ登ろうとするのをアメリカの警備兵が機転を利かせて彼女らをトラックの荷台に上げた。こうした義侠心はソ連兵には受け入れがたかった。ソ連兵は空に向けて乱射し、アメリカ兵に叫びながらトラックに向けて不気味な動きを見せた。アメリカ兵はクラッチを入れてエンジンを吹かしながら道路を走り去った。邪魔者がいなくなったソ連兵はドイツ人女性に襲いかかった。

軍曹の妻で十二歳の少女の母親である三十代前半の若いドイツ人女性が、ソ連軍の伍長に膝をついて懇願した。娘の代わりに自分を連れて行ってくれるよう神に祈った。彼女の祈りは届かなかった。銃口を腹に突きつけられたドイツ人たちが見守る中、彼女は涙を流しながら訴えた。

ソ連軍の伍長は顔に不敵な笑みを浮かべながら後ずさりした。一緒にいた兵士四人のうち一人が、女性の腹をブーツでけりつけた。「この忌々しいファシストの豚め！」と怒鳴った。若い母親はあえぎながら転がった。そして、この兵士は彼女を足蹴にすると、その頭をライフルで撃ち抜いて殺した。

ソ連兵は年齢に関係なくドイツ人女性を片っ端から捕まえていった。殺された女性の娘は戦車の後ろに引きずり込まれ、他のソ連兵も加わった。三十分後、全裸で泣き叫びながらボロボロになった子供が立つことも出来ずに戦車の周りを這い戻ってきた。彼女は壊れた人形のように崩れ落ちた。

穏やかな草原で繰り広げられた言語に絶する光景の中で、この痛めつけられた子供の苦境は何よりも無残だった。無力なドイツ人たちもソ連軍の警備兵に少女を助けさせてくれ、と迫った。サブマシンガンを手にしたソ連兵が、ドイツ人の衛生兵に子供の手当てをさせた。彼女は一時間後に死んだ。最期の泣き声はエーリッヒと部下の心を切り裂いた。

八歳と九歳の少女が巨体のソ連兵に何度も何度も無惨に犯された。彼らは憎しみと欲望以外の感情を見せなかった。怯えた女たちが悲鳴とうめき声を上げて獣がそれぞれに満足する間、エーリッヒたちは機関銃の銃口を見つめていた。

軍服に血を付けたソ連兵たちは欲望を満たすとドイツ空軍の兵士たちを見張る仲間を安心させる

ためにんまりとした。幼い娘を守ろうとした母親は棍棒で殴られ意識を失い、引きずり出されて強姦された。何百回も空戦を行い何度も負傷しながら生き延びた屈強なパイロットが臆面もなく泣き崩れた。エーリッヒはこれまでにないほど胸を締め付けられ、吐き気を必死にこらえた。

魂が張り裂けるような暴力的でふしだらな乱痴気騒ぎはそう続かず、次第に欲情が冷めてどこか正気に戻ったかのような空気が漂い始めた。ソ連兵はある時は薄笑いを浮かべ、ある時はぼんやりとし、時にはしゅんとなり、事が終わった女性や少女を戻した。何人かはトラックで運ばれ二度と姿を見せなかった。家族の元に戻った者は取り乱した夫や父の腕の中に倒れ込んだ。すでに悲惨と堕落の限りが尽くされていたが、まだ終わっていなかった。

ドイツ人は草原の野営地に移動させられた。彼らは湖で体を洗うことが許された。その後、三〇両の戦車が草原を囲むように配置され、夜の間も厳しく監視された。ソ連兵は何度も何度もドイツ人の間にやって来ては夫や父親の元にいる女や少女を見つけ出し引きずり出していった。一晩中強姦が続き夜明け前になってようやく収まった。女たちは事が終わるとボロ人形のように投げ返された。その夜、第52戦闘航空団の兵士たちは多くが苦渋の決断を下した。

戦車に囲まれた草原に夜明けの光が射し込む頃になると、多くのドイツ人は動かなくなっていた。彼らが目覚めると、一生忘れられないほど陰惨な死の光景が広がっていた。エーリッヒが目を覚ますと死後硬直した軍曹と妻と娘がそばに横たわっていた。軍曹は手作りの短剣で妻と十一歳の娘、そして自分の手首をそっと切り裂いたのだ。エーリッヒが眠っている傍で秘かに三人の命が失われたのである。

また、妻や子供を窒息死させトラックの側面に急ごしらえのロープを張って首を吊った男もいた。彼らはこのまま生き続けるより死を選んだのである。この光景に感情を掻き乱されたエーリッヒは闘志を奮い立たせてひっそりと己に語りかけ始めた。「エーリッヒ、何があろうとも生きなくては。今、お前が目にした信じられない出来事を伝えるために生き残らなくてはならない。人が獣にまで堕ちるとここまでやれるのか。決して忘れない」

次の日、非道な放埒は始まった時と同じように突然終わった。ソ連軍の将軍が到着し、すぐに状況を把握した。何が起きていたのか報告など必要なかったのだ。彼はソ連軍の新たな指令に基づき、直ちにこうした乱暴狼藉を禁じる命令を出した。すでに東部ドイツでの略奪と強姦は世界的に悪名高いものとなっていた。

将軍はドイツ軍の下士官に命じてエーリッヒたち士官から下士官を引き離させた。女性は士官に保護させ、ソ連兵はそこから離れるように命じられた。この命令に違反し夜中に士官の区画にやってきて少女を誘拐し強姦した兵士に対してソ連軍の刑罰が、この国で生まれ育った者にも敵にも等しく情け容赦ないと証明した。

強姦された少女は加害者を特定するよう求められた。整列した兵士から三人が引き立てられた。軍法会議はなく訴えも許されず、さらに将兵の命令に従えという問いかけすらなかった。三人の兵士は両手を電話線で後ろ手に縛られ、彼らの仲間やドイツ人からもよく見える場所ですぐに吊るされた。この懲罰は教訓として各部隊に伝わって周知された。

これもまたロシア人の精神性なのだとエーリッヒはこの先何年もかけて理解することになる。ロシア文学にはこうした目を引く蛮行があふれており、一九一四年のロシア革命の最中から直後にかけて、絞首刑が日常茶飯事になっていた。草原に揺れる死体を見た二十三歳のエーリッヒ・ハルトマンにとって、それは強姦の乱痴気騒ぎと同じくらいに衝撃だった。

戦闘機乗りが誰かを捕まえることはめったにない。敵と直接対面することもめったにない。敵機を撃墜後、敵パイロットと地上で会っても戦いは終わっている。戦闘機パイロットの間で騎士道精神が幾分かは生き残っていたが、地上戦ではありとあらゆる残虐で非人間的な行為が当たり前になっていた。エーリッヒはソ連軍の拘束から逃れたのち、前線でドイツ軍の歩兵小隊と一夜を共にした際に垣間見た残忍な地上戦を忘れられない。今やそのむごたらしさは更に増し、まったくもって現代戦の恐るべき非人間性が精神に現れていると言えよう。

三人のソ連兵が吊るされてからは捕虜区画の状況は落ち着いた。ドイツ人女性の安寧に対する懸念は、やがて別の感情に変わっていった。「恥」の感情だ。独身女性や親のいない少女たちは勝者であるロシア人と性行為に及ぶ者が少なくなかった。母親はソ連の将校に体を売って子供の食料の足しにした。一週間もするといまだ打ちひしがれたままのドイツ人男性は飢餓の影響が外見にも表れてきた。一方、ロシア人に気を許したドイツ人女性は生き生きとしてふくよかになっていった。この結果にエーリッヒは言いようのないほど心を掻き乱されて頭がいっぱいになった。

エーリッヒはドイツに戻り晩年になってもソ連の巨大な影に囚われ、当時の辛く骨身に染みた教訓を決して忘れなかった。妻のウーシュには万が一同じような状況に陥ったらやるべき現実的な対処法を教えた。

「そんな状況になったら決して躊躇するな。一番地位の高い士官の元に行き愛想よくするんだ。媚びを売って傍にいろ。そうすればお前を守ってくれるだろう。一人の男に耐えねばならないが、いろんな男の相手をさせられる残忍で非人間的な状況を避けられる。他の者は上級士官を殺さない限りお前を連れていけないだろう」

続けて、

「私たちが生きているこの時代は、狂人の手で文明社会がひっくり返される可能性が十分にある。西洋人の妻は皆、東洋的な考え方を持った人々に対処するためにはこの方法を知っておくべきだ」

これが草原の苦悩から得たエーリッヒの教訓だった。ドイツ兵として教えられたすべて、そして人道主義者の父親が示した模範とは全く異なる行動が、今や彼の生き方の一部になっていた。彼は強姦や絞首刑におののきながら、愛するウーシュがシュトゥットガルトで無事であることを強く神に祈った。

エーリッヒは弱い者いじめを許せなかったコーンタールの高校時代からほんの数年しか経っていなかったので、こうした出来事の感情的な影響は一層大きかった。若さゆえの回復力で、他の者には決して超えられない英雄的な軍歴において一四〇〇回もの戦闘任務をこなしたが、沈黙を強いられる中でのこのような残忍な行為にはほとんど立ち向かえなかった。十年半に及ぶソ連の刑務所生活は彼に多くの暗い記憶を残す残酷な年月だった。人生の半ばを過ぎた彼が抱えた数多くの思い出には良いものも悪いものもあるが、その中でも消すことができず、荒涼として鮮明に甦るのが草原に現出したダンテの『神曲』地獄編さながらの悪夢だった。

著者の注記

この章に書かれた出来事は集団による性的蛮行に初めて触れたエーリッヒ・ハルトマンが受けた衝撃を示すもので、ロシア人に対する憎しみを煽るためではない。ロシア人を含む全人類が内に持つ素朴な優しさが人と人との関りの中で最大限に発揮されたなら、戦争と平和の終わりのない循環を止められるというハルトマン大佐の考えに著者は全面的に同意する。ハルトマン大佐は民族間に新たな憎しみを煽るべきではないと強く反対している。

人類最悪の社会的な異常行為である戦争と野蛮な性的堕落は切り離せない。このような病的な性の乱用を理解できない個人は、ただ諦めて肩をすくめるだけだ。人は〝いつもの事〟だと受け入れる。こうして世界を混乱させる社会病理の根底に人間愛の挫折があるという明確な証拠から目を背けるのだ。人の無知や無関心に支えられた狂気の指導者は、数百万人もの貧しい人々の不満がもたらす巨大なエネルギーを操れるのである。共産主義やファシズムなど、あらゆる不合理な社会運動の背景にこの理解しがたい現象が横たわっている。政治的な表現は正反対に見えるが、力の源は同じである。

現代の条件下において、基本的に善良な人々を度重なる破滅に導く独裁者は、嘘を真実だと思い込ませるプロパガンダの専門家なしに権力の座を維持しえない。ナチス・ドイツではゲッベルスがその役割を担っていた。イリヤ・エレンブルグはソビエトのゲッベルスである。ソ連軍はエレンブルグの病的な復讐の勧告によって、ドイツの一般市民に対する暴行を扇動された。ソ連軍はファシストを見つけたらどこであっても殺して、辛い戦いを忘れるために〝誇り高きドイツ人女性を捕らえる〟ように駆り立てられた。老人は格好の的だった。エレンブルグでは無垢なドイツの子供さえ憎悪の対象にされた。「覚えておけ。お前たちが目にするドイツ人の子どもは、すべてファシストの子供なのだ」と彼はわめきたてた。その結果、ボヘミアの草原にも酒池肉林の大波が雪崩を打って押し寄せ、エーリッヒ・ハルトマンはそれが砕けるのを見た。最終的に赤軍の命令でこうした過激な行為は止められたが、すでに後の祭りだった。

人類は歴史を通してこうした出来事に苦しめられ仕方なく受け入れてきたのである。人々は新たなる知の観点から、ありのままの自分自身と向き合わなければならない時が来ている。フロイトを始めとする先駆者たちが人間の精神や人格形成について苦労して見つけたものが打開策を提示している。こうした知見は、これまで多くの問題に適用するのを避けられてきた。

とりわけヒトラーが躍進する前の重大な時期に、フロイトが指導したドイツ人労働者の精神分析診療所で、彼の第一臨床助手だった故ヴィルヘルム・ライヒ博士が一時期働いていたことと深い関わりがある。一九三三年の著書『ファシズムの大衆心理（Die Massenpsychologie des Faschismus）』は、今世紀の最も重要で社会的に意義のある著作だろう。この著作では科学的な精神分析によってヒトラーやスターリン、そして彼らに追随するプロパガンダの担い手を世に送り出し支持する精神病理とはいかなるものか明らかにされた。

戦争という人間の究極の病から性的暴行を切り離せないのはなぜか。その原理はライヒ博士とその後継者たちによって十分に解明されている。精神的な悪疫は国を超えて世界に広がっている。それを免れる国はない。この本を書いている時点でも国内の社会を揺るがす惨殺事件と国外での戦争がアメリカ合衆国の高潔さを損ねている。この悪疫を根絶する知識を抑圧するたくらみは、自ら情報に通じていると自負する大衆の理解を超えて効率的に機能している。ライヒ博士はその病因を暴いたファシストと共産主義者の脅威から逃れ、最終的に一九五七年にアメリカの連邦刑務所で亡くなった。彼の著書や実験日誌（『ファシズムの大衆心理』を含む）はアメリカ政府によって焼き捨てられてしまった。

著者はエーリッヒ・ハルトマンがソ連の刑務所で過ごした十年間に及ぶ物語を紹介する前に、現代の独裁政権を支える心理的な過程を理解したうえで執筆しているると証明するのが必須と考えた。ソ連のＮＫＶＤ、ナチス・ドイツのＳＤ（Sicherheitsdienst＝親衛隊保安局）、その他同種の秘密警察組織は数多くの人々に不法な権力を行使するサイコパスの集団である。このような組織の存在と活動に対する率直な怒りは、苦闘する人類からこの暗い影を取り除くために合理的かつ必要なものである。

著者は抑圧者に対して不変の抵抗を、虐げられた人々には無限の共感を明らかにしておきたい。この姿勢はすべての自由な市民なら必ず同意するはずである。

＊1　ハインリッヒ・〝ピンメル〟・メルテンス軍曹は、トラックでアメリカ軍の戦線まで行き、その後はヒッチハイクで西に向かった。彼は三週間かけてカペレンの自宅に戻り、ソ連の捕虜になるのを免れた。
＊2　ウィンストン・S・チャーチル著『Closing the Ring』P373～374（Houghton Mifflin社、1951年刊）参照。

第十四章　ソビエトの捕虜

……人情で扱い文句を言う理由をなくす……彼らに必要なものはすべて提供しろ。
——ジョージ・ワシントン将軍がトレントンの戦いで捕らえられた捕虜についてウェブ大佐に出した指示。

エーリッヒ、ヘルマン・グラーフら第I飛行隊の将校は、勝者であるソ連兵に引き渡された後、女性たちとノイビストリッツの中継キャンプに連行された。有刺鉄線で囲まれただけのそのキャンプは、ソ連の官僚に捕虜を間違いなく掌握させるためのものだった。人民委員と書記が金髪の騎士と部下の公式名簿を作り始めた。名前、階級、認識番号、基本的な軍歴は一通り記録されたが、ロシア人の関心はもはや存在しないドイツ空軍の捕虜の地位より、もっと現実的なところにあった。ドイツ人は健康診断を受けた。ロシア人はエーリッヒたちの健康状態を人道的な動機からではなく、労働者としての能力を評価するために行ったのである。エーリッヒの身体能力は疑う余地もなかった。彼は引き締まった頑強な二十三歳の青年で、逞しい肉体と高い知性を持っていた。ノイビストリッツで手続きに三週間を費やし、その後は数日間、自分たちの運命がどうなるか待った。

エーリッヒはソ連の意図が強制労働にあるのは明らかだと思った。彼の頭には搾取について極論を喚き散らす共産主義者の姿が駆け巡っていた。この悪意ある状況が資本主義世界における諸悪の根源だとマルクスとレーニンは主張した。勝利の時を迎えた今、マルクスとレーニンを崇拝する者たちには、旧敵を奴隷にする以外の考えはなかった。産業革命真っただ中の資本家なら、安い労働力を求める彼らの本能に敬意を表しただろう。

ノイビストリッツから移動する時が迫っていた。エーリッヒはキャンプに広まるいくつかの噂を抑えようとしたが無駄だった。不安に駆られた者たちは自らの未来に推測や想像をめぐらせ、話を捏造しようとする者さえいた。だが、ソ連の警備兵はだしぬけに彼らを檻から出し、埃っぽい道を南東に行進させ始めたので噂は止んだ。

エーリッヒは老人たちの持ち物を荷車に積み込ませると、武装した監視役の曹長に指示されて荷車に乗った。しばらくしてエーリッヒはそのロシア人と会話するようになった。彼の名はサッシャといい、初めは無愛想だったがすぐに打ち解けた。

「俺たちはどこに行くんだ?」とエーリッヒ。

「ブドヴァイス」

エーリッヒはその街を知っていた。少なくとも六〇キロは離れている。ソ連側は明らかに徒歩で移動させるつもりで、二頭の馬が曳く荷車の後部にサッシャと座れるのはありがたかった。埃っぽい五日間、意気消沈した捕虜がとぼとぼと歩き続け、噂はますますあやしくなっていった。隊列の間に〝シベリア〟という言葉が囁かれ始めたが、ブドヴァイスに到着するとソ連の人民委員が噂に終止符を打った。

彼はエーリッヒ、グラーフ、そして配下の士官をなだめるように話した。

「君たちをロシアに連れては行かない。それはプロパガンダだ。単なるプロパガンダにすぎない。列車でウィーンに連れていき、そこから帰国する予定だ」

ロシア人は穏やかに笑った。だがドイツ人たちが背を向けたと思ったら、すぐに人民委員が真顔になった。その様子に疑念が湧いたが、親切なサッシャに別れを告げて翌日には騒がしい列車に乗り込むしかなかった。南に走り続ける列車で気分は晴れたが、それは束の間だった。

列車は音を立てて田舎の退避線に停車した。ロシア人の警備兵や将校が外を駆け巡り、叫びながら身振り手振りしている。連結器や汚れた客車が軋みながら前後に入れ替えられた。この列車は明らかに方向転換していた。揺られながら退避線を離れたところでエーリッヒはもはや列車がウィーンに向かっていないと分かった。

ロシア人将校が片言のドイツ語で何があったか伝えた。ウィーンが大変なことになっている。暴動、戦闘、略奪。街が占領に抵抗している。代わりにブダペスト行きの列車が差し向けられた。母国に少しでも早く帰国したいというエーリッヒの望みが叶う可能性は薄れつつあった。ブダペストはウィーンよりも東にありソ連に近い。これは悪い知らせだ。

ブダペストを過ぎて数時間後、またもや耳障りな音をたてて列車が停まり、轟音と共に走り出した。彼らはカルパチア山脈のシゲットという町にいた（＊1）。エーリッヒはルーマニアの役人とソ連の警備兵が大声で〝疫病〟〝検疫〟とやり取りする言葉を聞き取った。列車は退避線に引き込まれドイツ人は身をこわばらせて降りた。彼らは鉄条網に囲まれた新たな檻に追いやられた。エーリッヒは彼らの会話から自分たちの行き先はブダペストではなく、おそらくソ連であると考えるに至った。

このマラムレシュにある檻はルーマニアの共産主義者が運営していた。異国風の赤いズボンを履き長く太い棍棒で武装した看守たちは些細なことでも容赦なく囚人を殴りつけた。エーリッヒは怒りを抑えていたが、二日目の夜の暴行は度を越していた。夜中に赤ズボンのサディストが便所で若いパイロットを捕まえた。無防備な若者は殴られて血まみれになり意識を失った。一時間後、彼は這ってバラックに戻り大声で泣き崩れた。

エーリッヒは少年時代からいじめを毛嫌いしていた。殴られた若いパイロットを見て、彼の中にどす黒い怒りが沸き起こった。ドイツ軍降下部隊の屈強な老少佐も同様に、この卑怯な仕打ちに憤慨していた。エーリッヒの集団から二人のパイロットが加わった。彼らは間を置いてバラックから出ると便所にぶらぶら歩いていった。便所の暗がりの中で棍棒を手に無防備なドイツ人を打ちのめそうと躍起になっている二人のサディストがぼんやり見えた。

その一人が囮役を叩こうと棍棒を振り上げたところにエーリッヒが物陰から飛び出した。拳を警備兵の顔面に叩きつけ、さらに渾身の力で腹にお見舞いすると男は崩れ落ちた。エーリッヒは暗がりの中で降下部隊の少佐が肘を上下に激しく動かすのを目にし、二人目の息が詰まるのを聞いた。

数秒後、規律を守るべき看守の二人が地面で意識を失っていた。エーリッヒは降下部隊の少佐に頷いた。彼らは看守を抱き上げて丸ごと便所に投げ捨てた。二人が汚物の中でのたうち回る音を耳にバラックまで小走りで戻った。翌日には赤ズボンの二人が行方不明となり、他の看守は棒を持たなくなった。看守たちは頷くと微笑みながら静かに檻を巡回するようになった。

一週間後、ドイツ人たちは再び列車に乗るよう命じられた。騒がしい客車からは多数の機関銃が突き出ており、サーチライトが取り付けられた車両もある。エーリッヒたちを乗せてブダペストまで運んだ不潔な客車は、重武装したソ連の警備兵であふれかえっていた。待遇の良かったエーリッヒを含む六〇名のドイツ人は格下げされ、小さな貨車に詰め込まれ耐え難いほどの不快感を味わうことになった。

すし詰めの貨車はまるでかまどのような暑さだった。たちまち眼が眩むほどに空気がよどんだ。エーリッヒはイワシの缶詰のような最悪の現状を軽減するため基本的な決め事を設定した。貨車の床には六〇人が一度に寝たり座ったりする余裕はない。まず三分の一が横になる。交代で二時間横になり四時間立つというローテーションを組んだ。ソ連で監禁される試練が始まった。

ヘルマン・グラーフとエーリッヒはドイツ軍の最も有名な英雄で、ダイヤモンド付の勲章を持っていたが監禁による地位の低下には抗えない。軍曹や少尉が順番に寝転んだり立ち上がったりした。

他に車内の上級士官はハイン・ホイヤー大佐とアルトゥール・リーレ少佐がいた。待ちに待った二時間を床で過ごしたいという共通の思いから、階級や勲章はすぐに忘れ去られた。

二週間、彼らは東へ揺られ続けた。どこに向かっているのか確かめるのに航法技術は必要なかった。キエフ、モスクワ、ヴォログダを駆け抜け、ロシアの奥地に向かっていた。ある朝、キーロフを通過した列車は湿地帯に入っていった。エーリッヒは貨車の隙間を通して一面の湿地と沼を目にした。四方八方、泥沼が地平線まで続いている。広大な沼地を走る列車から視界に入る唯一の堅い地面はレールとその下にあるバラストだけだった。列車が減速し始めるとエーリッヒは学校時代に地理の教科書で読んだ広大な泥炭湿地の中心に到着したと直感した。それは正しかった。

つらい長旅に疲れ果て、目が落ちくぼみやつれたドイツ人たちは新鮮な空気を吸ってほっとした。しかし、強張った手足を伸ばしたところで少しも嬉しくはない。辺鄙な場所だ。小隊にも満たない数人のソ連兵が小さなキャンプ地を動き回っていた。エーリッヒはほんの一握りのソ連軍警備兵しか必要としない理由をすぐに理解した。周囲は見渡す限りの湿地が広がっていた。逃げられるものなら逃げてみろ、といわんばかりの光景だ。

ソ連兵は彼らに自分たちが暮らす退避所を作るように言った。エーリッヒたちは地面を大雑把に切り開いた壕に木や枝で屋根を被せた。これが彼らにとって唯一の宿泊施設だった。毎日、夜が明けるとキャンプに閉じ込められたおよそ一〇〇〇人の兵隊がかき集められ、泥炭を掘るため沼地まで行進させられた。そこにはロシア人が燃料に使う泥炭の塊が積み重ねられ巨大な山になっている。

毎朝、ドイツ人は前日に掘り出した泥炭を、沼地のキャンプに毎日やってくる一本の列車に積み込んだ。

すべてが手作業だった。骨が折れるこの仕事を一ヵ月もやるとエーリッヒはすっかり意気消沈してしまった。絶え間ない重労働と食料不足、そして世間から忘れ去られているという感覚が、彼の意志を徐々に蝕んでいった。人生で初めて陥る自信喪失に心を苛まれ、仲間から指導者と目されている自分の立場にますます絶望した。彼は捕虜たちが自由意思で選んだ指導者であり、一五〇〇名のドイツ人は彼が導いてくれるのを期待していた。

軍隊では指導力の背後に階級、組織、規律があった。沼のような荒涼としたこの原野で、文字どおり死ぬまで働かされる男たちの集団をまとめ上げるのは、エーリッヒにとって耐え難い仕事だった。立つのもやっとというほど自分の体力が衰えていくのを感じながら、どうやって仲間を支えていけば良いのか。こうした危機の中でドイツ空軍の少佐という地位が彼を救う力になった。

沼地の流刑地に到着して五週間後、この地域の少佐以上の参謀将校は全員がグリャゾヴェツの特別将校キャンプに移動を命じられた。命令が実行される頃には、エーリッヒの我慢も限界に達していた。二十年以上経っても、キーロフの悲惨な奴隷収容所や出発後に起こった出来事を思い起こすと彼は心揺れるようだった。

「翌年にはヴェルナー・エンゲルマン大尉がグリャゾヴェツに加わった。彼もキーロフの沼地キャンプにおり、私が去った後もそこに残った。彼の話は衝撃的だ。私や他の一団と共にそこへ送られた一五〇〇名のドイツ人で最初の冬を越せたのは二〇〇名ほどに過ぎなかった。ロシア人は彼らに食事も与えず文字どおり餓死するまで働かせたのである」

キーロフに比べればグリャゾヴェッツの将校キャンプは高級施設だった。エーリッヒ・ハルトマンが移された時点で第2戦闘航空団「リヒトホーフェン」に所属しバトル・オブ・ブリテンでトップ・パイロットの一人だったハンス・〝アッシ〟・ハーン少佐がグリャゾヴェッツにいた。ハーンは一九四三年二月二十一日、ソ連軍の捕虜になるまで東部戦線でソ連軍航空隊を相手に四〇機、西部戦線ではイギリス軍を相手に六八機を撃墜していた。

彼は自著『Ich spreche die Wahrheit!（私は真実を語る）』の中で、戦時中に捕虜になってから監禁された数ヵ所のじめじめとして孤立した収容所に比べるとグリャゾヴェッツの環境は〝療養所のようだ〟と表現している。また著書でグリャゾヴェッツを次のように概略している。

「キャンプの宿泊施設のほとんどが兵舎で構成されていた。本部や病院、いわゆる療養施設は古い木造家屋にあった。キャンプは小さな小川で二つに分かれている。一ルーブルで本格的なコーヒーが飲めるカフェは橋の傍にあった。カフェの店長は……コーヒーで捕虜に話をするよう仕向けるかなり危険な奴だった」（＊2）

「冬に小川が凍るとキャンプの精鋭がアイスホッケーを行い、夏には気の向くまま水浴びができた。サッカー場は有刺鉄線より外の草原にあった。キャンプ内にも陸上競技や体操に自由に使える草地があった。春には単にプロパガンダを目的としたボウリング場も開かれ……天気の良い日には白樺の森で野外演奏会が開催され、日曜日の朝はカフェでダンスバンドが演奏した。

何もかも表面的に過ぎないという事実がなければ、これ以上望むものはなかっただろう」

エーリッヒにとってキーロフの沼地キャンプと比べればこの環境は贅沢かつ快適で、気力は間もなく回復した。沼地からチフスを持ち込んでいないか確認するため一時的に入院しもののすぐに元気を取り戻した。与えられた厨房の仕事は比較的楽で必要な食材がすべて手に入り、彼は未来に希望を抱いた。

こうした状況にあって、彼は表には見えないドイツ人捕虜の分断された世界を経験する。収監されたドイツ人は士官だろうとなかろうと、断固として抵抗する一枚岩の集団からはほど遠かった。この点において外見が豪華なグリャゾヴェッツはまさに物騒な場所だった。

投獄されたドイツ人の多くが忠誠心を引き裂かれた背景は、何百万人もの熱心な共産主義者と共産党が選挙のカギを握っていたヒトラー政権以前の政治構造と似ていた。ヒトラーの権力掌握は共産主義の脅威から生まれた。そのためヒトラーとナチ党は徹底して共産党と対立した。ヒトラーが首相に就任後、共産主義者は権力を獲得するあらゆる可能性を奪われ運動は弾圧された。それにもかかわらずヒトラー以前のドイツにいた大勢の共産主義者が、党員であるかどうかにかかわらず信念を放棄した証拠はない。したがって、ドイツが敗北したカタルシスや監禁が刺激となって、多くのドイツ人がソ連の大義に協力するようになったのは驚くにあたらない。

ソ連の収容所ではいわゆる自由ドイツ国民委員会やドイツ将校同盟のような組織が結成された。

ワルター・ウルブリヒトやヴィルヘルム・ピークのような政治家は、東ドイツの新政府を運営する前からすでにソ連政府によって解放された集団のメンバーだった。スターリングラードで降伏したフォン・パウルス元帥も注目すべき反ファシストだ。おそらく最も悪名高いのはフォン・ザイドリッツ将軍だろう。エーリッヒは当惑するようなドイツ人捕虜の政治世界に初めて接してから何年も経って、最終的にザイドリッツと同じノヴォチェルカスクの刑務所に収監された。反ファシストと親共産主義者、ドイツ民族主義者となりすましの親ソ連密告者の違いを立証するのは学識ある政治学者にとってもかなりの難題だっただろう。

一九四五年末、政治的にうぶな二十三歳のエーリッヒ・ハルトマンは、彼の幸せを願っていると自負する多くの派閥に囲まれて進むべき道を探さなければならなかった。現実とうまく折り合いがつけられそうな人たちが反ファシスト運動に集まり、親ソ連勢力の中心になっていった。ヘルマン・グラーフはこの派閥に惹かれ、エーリッヒを引き入れようとした。エーリッヒは仲間内のいるところに情報提供者や密告者がいることに不安を覚えた。仲間は彼に共産主義思想を受け入れてロシア人に対する罪を告白するよう繰り返し求めた。当時は知らなかったが、厨房に配属されたのも内務人民委員部が彼を味方に引き入れるためだった。

グリャゾヴェツでは内務人民委員部に狙いをつけられたヘルマン・グラーフが勧誘に屈し、妥協したことが大きな心の傷となった。エーリッヒはドイツ空軍で最後の指揮官だったグラーフを尊敬していた。前章で概説したように、グラーフはドイツで最も著名な戦争の英雄の一人に数えられ、二一二機を撃墜した屈指の戦闘パイロットだった。ダイヤモンド付を獲得した九人の戦闘機エースの一人であるグラーフは、その勲章と名声から内務人民委員部にとって重要な価値があった。ロシアにおけるグラーフの振る舞いを〝アッシ〟・ハーンが著書『私は真実を語る』で告発したことがきっかけで、グラーフは生き残りのドイツ人戦闘機パイロットからのけ者になった。それでも、かつての英雄はデュッセルドルフで今も健在だ。戦争中、彼は有能な指導者、そして勇敢な男であると自ら証明し、戦闘員として彼が率いたエーリッヒを含む部下から大いに賞賛されていた。グラーフはダイヤモンド付を獲得後も戦い続けたが、第一線を退くこともできたはずだ。

第52戦闘航空団でグラーフの下に就き、共に降伏しロシアで監禁生活を送ったエーリッヒは多くの面で彼をよく知っている。グリャゾヴェッツでのグラーフの行動に関して、エーリッヒの説明は注目に値する。

「終戦時、ヘルマン・グラーフはとても有名だった。彼についてのプロパガンダや広報は、ドイツ全土に行き渡っていた。さらに有名なサッカーチーム〝ローテ・イエーガー（Rote Jäger）〟も率いた。私見だが彼は常に良い奴で素晴らしい戦士だった。だが、その裏には本質的に素朴な性格が潜んでいた。のちに批判された多くの人々と同様に、彼は十分に時間をかけて行き届いた教育を受けてはいなかった（＊3）。

降伏後は名声を奪われ、単純労働の日々を重い足取りで歩むようになった。彼はそうした変化からくる不満を自制できなかった」

「ある日、彼がやってきて『ここに残ると決めた。一緒にソ連に鞍替えしないか』と誘ってきた。私はそのつもりはないと言った。彼は『これまでの制度はすっかり消え失せ、各自が英米流かロシア流のどちらかを選ばなければならない。もうドイツは存在しない。ロシア側に付こうと思う』と言っていた。彼はすぐさまソ連政府に手紙を出して、ドイツ空軍当時より階級を一つ下げてソ連空軍の軍務に付くと申し出た。間もなくグラーフはグリャゾヴェツからモスクワ近郊のキャンプに移された。彼は戦争捕虜の新聞にソ連軍を賞賛する記事を書き、戦時中に英米と戦った経験をロシア人に語った。彼は一九五〇年一月にドイツへ戻った」

こうしてグラーフはエーリッヒより五年早く本国へ送還されたが、第52戦闘航空団の司令だった彼がソ連の大義にとって価値のある貢献をしたかどうかは疑わしい。歴史を見ればグラーフはソ連がまだ知らないこと、あるいはスパイ活動を通じて知り得たことを話せたとは考えにくい。グラーフの闘志は疑いもなかったが、才能は限られておりソ連にとって有益な存在だったかは疑問だ。しかしながら内務人民委員部は彼に妥協した。それ以来、彼は友愛で繋がったドイツ軍戦闘機パイロットの仲間内では鳴りを潜めている。

グラーフがエーリッヒに転向を打ち明けた頃、ソ連に抑留された捕虜たちはまだわずかながら忍耐力が残っていた。内務人民委員部の心理戦は始まったばかりだった。中佐のグラーフは三十代で、二十三歳のエーリッヒよりずっと分別があった。二人は互いに勲章はソ連に明け渡さないと誓い合った。ダイヤモンドは投げ捨てられるだろう。（＊4）

数日後、エーリッヒは内務人民委員部のクリングバイル大尉の事務所に呼び出された。この男は〝パパ〟という似つかわしくないあだ名を持つ裏切り者のドイツ人だった。エーリッヒは机の上にグラーフのダイヤモンド付があるのを見て驚いた。クリングバイルはエーリッヒの勲章も要求した。

「自分の勲章は川に捨てた」とエーリッヒは平静を装いながらも口ごもった。

クリングバイルは顔を曇らせた。そして、グラーフの勲章を満足そうに持ち上げた。

「君の上官だったグラーフ大佐のように良識を持つべきだ。彼は勲章を我々に譲り、戦時中の行いはすべて間違っていたと告白した」

グラーフは内務人民委員部に妥協しただけでなく、エーリッヒとの約束も反故にしたのである。エーリッヒは打ち砕かれたような衝撃を受けた。グラーフのような戦士が敵に降るのなら一体誰が信用できるというのだろう？　その後、約束を破ったことについてグラーフに問いただすと、元上官はとても辛そうに恥じ入っていた。エーリッヒは「これからは別々の道を行かなければならない」と告げ、二人は訣別した。彼らの間に突如として生じた、形がないのに決して越えられない未知の障壁の出現は、エーリッヒにとって新たな体験だった。グラーフの背信は若手将校の心に強い衝撃を与え、内務人民委員部はその利点を存分に活用した。

エーリッヒは持ち前の分析能力で、グラーフが引き込もうとしていた反ファシスト運動からすぐに離れた。彼が共感したのは内務人民委員部と手先のドイツ人が〝ファシスト〟の烙印を押した者だった。実際のところ彼らは自尊心を保ち、サイコパスな内務人民委員部の道具にならないと決意した真っ当なドイツ人将校だった。この反抗的なドイツ人集団とエーリッヒは手を組み、内務人民委員部との長い闘いを始めた。彼らはスターリングラード戦の裁判で判事を務めるクルト・シューマンが率いた赤化統一ドイツ人の捕虜管理局によって扇動者に分類され、別棟にまとめられていた。シューマンたち裏切り者はハルトマンを含む扇動者集団が隔離された居住区に他の捕虜は訪問してはならないと公表した。こうして収容所の他のメンバーとの接触を遮断した。

エーリッヒは面会の権利を回復するよう内務人民委員部の司令官に対してシューマンの頭越しに要求した。彼が将校に代わって力説した結果、内務人民委員部は裏切り者のドイツ人追従者の指示を却下した。さらにハルトマンの集団で政治局代表だったバウアー博士はエーリッヒの陳情で解任された。こうした劇的な譲歩を引き出したのは、本当に素晴らしいことのように思えた。エーリッヒは裏に何かあるのではないかという、手練れの戦闘機パイロットならではの不安を感じた。何かが進行している。

やがてエーリッヒは内務人民委員部司令官の事務所に呼び出され、ウヴァロフ大尉が愛想よく出迎えた。エーリッヒより二、三歳年上のウヴァロフは金髪で青い目の正に金髪の騎士のような人物だった。外見はどこにもいる典型的なドイツ人青年のようだ。心地良さそうな椅子に座ったウヴァロフはエーリッヒにタバコを勧めた。

「エーリッヒ、座ってください」と彼は言った。

かつて、ソ連軍戦闘機に背後を取られた時と同じ感触がエーリッヒの背筋に走った。こいつを観察した方が良いと自分に言い聞かせる。彼は差し出されたタバコを受け取ってから座り、このロシア人将校に感謝し頷きながらも無表情を保った。ウヴァロフは椅子に寄りかかり煙を吹き出した。

「バウアーが解任されて満足でしょう。嬉しいですか」

金髪の騎士は頷いた。

「これで私たちがどれだけあなたと仲良くしたいと思っているか分かるでしょう。やってほしいことがあれば全力を尽くします」

「それはどうもご親切に」

「そうです。私たちは何百機もの航空機を破壊した最大の敵であるあなたのような人にさえ優しいのです。だから、あなたが好きなだけ食べられるように厨房の仕事を割り当てました」

「厨房の仕事は申し分ありません」とエーリッヒ。

「それなら、少しでも善意を見せられるのでは。お返しに協力してくれますよね」

エーリッヒはウヴァロフが背後に着いていると悟った。あとは彼が撃つだけだ。

「君たちの将校集団には我が人民に対する重罪人がたくさんいます。民間人を射殺し、村を焼き払い工場を破壊した。彼らは隠れファシストであり、プロパガンダをしているのは分かっています。これが名簿」

エーリッヒは名簿に目を通した。ウルフ大佐、アッカーマン大佐、ヴァン・カンプ大佐、フォン・テンペルホフ大佐、プラガー中佐、ハーン、エヴァルト、エラーブロックの各少佐ほか。ほとんどが、少年時代から戦争で名誉ある行動を誓ってきた職業軍人だった。エーリッヒは顔を上げてウヴァロフを見た。

「この人たちに何をしろというのですか」

ウヴァロフは餌に食いついた。

「聞き出すのです。彼らが戦争中に何をしたか。民間人を撃ち殺し、略奪し、焼き払った。彼らが関わった戦争犯罪を明らかにする」

このロシア人はどんどん早口になっていった。

「彼らの過去や家族について洗いざらい報告しなさい。何もかも。裁くためには、君が頼りだ」

エーリッヒは無表情を続けた。

「それで、この仕事を引き受けたらどうなる？」

ウヴァロフは彼が話に食いついたと確信した。

「何もかも書けばあなたは最初の列車でドイツに戻れるのですよ。最初に報告をくれるのはいつかな」

「そんな報告なんてできるわけがない」とエーリッヒは、このロシア人の興奮気味な口調とは対照的にゆっくり静かに答えた。

ウヴァロフは勢いよく前に身を乗り出した。

「できるわけがないとはどういうことですか？」。彼の声は鋭かった。

「そちらの要請には応じないということです。まず、この人たちは皆立派な将校です。あなたと同じように、彼らは無差別な民間人の殺害に憤慨し怒ることでしょう。そんな人たちを自分の利益のために密告しようとするなんて。つまりスタカッチャ（＊5）になるのは言葉に尽くせないほど汚いことです。そんなことは金輪際やらない」

ウヴァロフは明らかに怒りをこらえていた。彼は机の上にある紙をエーリッヒに押しやった。その文書はロシア語で書かれていた。

「そこに署名を」と彼は言った。

「脅されずに尋問を受けたことを証明するとあります。日常的なものです。お決まりの手順ですよ」

「この文書をドイツ語に翻訳してもらえれば喜んで署名しましょう。さもなければ署名はしません。私が死ぬかもしれないから」

ウヴァロフの顔は今や残忍さに満ちていた。

「くそったれハルトマン。私はソ連の将校だ。私の言葉を信じろ」

「ドイツ語でなければ署名しない」

「この忌々しいファシスト。我々のために働くか、さもなければ神に誓って二度とドイツを目にできなくなると保証してやる」

ウヴァロフは拳で机を叩きながら最後の言葉を言い放った。

エーリッヒはタバコを一服し終えるとロシア人の手元にある灰皿ですり潰した。

「帰国についてはどうぞ好きなように。私にはどうしようもない。だが何があろうと内務人民委員部の情報屋になるのは絶対に嫌だ」

　ウヴァロフの顔は怒りで赤くなり首筋の血管が浮き出ていた。

「ファシスト！　このファシストめ。ハルトマン！　厨房で息抜きできるのもこれで終わりだ。もう楽な仕事はないし腹一杯食えないぞ。道路建設に送ってやる。その横柄な態度を改めるんだ」

「それだけか？」

「いや、それだけじゃないぞ。ソ連軍将校の俺を侮辱したんだ。十日間営倉入りだ。十日間。聞いたか？　連れていけ」

　エーリッヒは立ち上がり、手錠をかけられるように手を伸ばした。

「用意はできている」

　警備兵たちにライフルで小突かれながら外に連れ出されたが、自分ながらよく我慢できたと感心した。机越しにウヴァロフを殴りたい衝動に駆られていた。なんとか冷静さを保ち、自分の意思でウヴァロフを制したのである。勝利を讃える勲章はなかったが、褒美はもらえた。地下壕で過ごす時間だ。

　彼が入れられたこの薄汚い穴が、初めて遭遇した内務人民委員部の懲罰だった。長さ約三メートル、幅一・二メートル、高さ二メートルほどの石室は、床が土で何の暖房もない。隅にある直径約八センチの穴は金網で覆われており、そこから地下牢に光と空気が供給されていた。穴の下には便所として使う空き缶が置かれていた。調度品はない。
毎朝、看守が六〇〇グラムのパンと二リットルの水、五グラムの砂糖をこの地獄のような場所に押し入れた。一人だけで半ば凍り付いた床に眠り、夜と昼の区別は穴から刺す光だけが頼りだった。エーリッヒはこの地下壕が強靭な意志をも打ち砕くように設計されていると理解した。孤独、悪臭、寒さが強固な意志を揺るがせかねない。飢えが反抗心を失わせる。思考の焦点が定まらなければぼんやりしているのと同じだろう。彼はウーシュに意識を向けた。

昔懐かしい映画のごとく少年時代の恋に思いを馳せた。ヴァイルの劇場での逢瀬、ダンス教室の日々、戦時中の幸せな再会と甘酸っぱい別れなど細部に至るまで思い出した。彼は自分たちの赤ん坊が男か女か、空想を楽しんだ。今頃は子供が産まれているだろう。もしかしたら彼のような金髪かあるいはウーシュのような黒髪の美少女になるかもしれない。そうであればいいのだが。

エーリッヒはグリャゾヴェツで惨めな地下壕に初めて監禁されて以来、何ともいえない心の安らぎを与えてくれるウーシュとの深いつながりを感じるようになった。周囲の暗さは親しみのあるエーテル［古代ギリシャでは万物を構成する五大元素の一つとされたもの。中世ヨーロッパの錬金術では生命の神秘を握る物質と信じられた。十七世紀にイギリスの科学者ロバート・フックが命名し、光を波動として伝達する触媒と考えられた物質。十九世紀後半に存在が科学的に否定された］のようになり、それを媒介として時間と空間が存在しないかのように彼は手を差し伸べ愛しい人を見つけられた。暗黒の迷宮でウーシュに思いを馳せると、彼の中の何かが息を吹き返し、小さいが力強い発電機を接続されたかのように気力がみなぎった。家庭生活の愛と調和、監禁中もそれに集中できる能力は最終的に内務人民委員部が彼に行う悪事よりも強いと証明した。

エーリッヒが妻に宛てた一九四七年十月三十日付の手紙に、ソ連に拘留されてから数年間の試練が要約されている。以下は戦争捕虜がロシアから秘かに持ち帰った手紙の内容である。ウーシュ・ハルトマンが十年半の間、投獄中のエーリッヒと検閲を通さずに接触ができたのは、秘かに持ち出されたこれら数通の手紙だけだった。残りの公式な通信文はハガキ一枚あたり二五文字に制限されており、内務人民委員部の気分次第で五文字や十文字に減らされることもあった。一九四七年の手紙には投獄された男の苦しみと落胆が自分の物語として綴られている。

最愛のウーシュお母さん　第7150キャンプにて

明日、ここを出発する受刑者がいる。この手紙は君に届くかもしれない。手短に近況を語る。一九四五年五月八日にアメリカ軍の捕虜となり、五月十四日にソ連軍へ引き渡された。五月二十五日、私たちはブドヴァイを出発してウィーン、ブダペスト、カルパチア山脈、ウクライナ、キエフ、モスクワを経由してキーロフに到着した。沼地のキャンプに一〇〇〇人の歩兵と約一〇〇人の将校が集められたが皆かなりひどい状態で、食事は粗末だし待遇も悲惨だった。キーロフで将校グループの指導者になった。グラーフも一緒で、すべてを取り仕切っていた。歩兵は酷使され一日に二～五人はハエのように死んでいった。

八月十七日、私たちはソ連政府によって極悪人に仕立てられ、将校は全員がヴォログダの南六〇キロにあるこの第7150キャンプに移送された。大きな兵舎が宿舎で、四〇〇人が収容できる部屋には狭い板張りのベッドがあり全体の配置は居心地が悪い。確実にドイツの牛舎の方がずっとましだ。もちろん一〇〇〇年前のような衛生施設でさえ人は慣れるものだ。医療はまあまあだ。食事はパン六〇〇グラム、バター三〇グラム、砂糖四〇グラム、それに毎日薄いスープ二杯（合計約一リットル）、粥三七五cc程度。

いつも空きっ腹だ。バスタブはなく備え付けの小さな木のバケツしかない。こんな状況で生活していると、予想できるだろうが栄養失調になる者が多い。私は食べ物の消化吸収がうまくいっているらしく、ここの生活をやりすごせている。

このキャンプはソ連の秘密警察NKVDによって管理され、裏切り者のドイツ人が協力している。その中にロシア人をひどく恐れているが、組織的に自分の役割を果たしているドイツ人軍事裁判官がいる。他はほとんどが政治的な卑劣漢や裏切り者、それと同類のキャンプ責任者だ。そいつらは自らを〝反ファシスト〟と呼んでいる。彼らをよくよく見れば、元親衛隊の衛生兵、ヒトラー・ユーゲントの指導者、親衛隊の司令官や同類のゴミどもだ。ソ連は彼らをどうするつもりなのか分からないが、昨日裏切ったと思えば明日はまた掌を返す。そんな奴らが俺たちの獄中生活を地獄にしている。

九ヵ月ほど前まで政治的に圧力をかけられ続けていた。信用されていない者は残らず思想を調べられ、当然ながら私たち全員に影響を及ぼした。政治的な姿勢は個々の囚人に与えられる衣服の種類、職種、生活全般の扱いに及んだ。外見から囚人たちがどこに軸足を置いているか推測できる。

今回ばかりはドイツ将校軍団の恥ずべき所を目にして衝撃を受けた。どの役職や地位であってもうまく抵抗できたといえる者はいなかった。大佐は盗みを働き、裏切って仲間を糾弾し内務人民委員部の情報屋になった。人を見る時に外見の裏側に何かあるのではないかと色眼鏡で見るようになった。

一～二ヵ月に一回、夏場は三ヵ月に一回、洗濯物を交換している。今は冬だがこの汚い国が白く覆われ、何十万匹もの南京虫やノミと共存している。数を誇張しているわけではない。周囲の環境についてはこれくらいだ。自分自身について話す。

ドイツ人のテポウ（英雄）として、私個人はロシア人によくしてもらっているが、それは私の行動が一貫しているからだろう。一度は内務人民委員部の審査会にかけられたが、すかさず〝撃て〟と言ったら釈放された。彼らは受け入れなかった。他にどんなやり方をしているかは割愛する。すでに君も聞いているだろう。

このキャンプに来てグラーフ以外に知り合いはいなかった。間もなく彼は〝反ファシスト〟に乗り換え、それからはいつも私を勧誘した。この分野に私はまったくの無知で、最初の数ヵ月はそれなりに迷わされたが、すぐに企みを見抜き〝ファシスト〟としての道を歩んだ。

同胞が私に近づかなくなったのはありがたかった。情報提供者が私を内務人民委員部に告発し、突然夜中に裁判へと引き出された。そしてファシスト、妨害者、抵抗運動の扇動者と非難された。ここには中世の異端審問さながらの手法があり、私はうまく言い逃れた。ロシア人の手先になった仲間の情報提供者が、私を陥れるために嘘の話を伝えていたと分かるまで、批難にことごとく反論した。そして内務人民委員部は情報提供者を罰した、それからはわりと平穏に過ごしている。モスクワに送られたグラーフは下り坂の道を歩んでいった。最初の一年は幕僚でさえ労働を強いられた。ここでは想像する限り最悪ともいえる奴隷労働を強いられている。きっと古代ローマ時代よりもひどいに違いない。文明社会の教育を受けた六人または八人の人間が器具を着けて馬のように荷車を曳く姿が想像できるだろうか。道路工事はすべて鋤で、木材の伐採は手斧ですべて行う。どの作業も決められた割り当てをこなさないとすぐに食料が減らされる。一九四五年末にいきなり、以後は志願者のみ将校の労働を許可するという命令が出された。私はロシア人のために働くつもりはなかったので、すぐに作業をやめた。脅迫や叱咤激励、媚びを売るような誘い文句にはまったく動じなかった。

一九四八年末まで解放されるとは思えないし、そうなるには西側が圧力をかけ新たな戦争が起きない場合に限られる。戦争が起これぱお先真っ暗だ。西側の援助で帰国できればいいのだが。ここで楽しみなのは手紙だけだ。内務人民委員部はひと月に二五語しか許さない。月に一〇語から増えたのは彼らからすれば本当に進歩で、他も万事がそんな具合だ。一部の層が裕福に暮らし残りは貧しくボロボロ。それが彼らの考える最も自由で幸せな国だ。劣等感が混じり合った彼らの愚かさが何をもたらすか、一冊の本が書けるぐらいだ。

だから、私の姿を思い浮かべてほしい。こんなことはさっさと終わって君に再会し、抱きしめ合いたいとただ願うだけだ。それまでは兵隊がいう所の〝耐えろ、戦い抜け、勇気を持て!〟しかない。戦わずして得られず、代償なしに褒美はない。そして何もなしに自由は得られない。私たちは再会し抱き合い、そして共に舞い上がろう。心の中で、君に腕を回している。

君のエーリッヒより

エーリッヒ・ハルトマンが肩の重荷を下ろすまで、さらに八年にもわたって、信念と共に重圧に耐えねばならなかった。

＊1 シゲット・マラムレス。ブダペストの東三六二キロに位置し、ウクライナ・ソビエト社会主義共和国との国境沿いにあるルーマニアの街。

＊2 おそらく、その会話を後で内務人民委員部（ＮＫＶＤ）に報告し、その見返りを得るか釈放されたと思われる。

＊3 グラーフが熟考した上でザイデマン将軍の命令に背きドルトムントまで飛び、イギリス軍に降伏しようとしたのは、無防備な数千人のドイツ民間人を救う勇気ある行動だった。彼を批判する者はこれを忘れている。

＊4 エーリッヒ・ハルトマンのオリジナルで本物のダイヤモンド付柏葉騎士鉄十字章（Ａピース）は、戦時中も戦後もヴァイルの自宅にあり、今も彼の手元にある。チェコスロヴァキアで降伏した際、アメリカ兵が複製（Ｂピース）を持ち去り、ロシアでは二つ目の複製を所持していた。内務人民委員部に勲章を引き渡すのは金銭的な価値とは無関係に象徴的な行為だった。

＊5 情報提供者のこと。

第十五章　不平等と重圧

ソ連で投獄に耐えた者だけが、それについて正当な意見を述べる権利がある。

——ハルトマン・グラッサー少佐（ソ連抑留一九四五〜四九）

「この薄汚いファシスト！　お前は完全に我々の手の内なのが分からないのか？　お前らドイツ人は世界から見れば汚物だと分からないのか？　ここロシアではお前たちを好きなようにできるんだ。ハルトマン、お前がどうなろうと誰も気にしない」

内務人民委員部の将校は浅黒い顔をエーリッヒに近づけた。

「奥さんと息子の首をトレイに載せてここに持ってきたら君は何と言うだろうか？」

エーリッヒは顔から血の気が引いて胃が震えた。内務人民委員部の男は無力な生贄を追い詰めた。

「東ドイツの諜報員を使ってシュトゥットガルトにいる君の奥さんをドイツから連れ出せるのを知っているか？　どうやって我々がトロツキーにたどり着いたか覚えているか？　パリのミラー将軍

は？　私たちが望めば誰でも世界中どこだろうと手が出せる。

血も凍るようなロシア人将校の脅しは、エーリッヒの拠り所を文字どおり直撃した。真っ暗闇の独房で彼の心が焦点を当てるのはただ一つ。身も心も飲み込まれそうな黒い海でただ一つの錨、ウーシュだけだった。ツフェンハウゼンにある彼女の実家かヴァイルのハルトマン家にいる彼女の明るい幻影を思い浮かべて崩壊の瀬戸際で持ち応えた。

エーリッヒは愛する人たちとウーシュが万事うまくいっていると分かっている限り、内務人民委員部の攻撃にも何とか耐えられると思った。力の源泉をあからさまに脅かされる恐怖を隠さなければならなかった。気を取り直し内務人民委員部の将校を真っ直ぐに見返した。

「望めば何でもできる。君には力があるのを分かっている。だが、私は自分の国や仲間を敵に回してまで君のために動くつもりはない」

エーリッヒはロシア人の目を見つめた。しばらくして相手は視線を逸らした。そして内務人民委員部の男は掌に拳を叩き込んだ。

「くそったれ、ハルトマン！　地獄に堕ちろ！　なぜ我々のために働かない？」

こうした光景はロシアにある六か所の収容所で見られた。十八～二十人の内務人民委員部の尋問官が考えられる限りのあらゆる方法で勧誘していた。誘導の方法は野蛮な脅迫から東ドイツ空軍に入隊させる約束まで多岐にわたった。エーリッヒの答えはいつも同じく拒否だった。今日、彼を頑固者だと感じる友人や仲間、上官は、残酷な十年間にその資質がどれほど必要で、自尊心ある個人としての破滅から彼を救ったかよく覚えているはずだ。

ソ連にいるドイツ人捕虜は内務人民委員部の管理下にあった。この元軍人たちは奴隷となり、戦後間もない時期には多くが餓死した。当局は熟練のドイツ人技術者や職人、技師をソ連の再建に投入できたはずだが、内務人民委員部はその代わりに理不尽にも捕虜が落ちぶれるままにした。その後、秘密警察は直接物理的な復讐をするよりもソ連の利益により効果的な心理戦を計画し始めた。

個々のドイツ人捕虜の意志を打ち砕こうとする圧力は決して弱まらなかった。内務人民委員部は収容所の環境を絶望や疑惑、嘘、絶え間ないプロパガンダで満たした。資本主義的搾取の特徴であるという理由で、ゲシュタポがやるような肉体的な拷問はソ連の規定で厳禁されていた。個々人の妥協と人の誠実さを破壊する内務人民委員部の手法は、ソ連の目的を達成するのにより効果的だと証明された。

エーリッヒは捕虜となって間もなく、ソ連では囚人への暴行は禁止されていることを知った。当局の官僚が降伏した捕虜に関する大量の情報を消化している頃、グリヤゾヴェツでは内務人民委員部の諜報部員が、エーリッヒの名前をカラヤ1や恐るべき南の黒い悪魔と付け合わせていた。彼は二人の内務人民委員部将校との面接に呼び出された。部屋に通されると彼らは書類に目を通していた。

内務人民委員部の一人がしきりに首を振っていた。

「確かに人違いだ」と彼はロシア語で言った。

もう一人の将校がうつむいた。首を振っていたロシア人はエーリッヒに歩み寄り亜麻色の髪を指さした。

「見たまえ。彼は金髪だ。黒い悪魔じゃない」と連れに言った。エーリッヒは髪について話しているのが分かるほどロシア語が堪能だった（＊1）。

二人目の男は手で書類を叩きつけた。

「ハルトマン、君がロシア戦線で三五二機を撃墜したことを否定しても無駄だ。ここに記録がある」

エーリッヒは曖昧に頷き、彼らはドイツ語で話しかけた。

「そのとおりなら君はドイツで最高の撃墜数を誇る戦闘機パイロットだ！」とロシア人は興奮ぎみに言った。

エーリッヒは首を振った。

「いいや。私はドイツで一番の撃墜王じゃない」と答えた。

「だけど、どこの空軍にもこれほどの航空機を撃墜したパイロットはいない」とロシア人は主張した。

エーリッヒは退屈している生徒に数学で事実を説明する校長のように、寛大な態度で微笑んだ。

「まあ、私が撃墜したのはソ連軍機ばかりで、アメリカ軍機は数機だった。西部戦線にはマルセイユというパイロットがおり、一五〇機以上のイギリス軍機を撃墜している。我が空軍ではイギリス軍機一機はソ連軍機三機と同等に見なされていた。だから私は一流のパイロットではない」

ロシア人は互いに戸惑いと怒りで激しい応酬をした。彼らはこの飛行士のへりくだった態度が気に入らなかった。エーリッヒは彼らが落ち着いてこちらに向き合うまで無表情で座っていた。彼らは文書に記載された内容を確認するため矢継ぎ早に質問を浴びせかけてきた。エーリッヒはこれ以上仮面を被る意味がないと理解した。しつこいこいつらは何を言おうといずれは事実を知る。

「黒い悪魔だと認めるか？」

「戦時中、私はロシアの無線でそう呼ばれていた」とエーリッヒは言った。

「だが、君は金髪だ」と内務人民委員部の一人が意義を唱えた。

「私はいつでも金髪だ。数ヵ月間、私の乗機は黒い模様で塗装されていた。あなたたちが黒い悪魔のあだ名を付けたんだ」とエーリッヒは言った。

もう一人が机に戻ると書類を叩いた。

「戦時中、君の首には賞金がかかっていた。今でも政府が払ってくれるなら、私は金持ちだ」

このロシア人は汚れてボロボロになったドイツ空軍の軍服を着たエーリッヒを上目遣いに見ていた。彼は恐るべき黒い悪魔以外の何物でもないように見えたが、そこにいるのは東部戦線で最も恐れられた戦闘機パイロットとはいっても今ではありふれたただの囚人だ。

さらに数時間にわたる厳しい尋問で、エーリッヒは世界で最も先進的な実用ジェット戦闘機Me262を操縦していたことも明らかになった。金髪の騎士はレヒフェルトのハインツ・ベーアの元で数回の点検飛行を行ったにすぎず、ジェット機を操縦した経験はほとんどなかった。それでも内務人民委員部は彼の専門知識がとりわけ役に立つと考えた。

ソ連軍は無傷のMe262を何機か鹵獲しており、調査するため持ち帰っていた。こうした先進的な航空機を運用するにはドイツ人が身につけた予備知識がなければ相当な支障を来す。その結果、エーリッヒは黒い悪魔と明らかになって数日後、ジェット戦闘機に関して長時間にわたり尋問を受けた。

エーリッヒは内務人民委員部にMe262について知っていることをすべて話したが、限られた情報しか提供できなかった。彼は一〇回ほどしか飛んでいないと説明した。それでも世界最高の戦闘機パイロットという印象は不利に働いた。ロシア人は戦闘パイロットとしての知名度から、彼には航空技術者としての専門知識も備わっているとみなしているようだった。ロシア人将校は彼が知らない情報まで追求し続けたので、長時間に及んだ面談はやがて険悪なものになった。

「ハルトマン少佐、君は隠し事をしている。なぜ我々が知りたいことを全部話さないのか？　話すんだ」

脅しを利かせる内務人民委員部の中尉は空軍の将校ではなかった。これがエーリッヒの問題をさらに悪くさせた。彼はもう一度試してみた。

「航空機の始動方法は説明できる。それについてはすでに話した。操縦法やパイロットが気を遣う所、特にスロットルの感度については話せる。それも話したはずだ。この航空機にどんな部品が使われており、それがどう機能するか正確に説明は出来ない。私はパイロットであって技術者ではない」

ロシア人が納得していない様子で眉をひそめた。ジェット機についての質問書を読んでみたが、彼に航空技術の知識がないのは明らかだ。エーリッヒにはこの男が農場で育ったように見えた。金髪の騎士は農民にも理解できる言葉で自分の立場を説明しようとした。

「ジェット機について私は農夫のようなものだ。農夫は馬を荷馬車に繋ぐ方法は知っているだろう。実際にそれができるし繋ぐこともできる。だが、馬の体内で何が起こっているかは分からない」

内務人民委員部の中尉は怒声を上げて立ち上がり、鞭でエーリッヒの顔面を打ちつけた。刺すような一撃がエーリッヒのどす黒い怒りを呼び起こした。彼は部屋を横切り椅子を手に取ると相手に飛びかかった。弧を描くように椅子を振り降ろし、ロシア人の頭上に叩きつけた。将校は意識を失って床に倒れた。

怒りが収まるとエーリッヒは寒々とした恐れに包まれた。殴られるか射殺されるのは間違いないだろう。彼は取調室のドアを開けて看守を呼んだ。看守に揺さぶられ軽く叩かれて意識を回復した内務人民委員部の中尉は、エーリッヒを責めるように指差した。

「地下壕へ、彼を地下壕へ連れていけ」

エーリッヒは地獄のような場所で四十八時間を過ごした。孤独で寒く食べ物もないため自分の行く末に不安を覚えた。三日目に看守が来て彼を地下壕から乱暴に出そうとした時には、殴られるか撃たれると確信した。瞬きをしてモグラのように光から身を隠し最悪の事態に備えた。そのままロシア人将校を襲った部屋に連れていかれると、殴られるのを覚悟した。

部屋では内務人民委員部の中尉が座って待っているのを見て驚いた。テーブルにはウォッカのボトルとパンが置かれていた。

「ああ、ハルトマン、調子はどうかね？」

中尉は食べ物と飲み物に指さす身振りをした。

「食べてくれハルトマン。何か食べ物や飲み物が欲しいだろう」

エーリッヒは仰天した。この男は激怒していた。それが今は笑顔で食べ物や飲み物を提供している。ロシア人の心理を図る気にもなれず、エーリッヒはパンに食らいつき燃えるようなウォッカを一口流し込んだ。そんな彼の姿をロシア人は見ていた。立ったままエーリッヒがウォッカのグラスを置くと、中尉は満面の笑みを浮かべて自分が座っている椅子を叩いた。

「ハルトマン、私は椅子に座っている。分かるかね。君の椅子はない。囚人の元に戻るんだ。鞭で殴って申し訳ない」

エーリッヒは謝罪する彼に頷いて応えた。看守に連れられて宿舎に戻る間、内務人民委員部の男の奇妙な行動についてあれこれ考えた。確かにロシア人は合理的な行動規範とは無縁な圧制者だ。古参の囚人たちは、内務人民委員部の男が彼を鞭で殴ったのはソ連の規則に反する重大な犯罪であり、上官がそれを耳にすれば中尉は厳しい懲戒を受けると話した。

それは事実だと証明された。十年半に及ぶソ連の監禁生活で、エーリッヒに加えられた直接的な体罰は、この鞭による顔面への一撃だけだった。ロシア人の一撃に対する彼の反応は公式書類に記載された。数年後、シャフティ収容所でロシア人の若い女性通訳が該当項目を彼に見せた。「この男の扱いには気をつけろ」。数年前から看守が自分を「乱暴者」と呼ぶのを何度か耳にしたが、この些細な出来事が反抗的で厄介な囚人という印象の一面を形作っていたとは知らなかった。

このように内務人民委員部では体罰を内密に説得する方法としているようだった。彼らの兵器庫には人の意志を打ち砕くのにより効率的な武器があり、それらはドイツ人が惨めな生活で絶望感が深まるのと相まって有効性を増していた。ドイツ政府はナチスによって破滅しており、捕虜は政治的にも肉体的にも拠り所を失っていた。占領中の連合国が後ろ盾になって新しい文民政府を打ち立てなければならず、ソ連占領下の東ドイツとそれ以外の地域に政治的な亀裂がすぐにでも生じる。

内務人民委員部は囚人たちに激動する祖国の戦後について、あらゆる点で事実を否定的に脚色し、そうした有害な報道を増幅させながら嬉々として伝えた。囚人が見捨てられたと確信させるのに役立つものなら、何でも心理的効果を与えるために利用された。捕虜のドイツ人将校は、しばしば内務人民委員部から、彼らの投獄と権利の剥奪はテヘラン会談で連合国が承認したと聞かされた。

苦境から逃れる術を奪われた多くのドイツ人は希望を捨てるしかなかった。誕生間もないドイツ連邦共和国が足場を固めようと何年も奮闘する中、何千人ものドイツ兵がソ連の収容所で朽ち果て死んでいった。ニュルンベルク裁判で唱えられた尊大な正義は、草原の有刺鉄線檻に空しくこだまするだけだった。

内務人民委員部は被害者たちに可能な限り時間をかけて君たちを打ちのめすときっぱり言った。内務人民委員部は絶大な力を持っており、ドイツ人を思い通りにするため必要ならあらゆる手段を使うつもりで事を進めた。これまで文明国家間では降伏した他国の兵士を長期間にわたって処罰したことはなかったが、第二次世界大戦後のソ連で基礎がしっかりと築かれた。行き過ぎた処罰が体制内部の敵対者に行われて以来、そうした行為はソ連の精神性を形作る縦糸と横糸の一部であり、侵攻したドイツ軍に対する扱いは向上しそうになかった。しかし、連合国がこうした計画を黙認したことは、西側諸国の名に長く残る汚点となった。

ドイツ人捕虜がさらに悲惨だったのは、脱出が不可能だったことだ。エーリッヒが監禁されていた当時のソ連は、社会自体が事実上脱出できない仕組みになっていた。ロシア人は自分たちの村がある地域に閉じ込められ、境界を越えて移動するのは公式に許可を得た場合に限られた。村の子供たちは見知らぬ者を学校の先生に知らせるように小さいころから仕込まれており、侵入者は警察に通報された。

脱出に備えて幅三〇キロの国境地帯には信頼のおける共産党員が常駐し、大量に監視哨が配置されて徹底的な厳戒体制が維持されていた。この国境地帯には金属探知機を格子状に埋設した地域が広がり、金属を帯びた者が通過すれば直ちに警報を発する。国境警備隊、ヘリコプターや軽飛行機が巡回して国境を効率的に封鎖していた。

鉄のカーテンは言葉の綾ではなく現実だった。エーリッヒと同時期に投獄されていたソ連の政治犯たちは内向きの国境防衛がなければ、少なくとも一〇〇万人の市民が西側に難民として脱出しただろうと断言している。ドイツ人が運よく国境地帯にたどり着き、援助を求めて村人に賄賂を渡したとしても、内務人民委員部は密告者にその倍額を支払う対抗手段をとっていた。

ウラル山脈から草原地帯を横断し鉄の国境を破って西に向かうのは屈強な心をも挫くほどの挑戦になった。エーリッヒの言葉を借りるなら次のようものだ。

「ロシア国内から戦争捕虜が脱出した信頼できる事例を私はひとつも知らない。テレビではそうした話が出てくるが、実際にやった者を調べたところで誰も教えてはくれない。ポーランドやバルト三国、東ドイツの収容所なら可能かもしれないが、ドイツ兵捕虜がロシア国内から帰国したという正真正銘の事例は聞いたことがない」

内務人民委員部は主として個人の肉体に重圧をかけ続け人間性を抹殺した。重圧を和らげたり逃れたりするためドイツ人は内務人民委員部の甘い誘いと引き換えに何かを犠牲にすることもできた。こうして囚人仲間を売る情報提供者になるかもしれない。容疑を掛けられた戦争犯罪を自白するかもしれない。取るに足らない事でも心に葛藤があればこれ以上にない価値がある。もっと楽な仕事や家からの手紙を読む機会（自由な国ならなんでもない普通の行動）が、内務人民委員部にとっては個人の自尊心を引き裂くテコになった。

内務人民委員部が捕虜に用いた最も悪趣味で耐え難い手段は郵便物の妨害だった。戦後間もない頃から秘密警察によってドイツから届く郵便物はすべて検閲され、個々の精神的な防壁を攻撃する材料にできないか精査し、破棄するかまたは脅迫や説得に使われた。この戦術は無抵抗な人間に加えられる肉体的な懲罰がまったく人道的に見えるほど悪辣だ。家族との接触が途絶えると、個人の精神活動に壊滅的な影響を引き起こす。

エーリッヒが初めて家族に絵葉書を書くのを許されたのは、捕虜になって八ヵ月近くたった一九四五年のクリスマス・イブだった。ウーシュは一九四六年一月にその手紙を受け取っている。

私のウーシュ
まだ生きている。良いクリスマスと新年を迎えてくれ。私は心配ない。娘か息子か、どちらにせよ祝福する。いつも君を想っている。たくさんのキスを込めて。
君のエーリッヒ

それから一九四七年までエーリッヒは毎月ドイツに宛てて二五単語を書くことを許された。戦争が終わり二年経った頃、ソ連は月に一回、五単語に削減した。ウーシュはエーリッヒが投獄されていた十年間に三五〇から四〇〇通の手紙を継続的に書き続けた。そのうち彼が受け取ったのは四〇通足らずだった。

一九四五年五月二十一日、彼の息子ペーター・エーリッヒが生まれたのを知ったのは一九四六年五月だった。この息子は戦後の苛酷な時代を生き延びられず、二歳九ヵ月で亡くなった。エーリッヒがそれを知るのはさらに一年後だった。一九五二年に最愛の父が亡くなったのを知ったのも一年以上経ってからだった。

こうして年がら年中、精神をすり潰され続けた。アメリカは朝鮮戦争に従軍した兵士の一部が中国人民解放軍によって不法に拘束されると、戦争の関わり方を限定的にするようになった。拘束されたアメリカ人の中には第二次世界大戦と朝鮮戦争で名を上げた空軍で最も有名な戦闘機エース、ウォーカー・M・〝バッド〟・マフリン大佐がいた。

学識と分析能力のあるマフリンは洗脳について自身の体験を第一級の著書『オネスト・ジョン』に記しており、この困難な時代においてアメリカ人に必読の書となるはずだ（＊2）。のちにマフリンはドイツでエーリッヒ・ハルトマンと会い、二人のエースは共産主義者による監禁について意見を交換した。両者は自国民が戦争捕虜を裁くのは間違っていると考えている。なぜなら文明化した西側諸国の一般市民は、共産主義者の収容所や人間を破滅させる方法がいかなるものか真に理解していないからだ。

ハルトマンとマフリンは時間と権力が与えられれば、共産主義者の戦術によってどんな個人であろうと人間性を破壊され得る、という点で同意した。勇気や忠誠心、愛国心が、こうした攻撃に対する十分な防御手段となる可能性は全くない。絶対に。影響力のあるアメリカ人はテレビの銃撃戦よりも深刻な出来事に遭遇したことがないにもかかわらず、不誠実な敵の支配下にある米軍兵士の行動規範を作成するのにふさわしいと思われている。自国の政府から直接の援助を受けられず、家族との連絡もしばしば絶たれる男たちは、本国から批判の的になる行為をするかもしれない。

戦争捕虜は状況次第で手紙を書き書類に署名し、自分に不利な内容のラジオ放送やテレビインタビューに応じる気になるかもしれない。こうした行為は弱さや不誠実さを示す明白な証拠にはならない。自分や愛する人の命を脅かされ、あるいは飢えを凌ぐための食べ物という一見つまらぬ物のために、そうした行為に手を染めたのかもしれない。

抑圧者に禁じられた戦術はなく、無力な捕虜に対するいかなる脅威も規則以上には考慮されず、捕虜の行動に影響を与えるような道徳心の発露や基本的な良識もない。それにもかかわらず、無防備な囚人は安全地帯の肘掛け椅子から抵抗せよと勧められ、そうしなければ祖国に戻って村八分にされるか、裏切り者として裁判にかけられるのだ。この本を書いている間も多くのアメリカ人が共産主義の影響下にあり、洗脳に関する一般的な概念を見直す時期が来ている。

大部分のドイツ人がソ連で経験した人間的な優しさは、収容所の近くに住む一般住民だけがもたらした。こうした人間同士の交流は内務人民委員部のサディストには苛立たしく不愉快だった。ドイツ人だろうと同胞のロシア人であろうと、人間的な感情を目にするのが耐えられなかったのである。

ドイツ軍が戦時中に占領したソ連の支配地域にある収容所は、内務人民委員部にとって大いに悩みの種だった。イリヤ・エレンブルグの宣伝活動にもかかわらず、これらの地域にいるロシアの村人は、昔からドイツ人には好意的だった。村人はかつての敵が投獄されたことに激しく憤慨し、ドイツ人とは常に友好関係を結んでいた。戦争捕虜と村人の取引や物々交換は、監視員（窮状するかつての敵に同情的な元前線兵士が多かった）を通じて行われた。

ドイツ人に届けられた赤十字の小包は大抵が期待外れだった。内務人民委員部が発送を遅らせたために食料は傷んでしまっていた。内務人民委員部の制約で、赤十字が囚人のために行う活動も縮小されて効果がなかった。ミュンヘンの伝道師ヘッケル司教（＊3）は、気まぐれな内務人民委員部の監視をよそに、ある特別な魔法で戦争捕虜に正当な荷物を届けた。これらの荷物の中身は戦争捕虜とロシアの村人たちとの活発な物々交換を支え、関わった者は全員が生活を豊かにした。ロシアの民間人とドイツ兵捕虜の物々交換や友好から生まれた良好な関係に内務人民委員部は激怒した。

看守にはかつての憎しみを呼び覚ますためドイツ人に対するプロパガンダが集中的に強化された。みすぼらしい囚人を、「お前たちの妻、姉妹、父親、兄弟を殺した男たち……彼らこそファシストの殺人者だ」と思い込ませた。内務人民委員部のサイコパスによってこうした思考を潜在意識に叩き込まれて、看守は敵意をむき出しにして職務に臨むようになった。

プロパガンダによって看守が身にまとったこの鎧は数日しか役に立たなかった。友情と普遍的な人間性が偏見や欺瞞に打ち勝ったのだ。看守の中にはこれに同調しない者もおり村人の怒りを買った。村人は看守をバカにして、捕虜は〝あなたたちと同じ〟ただの兵士で家には妻や家族がいると言った。

エーリッヒは何人かの若い看守かよく精神的に参っていたと語っている。

「プロパガンダで教え込まれたくだらない考えと、私たちと接触して呼び覚まされた気持ちの間に生じた内面的な葛藤は偽りのない涙を誘った。有刺鉄線の向こう側で短機関銃を手にして、自分たちが強いられている偽りの生き方に打ちひしがれていた」

「そんな兵士に私はよくこう言ったものだ。『なんで泣くんだ？　たった一時間のプロパガンダでまた敵同士になってしまった。君は愚かだ』。時には、その言葉が彼らを正気に戻すこともあった。こうしてプロパガンダを忘れてしまう。そんな奴らを憎めない。しばしば、私はそれ以外の感情はありえないかのようにロシア人を憎むことを期待された。だが、ソ連の刑務所で過ごした十年はロシア人と秘密警察の違いを教えてくれた」

ドイツ人捕虜が村人と接触しようと努力し、とても良い成果が得られたので、内務人民委員部は四週間ごとに収容所の看守を全員交代させざるを得なくなった。その後、収容所はかつてドイツが占領した地域からウラル地方に移された。その地域の村人はファシストの獣についてソ連のプロパガンダを存分に焚きつけられており、囚人が到着するとやつらの頭には角が生えているのではないかと半信半疑で見詰めた。それでも結局のところ接触がうまくいき、またもやプロパガンダによる歪曲よりも普遍的な人間性が勝利した。

時たまロシア市民との友好的な接触があったとはいえ、絶え間なく圧力をかけ人間性を奪う内務人民委員部の冷酷な計画を打ち負かすには不十分だった。ひとたび人々の間に亀裂が生じ始めると、内務人民委員部は村人をある程度は利用できた。ドイツ人捕虜の有用性は内務人民委員部の計画にどんな貢献ができるか、という点で考慮されており、彼らの知識や性格、仲間内での地位が大きくものをいった。

戦後の〝戦争犯罪〟という精神疾患は、元の人道に反する計画犯罪を罰することを意図した観念が、ソ連の権力下に置かれたドイツ軍兵士にことごとく適用されていたため発生したと見て取れる。そうした環境において内務人民委員部は圧力に屈した捕虜に、申し立てのあった戦争犯罪の目撃情報を執拗に聞き出そうとした。彼らは脅迫や懐柔、あるいはその両方で説得され、こうした犯罪容疑に関係した人名、場所、日付を明らかにした。その後は内務人民委員部の権力がいつまでも執念深く犯人に及ぶことになる。捕虜は自らの戦争犯罪を自白させられた。徴兵でソ連に送られたドイツ人が、内務人民委員部の歴史解釈で戦争犯罪人とされた。

ソ連の監獄という条件下で、内務人民委員部は真っ当な性格や経歴の持ち主を比較的容易に叩き潰せた。家族から何年も引き離された人々が、苦難を和らげ少しでも自由になるために何かをしても非難されないだろう。囚人仲間の不利な情報と引き換えに自由を与えるのは、一部の囚人には抵抗力を無化する誘惑だと証明された。密告者の存在が当たり前になり、ドイツ軍将校の集団でもそうした者が増えていった。

ソ連の刑務所を生き延びたドイツ人は、たとえ早く破局を迎えた者であれ概して寛容だった。彼らは皆、誰にでも抵抗が止む境界線があることを知っていた。そして、ほとんどは境界線の目の前まで行くかソ連側に超えていった。こうした姿勢は弱いから屈するのだというドイツ本土決戦当時の非現実的な視点とは明らかに対照的だ。これらについて最も騒々しく意見を述べているのは、戦争捕虜としてこの問題に直面しなかった者である。

内務人民委員部は西ドイツや他の注意を要する地域で特別任務をこなす並外れた能力があると見込まれる人物を必要としていた。そうした人物をソ連のため任務に就かせる過程は常に困難が伴った。ソ連の国外で諜報活動を割り当てるには才能、勇気、意志の力を備えた人物が理想的で、内務人民委員部の圧力に屈しない性格の持ち主が適していた。エーリッヒのような天性の指導者は、ソ連が望む最高の標的だった。

洗脳は脚色され誤って伝えられてきた。エーリッヒは十年以上も経験したその技巧について次のように書いている。

「共産主義者が囚人にかける主な圧力のうち、実際に洗脳で力を発揮するのは飢餓だ。人は飢えると、生き延びるための利己的な闘いを通して命以外のすべてが急速に消滅する。〝彼か私か〟という避けがたい自己保存の選択は仲間との絆をことごとく切り裂く」

「大勢の仲間に囲まれてはいるが個人は萎縮した精神の内にこもって孤立するようになる。無力で怯え、かすかな希望の光さえも断ち切られ、ますます狭まっていく限界の中で行動する。仲間や自分が産まれた文化との倫理的なつながり、学んだすべての事柄、法律、規則が自己保存という酸で溶かされる」

「こうして抵抗する力を奪われた個人が、無慈悲で非人間的な体制に立ち向かわされる。ほとんど崩壊は避けられなかった。こうして内務人民委員部は大半の捕虜に手を伸ばし、彼らをソ連の意のままにした。これが洗脳の現実だ」

エーリッヒは洗脳の現実に直面し、心の底で微かな影響を感じた。内務人民委員部と二年も容赦のない不利な戦いを繰り広げていた。それはいつか私たちも体験するかもしれない闇の力に等しい政治勢力との闘いである。この戦いで彼が受けた試練は現在とつながっている。すべての自由な人々が同じような問題に遭遇したらどうするか考えるきっかけになるだろう。

---

*1 ハルトマンは天性の言語学者だ。ドイツ語と同様に英語やロシア語、フランス語を流暢に話す。

*2 米海軍のロイド・M・ブッチャー中佐と拿捕された彼の情報収集艦「プエブロ」の物語は、おそらく洗脳の歴史における新たな章の始まりである。北朝鮮海軍に拿捕されたブッチャーと乗組員は、一九六八年一月二十三日に拿捕されてから十一ヵ月後に解放されるまで拷問を受けた。

*3 ヘッケル司教は収監されている人たちの需要を探るために、戦争捕虜の妻や家族に世論調査を行い、収容所の状況や移籍に関する報告をまとめた会報を配布した。彼の奉仕はすべてにおいてキリスト教徒にとって最上級の実践的な活動だった。

第十六章
戦争犯罪人

人間の歴史は私たちが考えるより単純かもしれない。
正義を唱えながら犯す過ちに集約される。
——ジョルジュ・クレマンソー

一九四七年に始まったエーリッヒ・ハルトマンを打ち砕く作戦で、内務人民委員部は主要な戦術として郵便のやり取りを阻害した。ウーシュが送り続けた手紙から情報を切り取り、エーリッヒを従わせるために冷酷なパブロフの条件反射のような効果を狙って餌が与えられた。彼は過不足なく我が家の情報を与えられて、人と接触したいという耐え難い欲求を刺激された。それ以外は何も与えられず、この残酷な作戦は二年も続いた。

内務人民委員部はエーリッヒに一連の戦争犯罪を告白する供述書に署名するよう求めた。もちろん、こうした〝告白〟は内務人民委員部が作成し、詳細はすべて捏造だった。彼らは虚構の犯罪でエーリッヒに自白を強要したところで、全くの見当違いだとは少しも気付いていなかった。どの官僚も署名され完結した文書にこだわるが、内務人民委員部にとって内容が有効か真実かは重要ではなかった。すべてのサイコパスが不合理なように、エーリッヒから真実を聞くよりも嘘の署名を望んだ。

可能な限りの圧力がかけられたが、エーリッヒは反撃に転じて二年間も卑劣な敵を寄せ付けなかった。不合理な人間に対して、合理的な議論で応えようとする者は、理性の探求に失敗する運命にある。彼らの住むひねくれた世界は、まともな者とは表裏が逆である。エーリッヒ自身の言葉を借りよう。

「ロシア人（私の場合、内務人民委員部のサイコパスを意味する）は、合理的な西洋教育を受けた人間には理解できない精神性を持っている。父親を殺し警察に自白すれば禁固二年になるだろう。盗みを働いてもそれは取るに足らない罪だ。何も盗んでいなければロシア人は笑うだけだ。だが、アメリカのシボレーがロシアのジス［旧ソ連時代の一九二〇年代から国務省の支援で設立された自動車工場Z－S（Zavod Imiemi Stalina）。ここでは主にトラックが生産された。その一方で少数ながら政府高官用の高級車も生産され、終戦後にはアメリカ車のパッカードに似たZ－Sモデルを製造している］より優れた車だと言おうものなら懲役二十五年になるだろう。スターリンやフルシチョフ、ブレジネフが悪い指導者だと言えば（その時点の指導者が誰であろうと）、絞首刑か無期懲役になる。刑務所にいる多くの仲間はソ連の教義に違反したロシア市民だった。彼らは常識と理性を持っていたが、内務人民委員部は世間から切り離した」

エーリッヒは内務人民委員部に潰されそうになった最後の九ヵ月間をほぼ地下壕で過ごした。彼がいたドネツ盆地のクテイニコフ・キャンプは、一九四三年夏に第52戦闘航空団第Ⅱ飛行隊第7飛行中隊が活動していた飛行場から一キロも離れていなかった。彼はそのクテイニコフ飛行場を飛び立ちソ連軍に捕まり、その後運よく逃亡した。一九四九年、そこには逃げ場がなかった。必要とあれば降参するぐらいならクテイニコフで死ぬつもりだった。彼は命をつなぎ止めるのに必要な日々のパンさえ拒み、ハンガーストライキを全うした。この方法で自殺するのもやむを得なかった。まだ二十八歳にもなっていなかったが、体力は限界だった。ソ連側は丸三日間、水も食料も与えなかった。

四日目の朝、地下壕の扉が開き二人の屈強な看守が彼を地下壕から引き出し収容所にある医師の部屋に連れて行った。がらんとした医務室でロシア人の衛生兵がテーブルの上に瓶やチューブを並べて待っていた。医師は看守に頷いた。

筋骨隆々とした腕がやせ細ったエーリッヒを掴み、腕を両脇に固定した。彼は医務室の片側にある簡易ベッドに引きずられていった。看守たちは彼の足を蹴り上げ、体を横にするため手足を固定した。彼は無力だった。医師は無表情で歩み寄り、エーリッヒの口にチューブを押し込むと、もう一方を黄色い液体の詰まったプラスチックの袋につないだ。

医師が袋を圧迫すると、エーリッヒは口の中に甘味が押し寄せるのを感じてむっとした。唾を飲み込んでチューブを外そうとした。看守の一挙手一投足に圧倒されたエーリッヒは窒息を避けるためその調合薬を飲み下し始めた。医師は袋を押し続けた。

「ハルトマン、卵と砂糖だ。食べなければならない。政治委員の命令だ」と医師は言った。

無理やり食物を与えられ地下壕に監禁されるという無慈悲な繰り返しが、さらに二十七日続いた。それが終わるとエーリッヒは希望を失い瀕死の状態になった。抵抗する力がなくなっても、食事の度に身動ができないようしっかりと押さえつけられた。二十七日目、内務人民委員部の政治委員が彼のいるじめじめした穴蔵を訪れた。

「エーリッヒ、エーリッヒ、何をしている?」彼はなだめるように言った。「君は若い。ここで飢えるな。モスクワから命令が出れば、お前を射殺するだけだ、分かってるか？　だが、我々は君を生かすよう命令されている。だから、これまでしてきたように無理にでも君を生かす」

エーリッヒは朦朧としながらロシア人の顔を見つめた。彼の体は亡霊のように衰弱していた。悪意と重圧に満ちた政治委員の表情が、霧の中で目の前に浮かんでいた。なだめるような彼の声がうっとうしい無意識の霧を突いて再び漂ってきた。そして今度は、究極の圧力をかけてきた。

「エーリッヒ、見ろ！　君の奥さんウーシュからの手紙が五通ある。五通だ。家や家族についていろんな報せがある。読みたいだろう。断食を止めさえすれば、この手紙が手に入る」

エーリッヒは政治委員がポーカーのロイヤルストレートフラッシュのごとく手の平に並べた手紙の束を凝視した。シュトゥットガルトの消印が見えた。それは彼の愛するウーシュの筆跡だった。この二年間、何の音沙汰もなかったが、ここにきて人の世界とのつながりが五つも前にぶら下がっていた。

何千人ものドイツ兵が千差万別な方法で苦しめられた、陰気で惨めなクテイニコフの地下壕で、エーリッヒは内なる底なしの虚無が増大し、膨張し、脈動し、遂には黒い潮流となって押し寄せるのを感じた。その瞬間、この世の地獄のような場所で、ウーシュ以外の誰からも見放されたエーリッヒは限界に達したと感じた。

苛まれた彼の魂は衰えた肉体の中でうずいた。抵抗は終わりだ。どれほど代償を払おうと、手紙を手に入れなければならなかった。二年間、天なる神よ、慈悲はなかったのですか？　こうして打ちのめされたまま自分が壊れる姿を見せて政治委員を喜ばせるわけにはいかないと決心した。残った力を呼び覚まし、答えを吐き出した。

「そのいまいましい紙に署名はしない。食事もしない」

骨と皮だけになってもなお反抗的なうなり声を上げる男を見て、信じられないという表情を浮かべながら政治委員は背筋を伸ばした。ウーシュの手紙をポケットに詰めると、彼は悪態をつきながら踵を返して歩いていった。しかし、地下壕の勇敢な男はやれることはやったと思った。

エーリッヒは気力と精神を使い果たし、地下壕の冷たい地面に身を沈めた。気がつくと、彼は暗闇の中でそっとすすり泣いていた。思わず嗚咽を漏らしたことは、彼が限界に達した何よりの証だった。だが、絶望の暗闇の中でも精神はまだ勇敢に闘っていた。

さらに二昼夜、彼は降参したい衝動に抗い続けた。ミルク、砂糖、卵を経口注入するために引きずり出された時、彼は内心喜んでいた。地下壕の暗闇にいると、悪意に満ちた政治委員の顔が目の前に浮かび上がる。あざ笑いながら突進してくる潜在意識の幻影の群れの中でひときわ際立っていた。

これまで抵抗してきた内務人民委員部の様々な抑圧者が、脳裏をよぎる幻影の行進に次々と加わった。彼は草原で行われた集団暴行の恐怖を追体験した。キーロフの沼地キャンプで経験したむしむしする死臭が、吐き気を催す波となり再び体内に充満するようだった。心の中で、彼を痛めつけたロシア人中尉の頭に椅子を繰り返し叩きつけた。内務人民委員部の制服を着た政治委員や顔のない幻影が彼の前で渦巻き、非難するように指差しながら「地下壕！」と叫んだ。「地下壕！　地下壕！　二十一日、四十日、六十日……。地下壕、地下壕、地下壕」

ようやく幻覚が消えると、彼は頭が不思議なほどすっきりして思考が早まり、穏やかで冷静になっているのに気づいた。今は身を守るために食べなければならない。餓死を優先したのは常軌を逸していた。愛するウーシュを一人残したままロシアで死ぬべきではない。彼女は待っている。見捨ててはならない。神だろうと人間だろうと何とかして故郷に帰るのだ。死ねば誰の役にも立たないが、生きていれば自分のためだけでなく、他人のためにも希望の火を燃やし続けられる。

彼は戦闘の日々のようにそっと独り言を始めた。「エーリッヒ、君はまず一番の敵である飢えを克服しなければならない。何をするにしても食べ物を手に入れよう。そして、神に誓って気持ちが失せないうちに手紙を手に入れて読んでみろ。そうすれば人生が違って見えるだろう」

まるでエーリッヒの思考に呼応するかのごとく、地下壕の扉が開いた。再び二人の屈強な看守が医務室まで護送する用意をして立っていた。彼は懸命に立ち上がり、震えながら地下壕を歩いた。脚がゴムのように感じられた。看守は彼を医務室に押し込み、強制的に栄養をとらせる前にまたもや羽交い絞めの準備をした。彼は弱々しく看守を振り払った。

「俺は食べる。自分で食べる。俺は……俺は……断食を止める」

医師は驚いて彼を見た。脂ぎった顔に満足げな笑みが広がり、彼はタバコを勧めた。

「よろしい。食べなさい。政治委員に伝える。看守が政治委員の事務室に連れていく」

医師は栄養チューブと空気袋を手に取り、苦々しげに見てから机の上に置いた。

「これはとんでもない食べ方だよ、ハルトマン。君がやっと理性に耳を傾ける決心をして嬉しい」

と言った。

エーリッヒは肘を看守に掴まれ、よろめきながら医務室を出て政治委員の部屋に向かった。七〇メートル歩くと肉体は限界まで追い詰められた。大量の汗をかき、激しく震えて倒れそうになりながら、政治委員の事務室に入ると椅子に座り込んだ。看守が厨房に行き、パンをブリキの皿にのせて帰ってきた。

エーリッヒは古くなったパンに飛びつき、塊を爪で引っ掻くと貪るように食べた。カップに入ったスープでパンをじっくり流し込んだが、手が震えてカップを持つのがやっとだった。それが豚の飼料に過ぎなかったとしても、食べ物がこれほど美味しかったことはなかった。腹が満たされていく感覚が錨のように作用し、眩暈が治まって手足の震えも弱まった。ゆっくりと活力が戻ってきた。

彼はハンガーストライキのような愚かなことは二度としないと秘かに誓った。心臓に銃弾を食らった方がましだ。

政治委員がウーシュから届いた五通の手紙を持ってきた。彼は封筒を開き、乾いたパンと同じように手紙の内容にのめり込んだ。ウーシュは元気だ。すばらしい！　家の詳細がアドレナリンのように押し寄せた。「花が咲いた……町で楽団の演奏会……エーリッヒの父と母は元気だった……新しいドレス」。ドイツ人の日常生活の些事に興味を掻き立てられた。まるで古代のピラミッドで発掘された文献に熱中する考古学者のように、それらの手紙を読みふけった。ウーシュは無事で銃後も心配ないと分かり、再び人生に耐えられる。この知らせは彼に食事以上の活力を与えた。彼は生まれ変わったように感じた。どんなことにも対処できる。

エーリッヒが五通の手紙を三度読み終えたところで手紙に影が差した。政治委員の薄暗い物々しい巨体が、彼の楽園に割り込んできたのだ。このロシア人はポケットから紙を取り出し、ペンと一緒にエーリッヒの前に置いた。

「ここに署名しなさい」と言った。

エーリッヒはいつもの子供じみた容疑の記入欄に目をやった。これに署名すれば有罪を認めることになる。彼は女性や子供を殺害、財産を破壊しソ連に甚大な物的損害を与えた、と書いてある。金髪の騎士は再び戦うのに十分な活力を取り戻した。ウーシュが元気だと分かればどんなことでも耐えられる。内務人民委員部の男に紙を突き返した。

「手紙を読んだから、もうこんな嘘を告白する必要はない」と言った。

ロシア人は顔をしかめた。

「食事を与え、自殺から救ってやったのに書名を拒否するというのか？」

「私が言いたいのは、その書類に署名しないということだけです。自分の言葉で書かれてもいない。それに、戦時中であっても、これまで女性や子供を殺したことはない。私は祖国の兵士であったことを恥じてはいない」

「警告する、ハルトマン。これは君にとって厳しい罰になるだろう。君は決して釈放されない」

エーリッヒはうさんくさい内務人民委員部の男の目を直視した。

「あなたは何年も同じことを言っている。自身の神であるレーニンの戒めにすら背いている。彼は戦争捕虜を戦後六ヵ月以上も留めておく国は文明国ではないと言っている。あなた方は私をロシアで五年も奴隷として拘束し、内務人民委員部の宣伝担当者がでっち上げた犯罪を自白させようとした。その忌まわしい書類に署名するつもりはない」

政治委員は怒りに満ちて紙を掴んだ。

彼は「この侮辱は償ってもらうぞ」と怒鳴ると、怒りで顔を真っ赤にして部屋を飛び出していった。

エーリッヒは再び手紙を読み返し、故郷からの甘美な便りに浸った。撃ち殺されても構わなかった。やつらは放っておけば良い。今日、手紙が彼の世界となり、活力に満ちたハーモニーを奏でた。

その後の数日間、ソ連側は彼がハンガーストライキを止めたのを喜んでいるのがはっきりした。エーリッヒは食事を求め続け、減った体重を少しずつ取り戻していった。強くなったと感じ、間もなく倒れる心配もなく歩き回れるようになった。内務人民委員部は彼が危機を脱したと分かるまで放ったままにしてから別の交渉を始めた。

看守は彼を政治委員の事務所に連れて行き二人きりにした。彼はタバコを勧められた。エーリッヒは受け取ったタバコに火を点けると、政治委員が手まねきした背もたれのある椅子に座った。

「エーリッヒ、我々は君の事例を見直した。そうとも、かなり徹底的に検討した結果、君に関していくつか新しい見解に達した」

エーリッヒは静かにタバコを吸いながら、目を泳がせて手をそわそわさせる政治委員を振り返った。内務人民委員部の連中が〝エーリッヒ〟と呼ぶ時、彼はいつも内心嫌な予感がした。まるで戦時中に敵に背後を突かれたような感じがした。彼はロシア人が意思を固めるのを待った。

「もちろん、君の若いご子息がドイツで亡くなってとても残念だ。運が悪かった。本当に運が悪かったよ、エーリッヒ」

「ソ連政府が父親を帰国させて面倒を見ることを許可していたら今も生きていたかもしれない」

エーリッヒは静かに返事をしたが、政治委員が明らかに不愉快な表情を浮かべたので、彼が囚人の信頼を得ようとして失敗したのが分かってしまった。政治委員は別の手を打った。

「エーリッヒ、君は二十八歳だ。まだ若い。戦時中、ファシストになるには本当に若すぎた。戦争に巻き込まれて戦いを強いられた……」

「兵士として勤めを果たしたにすぎない」

「もちろん。もちろんだとも。そして今、我々は君のために兵士として別の仕事を用意している。それは君の過去を消し去る助けになるだろう。そうすれば家族の元に帰れる」

エーリッヒは心臓が高鳴った。〝家〟それは崇高で比類なき言葉。

「俺のためにどんな仕事を考えてくれるのか？」とエーリッヒ。

政治委員は囚人の興味を呼び覚ましたことで元気づき身を乗り出した。

「ソ連は東ドイツ人民共和国空軍の近代化を支援している。我々は最新のソ連製ジェット戦闘機を供給しているが、多くの難題を抱えている」

「私の持ち場はどこだ？」

「エーリッヒ、新しい空軍を築ける経験豊かな指導者を見つけるのが主な難題だ。分かるか？」

エーリッヒは頷いた。

「戦闘機パイロットとしての記録はもちろん、収容所での経歴から君が指導者なのは分かっている……たとえ君がここで起きた反逆の首謀者だったとしてもね？」

緊張した面持ちで笑うロシア人だったが、ユーモアを交えた企みは不器用でエーリッヒに何の反応も呼び起こさなかった。金髪の騎士は無表情のままだった。

「東ドイツ空軍のために君が必要だ、エーリッヒ。すぐにこの仕事の準備をし、ここから出てモスクワで学校に通わせる。それで良いだろう。そうすれば東ドイツ空軍の将校か、空軍組織で政治的な仕事をするか望む方を選べる。君は私たちのために働かなければならない」

ロシア人将校は希望に満ちた眼差しで口説き文句を終え、期待を込めた表情でエーリッヒを見つめた。金髪の騎士はゆっくりと首を振った。政治委員の顔が強張った。

「この提案が気に入らないのか?」と彼は言った。

「航空機、顧問、政治、どんな仕事の話でもする前に、まず私を自由にして西側の家族の元に送るべきだ」

うつろな表情を浮かべるロシア人にエーリッヒは一層落ち込んだ。

「私が西側の家に戻ってから、あなたがまともな契約を申し出れば良い。世界中で日々結ばれているような契約をね。あなたの申し出を気に入って受け入れる気になったら、戻ってきて契約に従い仕事をする。だが、強要するなら死に物狂いで抵抗する」

政治委員は悲しそうに首を振った。

「エーリッヒ、それは残念だ。だって、もう二度と家族に会えないから」

政治委員の悲痛な表情は真に迫っていた。エーリッヒはロシア人が涙を流すのを半ば期待した。エーリッヒを引き付けたいという彼の期待は大きすぎた。ロシア人が机のボタンを押すと二人の看守が部屋に入ってきた。彼はロシア語でこの囚人を兵舎に連れ戻すよう命じた。エーリッヒがドアを開けて出て行こうとすると、この尋問の最後に政治委員はより一層内務人民委員部らしい脅しをかけた。

「ファシストの盗人め。今度こそ我々と組まなかったのを本当に後悔するぞ」

エーリッヒはたちまち安堵した。内務人民委員部が彼を〝ファシストの盗人〟や〝資本主義の人殺し〟と呼ぶ時は、自分が正しい道を歩んでいると分かっていたからだ。それが内務人民委員部の真の姿だった。彼らが良い若者だとかエーリッヒと呼んでタバコを勧める時は用心するようになった。

その後間もなくドイツ人捕虜の大量輸送が始まった。エーリッヒがいるクテイニコフには一四〇〇人のドイツ兵がおり、数週間以内に三分の二以上が本国に送還された。内務人民委員部が脅したとおりに、エーリッヒは送還組から外された。多くの者が家路につくのを表向きは喜んだが、内心では自分がその中にいないことに心が痛んだ。その理由はすぐに分かった。

数日後、大規模な捕虜の移動が終わると政治委員が武装した看守を連れて兵舎にやってきた。軍曹が静かにしろと怒鳴る。政治委員がベンチの上に立ち、ソ連政府の声明を読み始めた。その内容はロシア人女性や子供たちへの残虐な殺害、ソ連資産の破壊、それに扇動者として知られるエーレンブルク流の暴言などに関する論争や主張だった。そして政治委員は名簿を長々と読み始めた。〝エーリッヒ。ドイツ空軍少佐、ハルトマン〟もその中にあった。そして爆弾が落とされた。

「……上記のドイツ人捕虜は全員がこの日付をもってソ連政府の命令と司法の決定により、戦争犯罪人として有罪判決を受けた。これらの捕虜は戦犯としてジュネーブ条約と国際赤十字の保護を剥奪され、これ以降ソ連の法の下、犯罪者として扱われる。これにより以上の戦犯全員を二十五年の重労働に処する」

囚人たちから落胆のどよめきが起こった。政治委員に向けて威嚇するような動きは看守がライフルの撃鉄を起こして阻止された。軍曹が静かにするように怒鳴り、政治委員は再開した。

「戦犯は数日以内、個別で罪状についての正式な文書を受け取る。以上だ」

エーリッヒに対する政治委員の脅しは空約束ではなかった。

その後数週間、囚人はソ連の軍事裁判官の前を行列させられ、それぞれ罪状の一覧表を示された。エーリッヒの名前が呼ばれ、他の〝戦犯〟四人と収容所の門外にある粗末な木造の建物まで行進させられた。出入り口には巨大なソ連国旗がだらりと吊り下げられ、歩哨が看守と囚人の通行証を確認した。

いわゆる法廷では粗末な木机の向こうに薄毛で太鼓腹、のっぺりした顔のロシア人軍事裁判官が座っていた。エーリッヒに渡された告発状には、すでに「二十五年の重労働」と判決が書かれ裁判官の署名もあった。おそらく五十人ほどのロシア民間人の集団が法廷に座っており、ソ連の法組織の活動を見守っていた。名前を呼ばれたエーリッヒはベンチに歩み寄った。

「私が戦争犯罪で告発された具体的な理由を知りたい」とエーリッヒは言った。

判事は目を丸くして彼を見た。

「黒い悪魔、ハルトマンだね。偉大なパイロット、そうだな？　重大な戦犯だろ？」

「偉大なパイロット、そうかもしれないが戦争犯罪人じゃない」

判事はエーリッヒの書類を開いてそこにある索引をぶっきらぼうに人差し指で差した。

「これだけでも君が戦争犯罪人なのは明らかだ」

彼は探していた項目が見つかるまで書類をパラパラとめくった。そしてエーリッヒを見上げて誇らしげに言った。

「罪状1、君はソ連に対する違法かつ残忍で、いわれのない攻撃に参加し、少なくとも三四五機の高価なソ連軍機を含む軍事物資を大量に破壊した」

判事は判決の執行に興奮していた。

「罪状2、一九四三年五月二十三日、君はロシア戦線の中核地域でパン工場を攻撃した。攻撃前、その工場はソ連国民のために毎日一六トンのパンを生産していた。攻撃後、工場は一トンしか生産できなくなった」

判事は少し間を置いて、エーリッヒを睨みつけた。

「罪状3、ブリャンスク近郊の村で君は女性や子供を含む七八〇人のロシア民間人を殺害した」

エーリッヒはもはや自分を抑え切れなかった。

「私はこれらの告発に対して弁明できますか?」

判事は冷笑した。

「もちろん。我々はファシストではない。ここには正義がある」

「私はあなた方のパイロットがドイツ軍機を撃墜したのと同様に、ドイツ軍兵士としてソ連軍機を撃墜した。それが私の義務であり〝戦争犯罪〟ではない」

「パン工場の破壊については？」

判事は指の爪をぼんやりと削り取っていた。エーリッヒは信じられない思いで首を振ったが弁明を続けた。

「私はどんなパン工場も銃撃や爆撃をしたことはない。その建物はどこか？」

判事は退屈そうにため息をついて書類を手短にかき回した。

「スモレンスク近郊の村だ」と言った。

「でも、私が任務に就いていたどの場所の近くでもない。それは第54戦闘航空団の担当地域だった。私の第52戦闘航空団は戦線南部の地域にいた」

判事は承知しているかのように頷いた。

「ああ、そうだとも。戦犯はみんな犯罪が行われた時はよそにいた。あるいはそう言うんだ」

エーリッヒは頑なに弁明を続けた。

「罪状3はまったくのでっちあげだ。子どもはおろかロシアの民間人を殺したこともない。どうして正確な数字がわかるのか？　私はブリャンスクの近くにいたことはない。民間人をそれほどの規模で虐殺したなど、どうしたら私を告発できるんだ？」

裁判官は真顔で再び書類に入れ込んだ。

「ハルトマン、我々は君を責めているだけじゃない。君がやったと証明する。ここには正義がある。ここでは我々が正義だ。ソ連の司法制度では無実の人間は刑務所にいない」

「それなら、私がどうやって七八〇人の民間人を殺したのか証明しろ。私は兵士が乗った軍用機と空中戦しかしていない」

判事は少し身をよじった。彼は小槌を手に取り、部屋で席に付いていた民間人たちに向かって振った。

「そいつらを外に出せ。法廷を空にしろ。彼らはこうした戦犯を十分に見てきた」

看守が傍聴人を追い出す間、裁判官は再び書類をじっくり見た。彼らが立ち去ると裁判官は顔を上げて話を進めようとした。

「さて、ハルトマン。君のMe109戦闘機が搭載していた弾薬の数を知っているか？」

「いや、正確には。機銃二丁にそれぞれ三〇〇発、二〇ミリ機関砲に一五〇発ほどだ……」

裁判官は書類を読み続ける。

「……彼の航空機に搭載された一一二〇発の銃弾で、ハルトマン少佐は無垢のロシア市民七八〇人を残酷に殺害した……」

この不条理な独演会にエーリッヒは割り込んだ。

「だが、私が撃ったのは空中にいたソ連軍機だけだ。それが分からないのか？」

裁判官は頷く。

「それは理解している。完璧に。しかし、君が撃った銃弾がすべて航空機に向かったわけではないのを理解していないようだ。地上にも落ちた。そこで罪のない民間人を殺した。それが七八〇人だ。君の戦争犯罪を証明するのがいかに簡単か分かるか？」

エーリッヒはあまりにも無意味な手順にあきらめ顔で微笑んだ。裁判官は爆笑した。彼が頭を逸らして大声でどよめくと、二重あごがゼリーのように揺れた。そして急に冷静になり金髪の騎士に指を向けた。

「すべてが政治的な思惑で動いているとは気付かないのか？　ハルトマン。なぜ彼らを法廷から追い出したと思う？　君は彼らがいない状況で自分を弁護しようとしているんだ。さて、君は賢い男だ。モスクワから君について指令が来ている。我々が渡す書類に署名すれば、家族のいる西側に行ける」

「それから何だ？」

「西ドイツに早く行けるように手助けする。後日、君が適切な地位にいれば連絡する。我々は西ドイツ政府にかなり大きな影響力をもっている」

「そうしなかったら？」

「私たちのために働かなければ、ここからは出られない」

「あなたが申し出た選択肢は不愉快だ。その書類に署名すれば、あなたは私を投獄したり、自国で同胞を撃たせたりする手段を得る。署名しなければ私を閉じ込めておくんだ」

「完璧に理解しているな」

判事は太い指で机を叩きながら答えを待った。

「今後一切署名はしない。すぐに私を撃ち殺せ。死ぬのは怖くない。銃弾を食らわせろ」

異端審問官が拷問器具の蝶ネジを回す時のように裁判官の顔が陰鬱になった。彼は小槌を荒々しく打ち下ろした。

「戦犯！　二十五年の重労働だ。連れて行け」

こうして、金髪の騎士はますます迫害者の支配下に沈んでいった。

数週間後、シュトゥットガルトの地元紙はエーリッヒ・ハルトマンが戦犯の判決を受けたと報じた。ウーシュの母親は娘が新聞を広げてじっと考え込んでいるのを目にした。新聞の黒い活字に挟まれた写真には戦時中に写された飛行服姿のエーリッヒが微笑んでいる。勲章に装飾されたダイヤモンドはしっかりエアブラシで消されていた。ペーチュ夫人はウーシュがこの記事を読む瞬間を恐れていた。

ペーチュ夫人は優しく娘に腕を回して慰めようとした。ウーシュは聖母のように悲しげな笑みを浮かべた。

「彼を待ちます、お母さん。待っています」

「でもウーシュ、二十五年だよ。エーリッヒは六十歳を超えるでしょ」

「そんなに長くかかるなら、それこそ何歳になるか分からない。七十歳までかかるかもしれない。

でも、彼が帰ってくる時まで待ちます」

抑留されていた時期のエーリッヒに向けられていたのは、そんな愛だった。

第十七章　シャフティーの反乱

人は幻想を抱かずに悪と直面できなければ、それが正当なものかどうか分からず、効果的に戦うことができない。

――ジョージ・バーナード・ショー

戦争犯罪人という立場はジュネーブ条約に基づく権利をエーリッヒから跡形もなく奪い去った。それはロシアにいるドイツ人捕虜が唯一頼りにできる権利の源だった。それを、内務人民委員部はほとんど無視するか、しばしば露骨に軽んじた。エーリッヒは母国や捕虜仲間を裏切ってまでソ連のために働くことを良しとしない反抗的なドイツ人と運命を共にした。ソ連の法律（当時のエーリッヒ・ハルトマンにとって唯一効力がある）から見れば、もはや彼は兵士でも捕虜でもなかった。これ以降、彼はドイツ人の〝戦犯〟として扱われ、一般のロシア人犯罪者や重罪人と共に収監されるのだ。下された判決は重労働二十五年だった。

しかし、どんな結果になろうとも、エーリッヒは不当に犯罪者扱いをするソ連に屈しないと決めた。奴隷労働が待つシャフティ収容所に向かう列車が南に向かう途上、彼は空中戦や過去の深刻な試練の時と同じく静かに独白した。

「エーリッヒ、自分以外に誰もお前の権利を守る者はいない。こうして、ここの奴らはお前を打ちのめそうとする。彼らはお前を孤立させ、内と外から重圧に耐えられなくさせる。エーリッヒ、命を懸けて抵抗しなければならない」

このような心持ちで列車を降りたエーリッヒは、他の者たちと一緒に、不快な石造りの家屋と兵舎、あるいは鉄条網や看守からは逃れられない憂鬱なシャフティ労働収容所に向けて行進した。彼に課せられた最初の重労働は数キロ離れた炭鉱の坑内作業だった。囚人が足を引きずりながら収容所の門を通り抜ける時、エーリッヒは頭上にあるピンと張られた旗を見上げた。

「我々の労働がソビエト連邦を強くする」

ソ連を強大化させる手助けすれば、その支配から抜け出せなくなるだろうとエーリッヒは考えた。そう思って彼は抵抗の意志を固めた。彼らの奴隷になるぐらいなら飢え死にする。内務人民委員部はまたもや食事を強要するだろうが、ソ連の奴隷にはならない。

近年、朝鮮半島やベトナムで赤軍に捕えられ、苦渋をなめている米軍兵士が、アメリカで滑稽な娯楽ネタとして利用されている。以前、ジョージ・バーナード・ショーが指摘したように、人を監禁するのは極悪非道な残虐行為なのに、くだらないテレビドラマにおいては、捕虜の生活は楽しいゲームの連続として描かれている。

国によって戦争捕虜の扱いはさまざまだ。アメリカ人捕虜はドイツでは概ね良い待遇を受けたが、日本では餓死寸前に追い込まれることもあった。アメリカやカナダのドイツ人捕虜は、甘やかされたわけではないが、十分な食事と衣服を与えられた。そして戦後、永住するため北米に戻った者も多い。

それとは対照的にロシアのドイツ人は魂を売る以外に道はなかった。脱走は不可能で、規律は非常に厳しく囚人は他の人類から文字どおり隔離されていた。したがって、シャフティの日常において抵抗の意志を示すには、とてつもなく強い動機が必要だった。

シャフティでの初日、囚人は薄汚い兵舎を追い出され外に整列させられた。彼らは炭鉱で働くため行進した。他の者が動き出したが、エーリッヒはじっと立ったままだった。

「幸運を祈る、ブビ……」。十二時間に及ぶ地下の過酷な労働を目前にして、よろよろ歩く囚人の列から誰かが声をかけた。

そこには兵舎の前にしなやかな金髪をなびかせて立つエーリッヒの姿があった。看守が隊列に停止を命じた。肉付きの良いロシア人がエーリッヒに歩み寄り、腹にライフルを突きつけた。彼の青い目は看守の顔をまんべんなく見回した。

「動け！」と看守が怒鳴る。

エーリッヒは静かに応えた。

「私はドイツ軍将校なのでジュネーブ条約の規定では働く必要はない。だから働かない」

「働くんだ」。ロシア人はエーリッヒの腹に銃口を食い込ませながら言った。

「収容所長に面会を要求する」

看守が大声で軍曹を呼ぶ。短足で太った丸頭のスラブ系の男が重い足取りでやってきた。

「どうした？」と彼は言う。

「軍曹、この囚人が働かないと言っています」

軍曹は信じられないといった様子でエーリッヒを見つめ、顎を突き出して歩み寄った。

「なぜ働かない。病気か？」

「いや、私は少佐で将校だから、ジュネーブ条約によれば働く必要はない。収容所長に会いたい」

軍曹は少し後ずさりした。

「ここでは上品な規則なんか意味がないのは分かっているだろう。我々は皆、ソ連を強くするために働いている」

涼しげな青い瞳がしっかりと見返している。

「分かっている。だから仕事に行かないんだ。私は不器用だ」

軍曹は固唾を飲んだ。何ということか、金髪の男は軍曹を説き伏せた。

「分かった。所長の元に連れていこう。だが、こんなことを始めて後悔するなよ。来い」

看守が他の囚人を鉱山に向かわせると、埃っぽい収容所を横切り、軍曹はエーリッヒを所長の事務所に連れて行った。軍曹は補佐官に近寄り耳元にささやいた。軍曹から兵舎前の様子を聞いた補佐官は険しい目でエーリッヒを見た。補佐官は持っていた書類を置き、所長室の扉を静かに叩いて中に入っていった。

閉じた扉越しに興奮した話し声が断片的に聞こえてくる。エーリッヒはまたしても内務人民委員部と対決するのかと思った。彼らが弄する弁証法的な仕掛けを、すでに経験済みなのは救いだった。彼らの思考は直線的で、人との接触はうわべにすぎない。所長室の扉が開いて補佐官がエーリッヒを手招きした。

所長は大佐で、ずんぐりした事務畑の男だった。彼は優しそうな面持ちをいくぶん残しながらエーリッヒを冷ややかに見つめた。

「ハルトマン、仕事を拒否するとはどういうことだ？」

「ジュネーブ条約によれば私は将校だから……」

「君にジュネーブ条約は関係ない。戦争犯罪で有罪判決を受けた。君の書類を見たよ。情け深いソビエトの司法は君を生かしている。生きて働けるのを喜ぶべきだ」

「大佐、五年以上も前にあなたの国は戦争に勝った。私は敗戦国の空軍将校であり、いかなる犯罪者でもない。あなた方のレーニンは捕虜を六ヵ月以上も拘束する国は帝国主義的で退廃的だと言っている」

大佐は驚いて眉をひそめた。

「ハルトマン、レーニンの著作を知っているのか？」

「知っている。全部読んだ。他にも、彼は国が戦争捕虜に労働をさせるのは寄生的な行為であるとも言っている」

大佐はすっくと立ち上がった。レーニンを持ち出すのはもう十分だろう。

「労働を拒否するのか？」

「断固として断る。このような収容所の状況を調査するため国際法廷の設置を要求する。さもなければ銃殺しろ。私は労働の代わりに処刑を望む」

大佐が机のボタンを押すと補佐官が現れた。

「労働を受け入れるまでこの囚人を独房に入れておけ。地下壕に連れて行くんだ」

武装した看守がやってくると、大佐は事務所から連れ出されるエーリッヒを無表情で見ていた。

シャフティ収容所の掩体壕は門にある守衛所の後方に位置する小部屋だった。そこには鉄条網の内側にある重い扉を開けて入る。再び独房の漆黒の闇に覆われて、エーリッヒは自分の中に湧き上がる絶望的な感情を抑え込んだ。暗闇と孤独の中で唯一の慰めはウーシュに思いを集中させることだった。彼女に意識を集中させてヴァイル・イム・シェーンブッフでの良識と愛に包まれた幸せな日々に身を委ねた。故郷への思いが彼の意志に力を与えた。日が経つにつれ、これまで放り込まれたすべての掩蔽壕と同様に、ここでも何とか生き延びられると思うようになった。

エーリッヒと一緒にシャフティに送られたドイツ人の〝戦犯〟は、鉱山で奴隷のような一日を終えて暗い気分になっていた。労働は殺人的に過酷で、作業条件や設備は原始的だった。食事は一日の労働分には足りず、命をつなぎ止めるのもやっとだった。疲れ果てて陰気な寄宿舎に戻るとエーリッヒの姿がなかった。看守の軍曹が金髪の騎士は地下壕にいると告げた。

エーリッヒが処罰されたという知らせは、焚火にガソリンをかけたがごとく燃え広まった。すでにボロボロだった囚人たちの怒りは制御不能になった。兵舎では怒号が飛び交い、看守は捕虜を制圧するため出動した。反乱もささやかれた。何日経ってもエーリッヒが兵舎に戻らず、鉱山の苦役で疲労が蓄積した囚人の怒りは発火寸前にまで高まった。

五日目の夜、彼らが炭鉱から兵舎に戻る途中、足早に守衛所の前を通り過ぎていると、壕の扉が半開きになっていた。中には手足を椅子に縛られたエーリッヒ・ハルトマンがいた。二人のがっしりした看守が立ったまま、一人はエーリッヒの髪を後ろから引っ張り無理やり口を開けさせ、もう一人が喉に食べ物を詰め込んでいた。この屈辱的な光景は疲れ果てていながらも、くすぶっていた囚人の憤懣を極限まで高めた。

翌朝、集合の警笛が鳴ると一〇〇名の囚人が怒号を上げた。自分たちが本当は何をしているのか理解しないまま激怒する囚人たちが兵舎を飛び出し、看守を威圧した。荒れ狂う暴徒は収容所の庭を横切って所長室に押し寄せた。事務所の扉が勢い良く開き、薄汚れた群衆に荒々しく摑みかかられたロシア人の大佐は恐怖で目を見開いた。

椅子に縛り付けられたエーリッヒは、地下壕の扉を激しく叩く音を聞いた。反乱が起こったのをうっすらと感じたのはそれがきっかけだった。誰かが「出してやる」と大声で叫び、斧で扉を打ち壊す。さらに乱打すると手が入るほどの大きな穴が開いた。やせこけた腕が突き出して鍵が外された。

汗だくで興奮した二人の囚人が息も荒くろくにしゃべれないまま、地下壕に飛び込んできた。

「我々は収容所の職員全員を監視している。君は自由だ。反乱だ」

拘束を解かれたエーリッヒは立ち上がり、脚と腕をこすって血の巡りを良くした。日差しが目に痛い。他の捕虜二人が彼を地下壕から運び出した。外に出る時に地下壕の看守であるルーマニア人捕虜とすれ違った。二人の捕虜はニヤニヤしながらこの看守を独房に押し込み、素早く椅子に縛り付けた。

「見ろ、地下壕がお似合いだ」と一人が叫んだ。

重い扉が閉まるバタンという音を聞いたエーリッヒは、騒然とする中で暗闇の穴蔵から解放されたことを静かに感謝した。

エーリッヒが所長室に向かうと、大勢の興奮した捕虜が建物の外をうろついていた。収容所の指揮系統は大佐と二人の少佐、十六人の看守、女医一人で構成されていた。ヴォルフ大佐とプラガー中佐のドイツ軍将校二名が反乱を起こすのに大きな役割を果たしたが、いずれも今やエーリッヒが指導者の地位につくことを望んだ。彼らはエーリッヒのために反乱を起こしたのであり、彼が引き受けてくれるものと期待した。

所長と二人の少佐、それに女医はいささか驚いた様子だった。彼らは捕虜が反乱を起こす原因となった男に命を奪われると思ったのは明らかだ。だが予想は外れた。

「全員を解放してやれ。どんな方法であれ誰も傷つけるな」とエーリッヒは言った。

勝利に酔いしれる捕虜は、ロシア人の囚人も解放した。また、彼らは憎むべき密告者を何人か捕まえて打ちすえた。収容所内の騒動を聞きつけた一部のシャフティ住民が刑務所の門までやってきた。ロシア人の囚人は何とか門を出たが、ドイツ人は躊躇った。

バブーシュカ（スカーフ）を頭に巻いた年配のロシア人女性が、躊躇うドイツ人に外から手招きした。

「出てきなさい！　出られるうちに出てきなさい。連れ出してあげるから。出てきなさい！」

その気になった捕虜の何人かが門に向かってゆっくりと歩き始めた。エーリッヒは所長室から全力疾走し、彼らの前に両手を広げて立ち塞がった。

「止まれ！　ここにいろ！　誰も外に出るな」

「なぜだ、ブビ、どうして？」。捕虜に少し動揺が広まった。

「外に出れば逃げることになる。ソ連には規制があり銃もある。五キロも行かないうちに、犬みたいに撃ち殺されるぞ」

「じゃあ、どうすればいいんだ？　どうするか教えてくれ」

エーリッヒは「俺たちはこの収容所に残る」ときっぱり言った。「俺たちが上層部に連絡すれば誰か来なければならなくなる。何が問題か伝えて物事を正す。だけど、外に出れば殺される」

捕虜の叫び声はつぶやきに代わった。彼らは門に向かうのを止めた。門の向こうから自由が手招きしており、それが彼らを死ぬほど苦しめた。彼らは危うい決断の狭間で躊躇っていた。群衆の間から叫び声が上がる。「エーリッヒの言うとおりだ。外に出たら殺される」。エーリッヒが大惨事を未然に防いだことを告げるように、同意の声が響き渡った。

エーリッヒは「来るんだ。所長を捕まえて本部に電話させよう」と言った。

捕虜は了解の歓声を上げ、全員が所長室に向かって歩き出した。そこは門に殺到しなかった捕虜でごった返していた。エーリッヒは群衆を肩でよけながら進んだ。

事務室に連れてこられた所長の太った顔には、信じられないという思いと警戒心が滲んでいた。このロシア人将校は無精ひげを生やしたやせっぽちの男たちを両脇に従えて自分の机に座っており、その向かい側でエーリッヒが笑みを浮かべていた。

「大佐、席についてください。上層部に電話して、ここで何が起こったか伝えてほしい」

大佐は肩をすくめて、「彼らは兵士を送り込む。おそらく君たちの大半を撃ち殺すだろう」と言った。

その青い瞳は冷たく冷静だった。

「大佐、そうは思いません。すぐに電話をして何が起こったか伝えてください。上層部はどこですか？」

「ロストフ」と言って大佐は電話を取った。

彼は、司令官につないでくれと頼んだ。エーリッヒは司令官が「はい？」と尋ねるのを聞いた。

「司令官、こちらはシャフティ収容所の所長です。こちらのドイツ人捕虜が反乱を起こしまして……」

電話の向こうで喚き声がして質問の嵐になった。ようやく所長が一言口を挟んだ。

「いいえ、将軍。将校や職員全員だけでなく私も捕虜に拘束されています……いいえ、私たちに被害はありません、将軍。捕虜のハルトマンがあなたに話があると言っています」

エーリッヒは電話を取った。彼の堪能なロシア語がこんな場面で役に立った。

「司令官、この収容所は非常に劣悪な状況だ。私は犯罪者や奴隷として労働させられるのを拒否した。だからこの反乱は主として私に責任がある。私たちの兵舎は管理運営が最低で、食べ物は豚も食わない。こんな状況で一日十二時間も地下で労働したら皆死んでしまう」

「どうしろと言うんだ？」。司令官は厳しい口調で言った。

「モスクワの政府関係者に視察に来てもらい、国際法廷にもこの状況を見てもらいたい。私たちは何とか事態の改善を望んでいる」

「それでどうなるかはいずれ分かるだろう、ハルトマン。それまで所長と職員に何かあったら君に責任を取らせる」

　エーリッヒは仲間にニヤリと笑った。

「司令官、心配無用。我々は皆、紳士だ」

　電話を置くとエーリッヒは仲間たちに向き直り、「すぐに何かあるだろう」と言った。

　二十分もしないうちに、ざわめきとエンジン音を轟かせたソ連軍のトラックが収容所の門に到着した。歩兵中隊と思われる約二〇〇名が、トミーガンとトラックに積んだ大砲で完全武装して門の外までやって来た。これを見たロシア人の一般市民が騒ぎ出し、彼らは自国民であるソ連軍兵士にヤジや罵声を激しく浴びせた。

「なぜこの人たちをここに拘束しているのか？」

「仲間のところに帰らせてあげよう。みんな家族がいるんだ」

「恥ずかしい」

　ソ連軍兵士はロシアの人々が感情的に捕虜の味方をしていると理解した。

　エーリッヒと仲間たちはゆっくり歩きながらソ連軍の歩兵が戦闘態勢に入るのを見張った。エーリッヒは門のすぐ近くまで歩き、金網の向こうでみすぼらしい格好の捕虜に火力で対峙しようと整列しているソ連軍歩兵に叫んだ。

「ロシア兵よ！　俺たちが金網のこちら側にいるのは、かつて君たちと同じ兵士だったからだ。命令に従って戦争で戦い、負けた。俺たち捕虜は兵士だったんだ」

金髪の騎士の応援団と化した一般市民が彼をさらにけしかけた。

エーリッヒは続ける。「君たちロシア兵もいつか金網の中に入るかもしれない。どうして俺たちにこんなことをするんだ？」

彼は前に何歩か進むと粗末な囚人服の上着を脱いで胸を露わにして、両腕を大きく広げた。

「撃て！　こちらは撃ち返せない」と叫んだ。

その後、ロストフから司令官が到着したのを合図に、神経質になっていた歩兵は分隊を組むと安心して門をくぐり、ドイツ人の群れを兵舎に追い返した。ロシア人はシャフティでの作業をすべて五日間停止し、反乱を沈静化させ、モスクワから人民委員がやってくるという噂を流した。六日目にソ連側がエーリッヒに目的を明かした。

ライフル銃を持った看守がエーリッヒを金網の外にある司令官室まで案内しにやってきた。ヴォルフ大佐とプラガー中佐も兵舎から連れてこられた。司令官は軍服姿で席に戻っていた。

「ハルトマン、我々はこれ以上ここで反乱を起こさせない」と彼は言った。

「大佐、なぜ私を呼んだのですか？」

「政治家たちは君たちの反乱を調査した。彼らは君が他の捕虜に影響力を持ちすぎていると考えている。君はファシストで首謀者なうえに革命家でもある」

「じゃあ、どうするつもりだ？」

「我々は君たちと捕虜との関係を断つつもりだ。扇動者は他の収容所に送られるだろう。君とヴォルフとプラガーはこの計画の一環としてノヴォチェルカスクに行く」

「この収容所の状況や裁きについては？」

「ハルトマン、いくつかは変更されるが、君はそれを見届けられないぞ。ここには置いておけない。ノヴォチェルカスクでは反乱の罰として再び地下壕に入れる。ここの仲間には君が撃たれてこの世から消えたと告げる。それは地獄の恐怖を彼らに植え付けるだろう。以上だ、ハルトマン」

その後、エーリッヒが送られたノヴォチェルカスクの監獄で過ごした九ヵ月のうち五ヵ月は地下壕に収容され、その間は再び手紙が途絶えた。度重なる彼の要請に応えて、ソ連側はこの事例を検討するため特別法廷を設置し、彼を出廷させた。モスクワから来た司令官に、四人の大佐と二人の少佐、それに秘書官を加えたでっち上げの法廷が開かれた。

エーリッヒがせいぜい枝葉の問題だと考えていた事柄に、ロシア人は繰り返し言及した。彼らはエーリッヒがシャフティの一般市民を扇動して、ソ連政府に対する反乱を起こさせたと非難した。法廷がこの根拠のない主張に取りつかれているのは明らかだ。エーリッヒは共産主義者の不合理な精神性により、またしても無益な膠着状態に陥っているのが分かった。彼は最後にソ連の司法に関する自分の経験を要約して述べた。

「あなた方の政府は信頼に足る証拠もなく、それどころか真に文明的な国なら耐えがたいと思われるような証拠で私を戦争犯罪人として有罪にした。ジュネーブ条約や人間が野蛮人になるのを防ぐあらゆる良識をあなたたちは無視した。私からつつましやかな権利を奪い、ありもしない事のために奴隷として二十五年の刑を宣告しようとしている」

「私が抵抗するのは国際法廷で調査をしてもらいたいからだ。私の責任だと世界に知られても怖くはない。あなた方は、私が何ヵ月も独房に監禁されたあげく死んだという話にするのだろう。今日の世界であなた方の政府は話し合いで平和を求める一方、六万人かそれ以上のドイツ兵を支配下に置き、先の大戦を終わらせようとしない。ソ連の将校たちよ、いつか君たちも同じ扱いを受けるかもしれない」

「あなた方は劣等感と愚かさをもって世界と戦っている。シャフティで起こった市民の反乱については、私は市民に対して政府に反抗するよう一言も言ってはいないが、実態はおそらくあなた方の言うとおりだろう。。いつか皆さん全員が心の中にある何かと向き合わなければならない日が来るだろう。反乱に参加した彼ら次第で、私は今日自由になっていたかもしれない。あなた方は同胞を恐れるべきだ。いつか彼らは、あなた方とあなた方が正義と呼ぶものに終止符を打つだろう。その時には神のご加護を」

この朴訥とした非難に法廷は動揺したが、エーリッヒが話し終わると彼らは互いに顔を見合わせて頷いた。公正をあざ笑うかのようなこの法廷が開かれるずっと前から、彼に下される評決は決まっていた。

「二十五年の重労働。明らかに国際ブルジョアジーの一員である」

こうして、ドイツにいる妻と両親も、エーリッヒと同じ試練を受けることとなった。彼の母親はソ連の高官に手紙を書いてエーリッヒを安全に釈放させようと、哀れなほど絶望的な試みを繰り返した。このような状況で母親が感じた心の痛みの一端を伝えるために、スターリンに宛てた彼女の手紙の一部を掲載する。

一九五一年四月二十八日

スターリン大元帥宛

閣下

スターリン大元帥、戦争捕虜の母である私がソビエト連邦の最高権力者であるあなたにこの場で申し上げることをお許しください。

ご参考までに以下のことを申し上げておきます。私の息子エーリッヒ・ハルトマンは、一九二二年四月十九日にドイツのヴィルテンベルク州シュトゥットガルト近郊のヴァイザッハで生まれ、現役の空軍兵士（戦闘機）として一九四五年の終戦時にはプラハ近郊で従軍しておりましたが、アメリカ軍の捕虜になりました。それから十四日後、七〇〇〇人のうちの一人としてロシアの委任統治下に置かれて以降は捕虜のままです。

私の息子は一九四九年十二月に将校だったという理由で強制労働二十五年の判決を宣告されたといいます。この有罪判決は信じられません。息子はどのロシア人とも同じように、兵士として行った祖国に対する義務以外に何もしていないのではありませんか？　それが罰せられる罪であったとしても、これほど厳しい有罪判決が必要とは信じられません。

閣下が世界平和のために多くの努力がなされている今、私はあなたの正義感に訴えます。息子を気遣う母親は一九四九年十二月以降、どんな知らせも受け取っていません。悲しみに暮れ果てる母親を救ってください。どうか哀れみを。息子であり、戦争捕虜のエーリッヒ・ハルトマンを釈放し、彼の祖国、すなわちドイツのヴィルテンベルク州ベーブリンゲン郡ヴァイル・イム・シェーンブッフに送還をお願いします。

これが叶えられて息子が帰国したあかつきには、彼が二度とあなた方やあなたの国に敵対する行動に加わらず、極めて平和的かつ完全な中立の立場で今後の人生を送ることを、この機会に保証します。母親として、そうさせると約束します。息子が帰ってきたら、すぐに約束を厳格に果たしましょう。そして、彼は約束を無条件で守ります。ですから、どうか優しく、私の願いを聞いてください。ですから、どうかご慈悲をもって私の願いを聞いてください。六年の捕虜生活は罪を償うには十分だったはずです。

閣下が無慈悲でないことを切に望んでいます。

敬具

エリザベート・ハルトマン夫人

ソビエト連邦の〝鋼鉄の男〟スターリン大元帥は他の例にもれず、この件に際しても石の心を持っていると証明した。彼女は、当時ソ連の外相だったヴェチャスラフ・モロトフにも死に物狂いで同様の嘆願をしたが、いかなる返答もなかった。戦争捕虜の存在をもって自国の善良さを世界に示す好機を利用できなかった典型的な例である。彼らの答えは過剰で常軌を逸した復讐心だけだった。

かつてチェレポヴェツ収容所で内務人民委員部の聡明な大佐がエーリッヒ・ハルトマンに言った言葉がある。

「私は自分たちの政府やそれを運営している人々を理解できない。戦争が終わったのだから、お前たちの仲間を黒海で六十日間の休暇に連れて行き、ウォッカで満腹にさせ、ロシアで最高の料理を腹いっぱい食べさせてやるべきだ。それから家に帰すべきだった。そうしていたら我々は今頃大西洋に居座っていただろう」

エーリッヒが一九五三年にノヴォチェルカスクを離れてウラル山脈のディアテルカに送られる頃には、すでにシャフティの噂は収容所の伝説になっていた。エーリッヒがノヴォチェルカスクに送られたのち、シャフティで反乱を起こした残りの首謀者たちもディアテルカに送られた。エーリッヒはディアテルカで捕虜たちから熱烈な歓迎を受け、すぐに所長と面談した。

エーリッヒは、また典型的な内務人民委員部の男との苛立たしい対決になるのだろうと予期していたが、所長室に足を踏み入れた瞬間に状況の違いを悟った。その男はずんぐりとした小柄なロシア人で、神経質そうな手振りとともに笑顔を浮かべていた。彼は明らかに不安げで、捕虜のエーリッヒに挨拶をして面談を始めた。

「エーリッヒ、君がディアテルカ収容所に満足するよう願うよ」

「ここはまさしく収容所ですね。金網以外は見る限り何もない」

「エーリッヒ、お願いだ……頼むからシャフティのように私の収容所で反乱を起こさないでくれ」

「所長、シャフティで反乱が起こったのは、管理側が重労働をさせると言い、私は将校だから働く必要はないと拒否したからです。それで彼らが働かない私を罰したので反乱になったのです」

このロシア人は満面の笑みを浮かべた。

「でも、エーリッヒ。それならディアテルカでは何の問題もない。君が働かないというのなら同意する。将校としては正しい。私も同じ意見だ」

「所長、それなら反乱は起きないでしょう」

「すばらしい、エーリッヒ。私たちは理解し合える」

うわべは好調に見えたディアテルカでの滑り出しだったが、長くは続かなかった。エーリッヒはディアテルカ収容所内で最大限に警備された区画に収容された。ここはドイツ人捕虜を監禁するソ連では典型的な収容所だった。

大きな兵舎の建物が並び、それぞれに二〇〇人から四〇〇人の捕虜を収容しており、全体では四〇〇〇人程度が一時しのぎできるだけのみすぼらしい施設だった。建物の収容能力を最大限に増やすために、収容者は三段ベッドに詰め込まれていた。粗末な便所は屋外にあり、プライバシーなどなかった。ロシア人の収容者は自分たちの身体機能について互いに隠し事をしなかった。

建物を囲む高い柵の内側は両脇に番犬を配置した危険地帯になっていた。柵は高さ三メートルで、頂部には有刺鉄線が張られていた。その数メートル先には背の高い木製の柵があり、四隅に機関銃を装備した監視哨が設置されている。木製の柵のさらに外には高圧電線の障壁があった。それに触れようものならその場で焼け焦げてしまう。最後に電線の向こうは有刺鉄線で覆われた高さ二メートル半の金網柵になっていた。ディアテルカを脱走する者はいなかった。脱走を考える者など誰もいないのだ。

エーリッヒに当てがわれたのは、問題のある捕虜を厳重に警備する刑務所の中の刑務所だった。新しい彼の住処は、ディアテルカなら当たり前の外周内に築かれた第二の小さな刑務所といったところだ。この特別な兵舎は高い木製の柵と、さらに別の高い金網柵の内側にある。その兵舎にはソ連にとって極めて重要な何人かの捕虜が監禁されており、今やエーリッヒ・ハルトマンはその仲間入りを果たしたのである。

第三帝国最後の二年間にヒトラーの副官を務めたオットー・グンシェや戦前に駐ソ連大使を務めた貴族のジークフェルト・フォン・デア・シューレンブルク少佐がいた。軍需企業の社長アルフレート・クルップの弟ハラルト・フォン・ボーレン・ウント・ハルバッハ。悪名高い政治家アルトゥール・ザイス＝インクヴァルトの息子リヒャルト・ザイス＝インクヴァルトなど、彼らはナチス政権における役割や家族の姓からソ連が疑念や反感を抱く特別な対象だった。彼らの檻には東ドイツやロシアの一般的な重罪人や反体制派のロシア人もいた。四十五人ほどの男たちが、最も厳重に警備された檻で苦楽を共にしていた。

厳重な監禁と受刑者の複雑な性格が原因で乱闘が頻発した。エーリッヒはオットー・グンシェや〝ジギ〟・グラーフ・フォン・デア・シューレンブルクに味方することが最も多かった。オットーは自分が攻撃されるとなると手強い乱暴者に豹変したが、普段は温厚で優しい大男だった。大柄で金髪、体重があって喧嘩向きの腕力と計り知れない体力の持ち主であるヒトラーの元副官は、予想とは裏腹に物静かで優しい気性の男だった。ヒトラー支配下のドイツでオットーが最後に行った任務は、自殺した総統の遺体を焼くことだった。

オットーはエーリッヒと過ごした一年の間に何度も同じ話をしたが、細部については常に一貫しており脚色や誇張はなかった。ヒトラーの自殺後、オットーは遺体を絨毯に包みベルリンの総統地下壕の裏に運んだ。六、七個の二〇リットル缶に入った燃料を絨毯から周囲の地面まで十分に濡れるまで注いだ。オットーがマッチで火を点け、総統の遺体は粗雑に火葬された。

グラーフ・フォン・デア・シューレンブルクもまたソ連の圧力に抵抗し、ディアテルカの特別な檻に送られた。シューレンブルク家は代々祖国に仕えており、軍や民政に奉仕するのが一族の伝統だった。

グラーフは一九四五年一月にブロムベルク近郊でソ連軍に捕まった。彼はドイツ陸軍の職業軍人で、ソ連と戦うことを切望するコサック難民で編成された第一コサック歩兵師団の将校だった。彼もまた名前が知られていた。彼の価値はたちまちソ連軍に認められるところとなり、ベルリンに行ってドイツ政府の重要な指導者を特定する手助けをするように政治委員に依頼された。彼はそれを拒否し、ソ連に踏みつけにされながらもディアテルカにたどり着くまで長い間苦汁を飲まされた。

エーリッヒがオットー・ギュンシェ、フォン・デア・シューレンブルク、ハラルト・フォン・ボーレン・ウント・ハルバッハと結んだ友情は、特別な檻で数ヵ月の生活を耐えるのに役立った。彼らは床で眠り、協力して戦った。一九五四年が過ぎ、エーリッヒは抑圧的な厳重警備の状況にも関わらず、内心では刑務所の試練が終わりに近づいていると感じていた。オットーとシューレンブルクはその気持ちを感じ取り、一九五四年七月にエーリッヒがノヴォチェルカスクに移送されるまで、希望を胸に助け合った。二度目の収監となる悪名高いノヴォチェルカスクの捕虜収容所で、十年半にわたる監禁が終わった。

過酷なこの十年についてエーリッヒは戦争捕虜の扱いに関する明確な見解を残している。とりわけ自分が経験した類の大惨事が、国籍を問わず若者に降りかかってはならないと懸念している。いくら平和を切望したところで、今後も戦争は避けられず、今後も共産主義と衝突する危険性は無視できない。

本書では、エーリッヒが世界各国の政府に宛てた以下の要請を掲載しておく。国際連合は、このような戦争捕虜規定において必要となる改革を実現するための機関として機能するだろう。この要望は取り上げるだけの価値がある。

戦争捕虜に関して各国政府に要請

1．世界のどこであっても敵対行為で交戦している国は捕獲した捕虜を自国の領土に留めておくべきではない。
2．すべての国々は戦時中に交戦国や同盟国が捕えた捕虜を中立国に預けるべきである。
3．捕虜を受け入れた中立国は紛争が終結するまで双方の捕虜を全員保持すべきである。
4．敵対行為が終了したら、できるだけ速やかにすべての捕虜を本国に送還すべきである。
この要請を行ったのは、ジュネーブ条約の戦争捕虜規定が現状で意味を成していないことを、何万人もの兵士の実体験が証明しているからである。

（署名）
エーリッヒ・ハルトマン
ソビエト連邦で十年の戦争捕虜

馬術家

ジークフェルト・フォン・デア・シューレンブルクは、東部戦線で第1コサック歩兵師団の将校だった。重傷を負い、ドイツ軍騎兵隊に置き去りにされたところを捕らえられた。ソ連当局は捕虜となったこのドイツ人を政治犯に仕立て上げようとした。（写真：Schulenburg）

得難い幸福の時間

1948年6月、ソ連の捕虜収容所でエーリッヒはウーシュからの手紙と写真を楽しんだ。1945年から1955年に帰国すまで、ウーシュが送った400通以上の手紙のうち、彼の元に届いたのは50通だけだった。

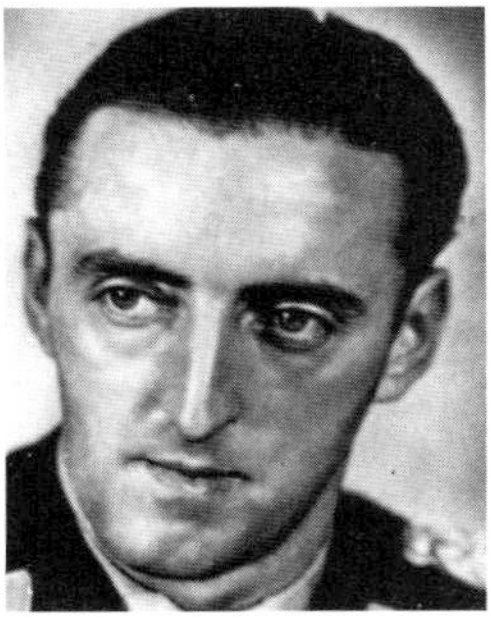

第52戦闘航空団最後の指揮官

1944年10月1日、ヘルマン・グラーフ中佐は第52戦闘航空団を指揮することになった。戦前は有名なフットボール選手だったグラーフは212機を撃墜し、第二次世界大戦のエース9位にランクされている。

捕虜収容所でのドイツ人楽団

モスクワの北、ヴォルガ近郊のグリャゾベツ収容所ではドイツ人捕虜にオーケストラの編成が許可された。1946年に撮影されたこの写真は背景に政治教育を行う校舎が見えている。そこではすべての捕虜に共産主義の教義を強制的に学ばせていた。

ソ連の捕虜

これはエーリッヒ・ハルトマンが自宅と家族に送ることが許された最後の写真である。1948年11月、チェレポヴェツ収容所で撮影。

ハンス・"アッシ"・ハーン大尉

彼は自身の著書『I SPEAK THE TRUTH』で、ソ連での虜囚体験について書いている。ハーンは1982年12月18日に亡くなった。

RUSSIANS FREE LUFTWAFFE ACE

PILOT WHO CLAIMED 348 VICTORIES

FRIEDLAND CAMP, WEST GERMANY, Friday.

Erich Hartmann, the German fighter pilot who claimed to have destroyed 348 enemy planes during the 1939-45 war, arrived here to-night after 10 years as a Russian captive. He arrived with 38 other German ex-prisoners, including a woman who was an SS signals assistant.

Hartmann, who is 33, is a walking skeleton. As he left the bus which brought him from the frontier railway station he was cheered by other Germans who had been imprisoned in Russia.

His former fellow-prisoners shook his hand, embraced him and offered him chocolate and cigarettes. The first words he said were: "There are some of us left in Russia. We must not rest until they are with us."

But before reporters could talk to Hartmann, his comrades took him away to rest. When he had left a group of returned prisoners said that he had been "a light in the darkness to us." They said that his brave stand against the Russians and all forms of coercion, and his unbroken will, had helped them to hold out during the past 10 years.

ENCOURAGED COMRADES

He had refused to work for the Russians, and encouraged his colleagues to do the same. Consequently he was often put into solitary confinement, beaten and picked on for every possible reason.

"We are telling you this because we feel that he is too modest to tell you himself," said ex-Lt.-Col. Otto Heuer. "For example, at the end of the war he could have flown into American or British hands, but he preferred to stay with his men and be captured by the Russians."

Heuer said that in Schachti Camp, where Hartmann was kept at one period, Hartmann's fellow prisoners went on strike until he was released from one of his spells of solitary confinement. On another occasion Hartmann went on hunger strike, saying he would rather die than be a prisoner. He was forcibly fed.—Reuter.

1955年10月21日、ロンドンの新聞に掲載された記事。

ついに自由の身に？

1955年10月15日、ハルトマンは再びドイツに足を踏み入れた。列車から降り、そわそわするハルトマンの最初の表情がカメラマンによって捉えられた。

これは本当か、ついに自由になったのか？

ヘルレシャウゼン到着の数分後、エーリッヒ・ハルトマンは自分がついに熊の強力な支配から自由になったことを認識し始めた。歓迎委員会に急き立てられて、彼は着用を命じられていた囚人服を新しいスーツと靴に着替えた。（写真：The National Observer）

あそこに新居を建てよう！
1955年10月に帰郷した直後、実家のバルコニーからヴァイル・イム・シェーンブッフの風景を見るエーリッヒとウルスラ・ハルトマン夫妻。

ただいま、お母さん
1955年10月17日、ソ連の収容所で10年半を過ごした後、エーリッヒ・ハルトマンは晴れて帰郷し、母親の家に迎えられた。父親は1952年に他界していた。

変わらぬ愛情
ロシアで10年半の幽閉生活を終えた後、到着した我が家で、やせ衰えたエーリッヒ・ハルトマンが妻のウーシュにぴったりと寄り添う。

幸せな家族
第52戦闘航空団でエーリッヒ・ハルトマンの整備班長だったハインツ・"ビンメル"・メルテンスが家族を披露してくれた。1967年12月13日、デュッセルドルフ近郊のカペレンにある彼の自宅にて。

4人のトップエース
――1104機撃墜

1957年夏にフュルステンフェルトブルックでポーズをとる世界第1、2、3位と26位のトップエースたち。ゲルハルト・バルクホルン少佐（301機撃墜）、エーリッヒ・ハルトマン少佐（352機撃墜）、ヨハネス・シュタインホフ大佐（176機撃墜）、そしてギュンター・ラル少佐（275機撃墜）。シュタインホフとラルは後年中将に昇進し、新生ドイツ空軍を指揮した。バルクホルンは少将に、ハルトマンは大佐に昇進した。

戦後の訓練生

1956年3月13日、イギリスに展開したアメリカ空軍戦術戦闘航空団に配属された本書の共著者であるレイモンド・F・トレヴァーは、イギリス空軍ヴァリー・イン・ウェールズ基地で再復帰訓練中の3人の元ドイツ空軍エースを訪ねた。左がゲルハルト・バルクホルン、隣にヘルベルト・ヴェーネルトとヴァルター・クルピンスキー。クルピンスキーとヴェーネルトは中将、バルクホルンは少将になっていた。

歴史家が歴史に出会う

1956年6月25日、シュトゥットガルト／エヒターディンゲンにて著者レイモンド・F・トリヴァーはハインツ・"プリッツル"・ベーア（左）とエーリッヒ・ハルトマンに会った。右にはテキサス州マッキンリー基地のアメリカ空軍大佐ファーレイ・ピーベルスがいる。ベーアは1957年4月28日に軽飛行機の事故で死亡した。世界第8位のエースである彼は220機を撃墜し、うち16機はMe262ジェット戦闘機による記録である。

第十八章　釈放

人生とはその全体であり、良いことも悪いことも受け入れなければならない。
——ウィンストン・チャーチル

監禁生活の最後の年にエーリッヒは試練が終わりに近づいていると直感した。彼の与り知らないところで状況が動いていたのである。ドイツでは彼を帰還させる動きが始まっていた。スターリンとモロトフに宛てた母親の手紙に返事はなく、この行動は報われなかった。その方面から彼を助ける望みは消え去ったが、一九五四年のドイツでは状況が根本的に好転しつつあった。そしてエリザベート・ハルトマンは他の重要人物に交渉を持ちかけ、今度は人間味のある回答を得られたのである。

終戦から九年後、ドイツの復興は順調に進んでいた。破壊された都市を再建し、新たな工場を建てるために国民はせっせと働いた。ドイツの産業は活気に溢れて輸出市場が拡大した。この国は経済的な奇跡を起こし、再び人類の中に居場所を見出そうとしていた。復興は政治団体を強化し、活気を取り戻させた。その過程で戦後のドイツで最も重要な人物となるコンラート・アデナウアー首相が登場した。

ハルトマン夫人は自国の指導者に手紙を書き、息子を釈放するための援助を求めた。彼女からの手紙を受け取ったアデナウアー首相は、直々に返事を出した。彼はエーリッヒの自由を勝ち取るために前向きな第一歩が数ヵ月のうちに始まるかもしれないと希望を述べ、ドイツ政府は捕虜に関して深く懸念していると伝えた。この思いやりある手紙は夫を亡くしてひどく心を痛めていた彼女の悲しみを和らげた。彼女にとってアデナウアーは英雄に思えた。

彼の言葉どおりに事態は好転した。ソ連との全面和解を行い、貿易協定を締結するためモスクワに赴いたアデナウアーの頭に真っ先に浮かんだのは未だソ連にいる戦争捕虜の問題だった。ボン政府が確実に把握しているだけで少なくとも一万六〇〇〇人、非公式の推定では一〇万人に及ぶ人々が不法に拘留されていた。頑固な保守主義であると同時に道理をわきまえたアデナウアーは、十年も拘束されている元兵士の帰還を、必ずソ連に受け入れさせなければならないと考えた。彼は復興したドイツと国交回復を強く望むソ連は、捕虜を交渉の柱に利用すると見ていた。かくして、ソ連は全面和解の一環として一九四五年以降に拘束された捕虜の釈放に同意した。

エーリッヒ・ハルトマンはドイツ政府が帰還を望む人物の一人だった。ノヴォチェルカスク収容所の看守はアデナウアーの訪問を捕虜に伝えた。交渉における戦争捕虜の役割に関する断片的な報道は、捕虜の間で根も葉もない噂となって流れた。モスクワで協定が調印されるとソ連の官僚が動き出した。アデナウアーの釈放要請は最終的にエーリッヒが看守から受けたある命令につながった。

「衣服の問題に関して五号棟まで報告せよ」

彼に与えられた新しい服は仕立てが雑でだぶだぶだったが、囚人服よりはるかにましだった。この数年間で希望や夢は打ち砕かれており、エーリッヒはあまり熱心に釈放を考えなくなっていた。しかしこれは何か違う。新しい服など収容所では使い道がないではないか。さらに、収容所長がエーリッヒや他の捕虜を娯楽のために所内の映画館に招待すると、何もかもがあまりにうますぎる話なので、彼らはそれを断った。疑いながらもエーリッヒは釈放の日が近づいていると喜んだ。その思いはドイツにいるウーシュも同じだった。

エーリッヒが近々帰国するのではという彼女の期待は、まずアデナウアーからの手紙と、ドイツの指導者である彼がモスクワを訪問したことで一段と高まった。西ドイツの新聞はモスクワ会議でみせたアデナウアーの手腕を賞賛し、ドイツ国民は長く行方が分からなかった息子たちの帰国を確信した。ドイツで公開された『プラウダ』紙の報道によれば、捕虜は完全に恩赦を与えられたという。その後、ボン政府からエーリッヒの釈放が正式に通達された。

月日は瞬く間に過ぎ、ウーシュは希望を持ちつつも時折、不安に捉われて疑念を抱くようになった。エーリッヒと同じ収容所にいて先に帰還した捕虜が、彼は戦犯だから釈放されないとウーシュに言った。その男はウーシュを惨めな気持ちにさせたまま去った。彼女は高まる緊張に耐えながら待った。

新しい服に着替えてから二日後、エーリッヒはわずかな所持品をまとめて収容所を出る準備をするように言われた。兵舎の外に整列させられた捕虜に所長が握手をしながら幸運を祈り、これ以上戦争が起こらないよう希望すると述べた。エーリッヒは薄汚れたバスでロストフに向かい、そこで故郷に帰る列車に乗り換えた。

彼は列車に乗り込むと心が高鳴った。家……ウーシュ……家族……本当に信じがたかった。喉にはシコリがあったが、表向きは幸せそうに平静を保っていた。彼は五十人の捕虜と共に硬い座席に深々と座った。列車に揺られながらロストフを出発した彼は十年前に故郷を離れた列車の旅を一瞬思い出した。すし詰めの家畜運搬車でキーロフの地獄のような沼地に連れて行かれた。今は逆方向に旅をしているのが信じられなかった。

列車がヴォロネジ、スターリノゴルスク、モスクワ、ブライアンスクを通過し、西に向かってガタガタと走り続けるうちに現実感が湧いてきた。広々としたロシアの平坦な田園風景を通り過ぎながら、彼はその一週間、心が浮き立っていた。ポーランド東部をよろめきながらブレスト・リトフスクまで横断し、それから新国家東ドイツに入ると、カシャカシャという車輪の音が解放を祝福する音楽に聞こえた。列車は国境を越えて西ドイツに入り、駅の標識が見えた。

国境での手続きはすぐに終わり、列車を降りたエーリッヒはプラットホームの人ごみをかき分けて臨時に設けられた赤十字の事務所に向かった。受付にいたドイツ人の可愛い娘にほぼ十一年ぶりとなる無料電報を口述させた。

親愛なるウーシュ、今日国境を越えてドイツに入った。愛が訪れるまで家で待っていてほしい。

二時間後、ウーシュは目に涙を浮かべて電報を読んでいた。黄色い無愛想な電報用紙には、彼女がこれまで受け取った中で最高に素晴らしい伝言があった。彼は自由になり、家に戻って来る。ウーシュの母親も涙を流して喜んだ。彼女たちはヴァイルにいるエーリッヒの母親に電話をかけ、さらに嬉し涙を流した。エーリッヒが釈放され、間もなく家に着くという噂は、たちまちヴァイルとシュトゥットガルト中に広まった。

ヘルレスハウゼン駅のプラットホームでは、戦争捕虜歓迎委員会が快活に言葉をかけあい、市長が短く歓迎の挨拶を述べた。新聞記者は半ば忘れ去られていた「エーリッヒ・ハルトマン」や送還が予定されている他の著名な兵士の名前を思い出しながら行ったり来たりした。この喜びとは対照的に、行方不明者を探す悲痛な声もあった。悲しい面持ちの女性たちが写真を振りながら、十年前にソ連の収容所に消えた夫や父親について何か知らないかと捕虜に尋ねた。

戦争捕虜団体はシュトゥットガルトに戻ったエーリッヒのために盛大な祝賀会を計画していた。政財界の著名人も含めた一〇〇〇人近くが出席する予定だった。その代表者たちは大慌てで祝賀会の準備をした。エーリッヒは手を上げて、殺到する要請を制した。

彼は「お願いです。受け付けられません。どんな祝い事も同意しない」と言った。

金髪の騎士の周りにはネタを嗅ぎつけようと新聞記者が群がった。彼らはいずれも十一年近く祖国を離れていたのに、なぜ名誉のために開かれる自分の祝賀会を辞退するのか知りたがった。

「ロシア人の人生観は私たちとは違う。そんな祝い事を聞いたり読んだりしたら、ドイツ人捕虜をこれ以上釈放しなくなるかもしれない。私はソ連の秘密警察をよく知っている。だからソ連で私の同胞が収監され続けていることに恐怖を感じている。全員が帰ってきたらお祝いをしよう。収監されているすべてのドイツ兵が送還されるまで安心してはいけない」

彼は市長と戦争捕虜歓迎委員会の好意に感謝し、旅の最後にフリートラントの戦争捕虜施設に向かうバスに乗った。車窓を流れる田園風景を見ながら、彼は祖国に帰還できた満足感と、未だに信じられないような気持ちを交互に感じた。そこはドイツだった。楽園の夢を見ているのではないかと自分に言い聞かせなければならなかった。

この国がどれほど緑に溢れ、生き生きとして見えることか。人々は彼の記憶とは明らかに違って見えた。衣服の形や種類もすっかり変わっていた。道沿いで目にした何百台もの光り輝く車は、別の惑星からやってきた煌びやかな工芸品のようだった。時代は変わったのだ。ドイツは新天地だった。リップ・ヴァン・ウィンクルの伝説に強い親近感を覚えたが、その架空の人物は眠っている間に悪夢を見ていたという点が違っていた。

フリートラントでは群衆の中にグリャゾヴェッツ時代の捕虜仲間だったハンス・〝アッシ〟・ハー

ンの見慣れた笑顔があった。ハーンはエーリッヒが戻ってきたという知らせを聞いていた。太って裕福そうなハーンは、エーリッヒの手を握り近くにある自分の家に来いとしつこく誘った。それなら、ハーンの家からウーシュに電話をしてから、彼にシュトゥットガルトまで送ってもらえばいいとエーリッヒは考えた。

この思い付きの段取りは、エーリッヒを少しでも早くウーシュの元に帰そうとしていた家族の計画に影響を与えた。フリートラントでハーンがエーリッヒを連れ去った頃、エーリッヒの弟アルフレートと少年時代の友人ヘルムート・ヴェルナーも金髪の騎士を家まで送ろうと車で北に急いでいた。エーリッヒはハーンの家からウーシュに電話をかけたが、それは大失態すれすれの出来事になった。彼が居場所を告げると、十一年近く彼を待っていたウーシュは興奮ぎみに言った。

「ハーンのところ？　私がここにいるのに、いったいそこで何をしているの？」

数時間後、ハーンの家で祝賀気分に浸っていたエーリッヒは、そこに現れたヘルムート・ヴェルナーとアルフレートに連れられて、シュトゥットガルトへ急ぐことになった。車の外を眺める度にエーリッヒは思いを新たにした。ドイツは新しい文明世界のようだった。つまらない戦争の年月は過ぎ去った。標識や人々の衣服の色は、投獄の十年を経て、まさに眩いばかりだった。彼らは一晩中走り続けた。ごくありふれたネオンサインもエーリッヒにはまるでおとぎの国から運ばれてきたように見えた。

土曜日の夜、ウーシュはエーリッヒが翌日には家に戻ると分かって就寝したが、到着時刻は道路の状況次第で分からなかった。彼女はすでにハーンの家に寄り道するのを許していた。彼女は期待に胸を膨らませた。繰り返し時計を見ながらうたた寝をした。午前四時頃、うとうとしていると電話の呼び鈴が静寂を破った。ウーシュはベッドから二メートルほど飛び出して受話器を掴む。

「ウーシュか？」

「フランクフルトにいる。コーヒーを飲みに立ち寄った。あと二時間ほどで着くはずだ」

それから数時間の緊張にウーシュはとても耐えられなかった。そわそわと落ち着かなく起き上がったり横になったりを繰り返した。夜明けと共に時計の針が曲がりくねるようにゆっくりと動いた。軽く居眠りをしていると、優しくドアを叩く音が聞こえた。起き上がると音が止んだ。一瞬、空耳かと思った。その時、再びドアを叩く音がした。

ウーシュは窓に駆け寄り勢いよく開けて身を乗り出し、下にある玄関の扉を見ようと身を乗り出した。誰かがそこにいるが、良く見えなかった。

「エーリッヒなの？」。彼女は静かに呼んだ。

その人影が動いて全身が視界に入り、彼女を見上げた。髪は相変わらず金髪で、目は彼女の記憶よりもさらに青く見えた。顔はやせ細り筋張った体は信じられないほど細い。彼の微笑みに彼女の心は躍った。エーリッヒが帰ってきた。

痺れるほど優しい一瞬、二人は言葉も交わさず見つめ合った。沈黙を破ったのはウーシュだった。

「エーリッヒ、私たちの愛はまるで一度も離れ離れになっていなかったみたい」

一瞬の間を置いてエーリッヒは口を開いた。

「元気そうだ」と言って言葉を失った。

ウーシュは玄関に駆け付け、互いに抱き合った。

愛と信仰と信頼が勝利に辿り着いた。大いなる挑戦に立ち向かい克服したのである。二人は息をするのも話すのも忘れるほど、ほとばしる喜びで抱き合った。それは忘れられない瞬間となった。

ウーシュの両親も少しだけこの場に加わった。徹夜続きの娘には閉口させられたが、生き延びて再び人生を歩むことになったエーリッヒのために涙を流して喜んだ。エーリッヒは母親に電話をかけてから熱い風呂で無上の贅沢を味わった。その後、恋人たちは二人きりになった。十年もの間、彼らの生活から失われた甘い肉体的な愛が溢れ出し、満ち足りた潮が引くと二人の苦く切なる思いを押し流した。この世にニルヴァーナ（涅槃）があるとするなら、この朝のエーリッヒとウーシュはそこにいた。

至福の時はほぼ邪魔をされずに二時間余り続いた。そして支援者や友人、親戚が次々とペーチュ家にやって来た。男たちは嬉しそうにエーリッヒと固い握手を交わし、彼らの妻はエーリッヒを抱きしめた。エーリッヒが知らない間に思春期を迎えていた友人の子供たちは、雄々しい金髪の男を紹介された。居間から溢れた花や贈り物、敬意の記念品が隣の部屋に積み上げられている。日中は三〇〇人から四〇〇人が家に集まり、エーリッヒに最も近い人たちでもほんのわずかしか満足な会話ができなかった。エーリッヒとウーシュが二人きりになったのは午後一〇時過ぎだった。

その後数日、エーリッツヒは長旅の疲労から回復し、愛する人々と再会する熱気は鎮まっていった。アルフレート、母親、ウーシュとその両親、それに彼の帰還を祝いに集まった多くの友人と話し、消え去った一〇年に内心恐れおののいた。しかし、暖炉と家庭の暖かさが香油のように彼に癒しを与え、残酷な一〇年を消し去った。

「今、家にいる。十年半も離れていたなんて信じられない。あの時間は何だったのか？……あの年月は」とエーリッツヒはウーシュに言った。

「私も同じ、エーリッツヒ。数週間いなかっただけみたい」

残酷な十年は忘却の彼方に姿を消し、永遠に時の迷宮へ消えたが、エーリッツヒにはその痕跡が残っていた。弟のアルフレートはエーリッツヒが獄中にいる間に医師の資格を取得し、父親が中国から帰国したのち、ヴァイルのビスマルク通りに建てた自宅兼診療所で開業していた。アルフレートはエーリッツヒの体調を診て青ざめた。

アルフレートがよく知っていた逞しく筋肉質で運動選手のような肉体は、四〇キロほどにやせ細っていた。エーリッツヒの引きつった顔は、明らかに収容所の厳しい試練の中で正気と自尊心を保つために闘った事実を反映していた。しかし話してみると、アルフレートには兄の心と将来の展望が損なわれていないとすぐに分かった。アルフレートは医師として当時のエーリッツヒをこう語っている。

「最初は彼の身体の状態にひどく衝撃を受けた。だが、医者としての立場から観察してみると、子供の頃から私が知っている彼の姿を見出すことができた。彼が精神的な障害を負っていなかったのが重要だ。強靭な肉体と優れた回復力を彼は十分に持っている。やがてみごとに回復するだろうと思った」

エーリッヒとウーシュは生活の立て直しに当たって、彼の健康と体力の回復を最優先にした。彼は仕事ができる状態ではなかったので、回復するまで夫婦の役割を交換することにした。ウーシュはシュトゥットガルトの郵便局で仕事を続け、エーリッヒはエプロンをつけて煩雑な家事を請け負った。この決断は十年の間、当たり前の文明社会から完全に切り離された彼を普通の生活に戻す助けになった。

世界最高の撃墜数を記録した戦闘機パイロットは、家庭生活に入った当時をこう語っている。

「毎朝、起きて朝食を用意した。ウーシュが朝八時の通勤電車で出勤したら、食器を洗い掃除をしてベッドを整え洗濯をして家の中を片づけた。すべてを少女のように真面目にこなした！　それから外に出てしばらく庭で花の世話をして芝生を刈り、ペンキを塗り壁を作るなどの雑用をこなした」

「男が働きに出ている間に妻がしなければならない家事の幅広さを学んだ。村まで買い物に行って素敵なテーブルを用意し、夜は玄関でウーシュの帰りを待つ。この時期にウーシュがいてくれなかったら、私はきっと何者にもなれなかっただろう」

彼にとって日常のごく単純な出来事は強い魅力に満ちていた。クリスマスの子供のように店頭でぽかんとしていた。ウィンドウショッピングで物珍しさに慣れるまで数週間かかった。色彩を帯びて美しく光り輝く、あらゆる種類の新商品に魅了され、夢中になった。家庭料理の味は覚えていた以上においしく感じられた。

彼は貪るように本を読み世界に追いついた。見つけた中で一番古い雑誌にさえ新しい情報が満載だった。家事をしていない時は居眠りをしたが、筋肉の力が少しずつ増していくのがわずかに感じられ、肉体が引き締まると共に、収容所生活の痕跡はほぼ消えていった。心が荒れ果てた十年を経て、完全に満ち足りた夫婦関係を取り戻したのは、彼に何とも言えない心の安らぎをもたらした。体の衰えよりも心の傷は深かったが、やがてそれさえも愛を柱にした人生に取って代わられていった。

収容所の心理、つまり彼が十年間の監禁で強いられた行動習慣のため、家に戻って数週間はいろいろと困難な場面に遭遇した。実際、買い物で交わす村人との会話や日常的な触れあいさえ怖かった。彼が前回最後に帰宅した頃とは違って、平時のドイツ人は捕虜よりも考え方が幅広く、もっと多様だった。ドイツ人の関心も十年前とは異なっていた。こうした印象が交じり合い、彼はまるで別の惑星に生まれ変わったような感覚を覚えた。

監視されている感覚は数週間続いた。十年以上もロシア人看守や捕虜仲間の監視をかいくぐってきた。そうした臨場感と、通常の行動を完全に禁じられているという感覚のために、ごく普通の日常的な行為にも精神的な厚い壁があった。

ある晩、彼はウーシュとの散歩でシュトゥットガルトにあるダンスホールの前を通りかかった。

夜風に乗って音楽が漂い、笑顔のカップルが入っていく。ウーシュと一九三九年にダンス教室で逢瀬を重ねていた頃からダンスは大好きだった。ウーシュは当時の雰囲気と思い出を瞬時によみがえらせた。

「エーリッヒ、中に入って踊りましょう」

入ろうとした彼を何かが止めた。身体が固まっていた。その感覚は言葉にできない類のものだった。気まずさとばかばかしさで落ち着かない。ウーシュと共に喜びを味わいたい強烈な欲求があるにも関わらず、無理やり店内に入っても踊れない。今日の戦争で捕虜になった現代人も同様な重荷を負って戻ってくるのかもしれない。解放後のエーリッヒが順応する間に得た経験は注目に値する。彼の言葉は、収容所の試練で決定的に人間が変わってしまった可能性のある者が、自らをどう理解し、それにどう対応すべきかを示している。

「誰かに背後から監視されている。娯楽や人間的な行いを完全に否定される。この感覚はすべての元捕虜が克服できるわけではない。それは忘れられない恐ろしい感覚だ。私の場合は二ヵ月ほどで治まった。その感覚を消し去ることができたのは幸運だと思う。というのも、それは文字どおり、何年にもわたる収容所の日常において堅固に作り上げられた精神構造から来るものだからだ」

「ロシアで一緒だった捕虜はあまり幸運ではなかった。彼らと会って話をして分かった。今も監獄の精神状態に囚われている。そのため新たな船出ができない。そうなったら終わりだ。こうした精神的な障害を負った人々の悲劇的な境遇に、少しでも関心を持ってほしい。

夜になると本当に恐ろしい。彼らは夢の中で、あまりにも苛酷な収容所に連れ戻される。決して自由にはなれない」

思いやり、優しさ、そして愛情が奇跡を起こし、エーリッヒは回復していった。一九五五年十一月に彼とウーシュは長い間延期になっていた結婚の仕上げに取り掛かった。一九四四年九月にバート・ヴィーゼの役場で手続きを行い、教会で結婚式を挙げた。ボッフィンゲンでプロテスタントの牧師をしているエーリッヒの叔父が式を執り行った。十年も待った末に勝ち取った結婚式は、より感動的なものとなった。

心身ともに、エーリッヒはヴァイルで人の温かさに臆することなく応えていった。彼は次第に将来の問題を考えるようになった。三十四歳を迎えて、普通なら二十歳になる前に考えることを自問し始めた。自分とウーシュのために生計を立てなければならず、それにはさらに大きな困難が伴う。生活を立て直すだけでなく、彼らが一緒に暮らすと決めた家族を養わなければならないのだ。

戦争がなければエーリッヒは父親と同じ医者になっていただろう。父の死を悼みながら将来の問題をじっくり考えた。父ならよく理解し申し分のない助言をしてくれただろう。エーリッヒは収容所から戻ったあとも医者になりたいと思っていただろうが、彼は現実主義者だった。三十三歳から現代医学の険しい道を歩み出すのは、たとえ条件がすべて整っていたとしても大変なのに、彼が抱えている条件は最悪だった。十年以上も学業から離れており、高校時代の化学や物理さえ記憶が曖昧なのだ。今さら医者を目指すなど、現実的ではない。

他の道を考えると、彼は刑務所における十年間の空白を自分の中に感じた。どんな職業であっても三十三歳で始めるのは遅い。生まれてこのかた人生のほぼ三分の一を収容所で過ごしている。彼は働いた経験がない。これでは他人に雇われて働く場合はもちろん、自身で事業を立ち上げるにも不利だろう。商業的な考え方に触れ、その傾向を感じ、本質を見極め、その手法を理解する時間が必要だった。その一方で、生計を立てる必要性から逃れられない。

エーリッヒにとって重要なこの時期、ドイツ空軍の再建が活発化していた。アデナウアー首相の執務室では数年前から基礎固めが始まっており、第52戦闘航空団のエース、ヨハネス・シュタインホフとディーター・フラバクが主に計画を立てていた。新たな部隊は第二次世界大戦時のドイツを代表するパイロットや強烈な個性の持ち主を中心として徐々に構築されていった。帰国からわずか三週間後、エーリッヒは何かが起きる予感がした。電話が鳴り、ウーシュが出てエーリッヒに渡した。

「ヴァルター・クルピンスキーよ」と彼女は言った。

「やあ、ブビ」と堪え切れない感じでプンスキー伯爵の声が轟いた。「俺はゲルト・バルクホルンと、来週イギリスで行われるジェット機の再教育課程に出発する。一緒に来ないか？　ところでブビ、元気か？」

エーリッヒは受話器に手を当てて信じられない表情でウーシュを見た。

「なんてことだ、ウーシュ。彼は来週、イギリスの飛行訓練に私を連れて行くつもりだ。どうかしている」

クルピンスキーが電話で怒鳴った。

「ブビ、どこにいった?……」

「クルッピのくそったれ。刑務所で十一年近くもいなかったのに。帰宅してまだ三週間も経っていない。気が晴れるまではイギリスだろうと、どこだろうと行かない」

「なんてことはないさ、ブビ。飛ぶだけだ。また飛行機に乗れば昔みたいに気分が良くなる」

クルピンスキーは熱意に溢れていたが、エーリッヒを目覚めさせられなかった。

「クルッピ、戻ったら電話をくれ。飛行の様子や新しいジェット機について教えてくれ。いいな?」

クルピンスキーは電話を切った。彼はイギリスから帰国後にまた電話をかけてきた。新しい空軍に入隊した、あるいは入隊しようとしている他のパイロットたちも同様に電話をかけてきた。当初は突飛に思えたクルピンスキーの提案だが、数週間後にそれは再びエーリッヒの脳裏をよぎった。再び空を飛ぶ昔の仲間の姿に想いを馳せた。

クルピンスキーやゲルト・バルクホルン、ギュンター・ラルたちは、エーリッヒが収容所にいる間、空を飛んでいなかった。軍隊がなかったので、しばらくは他の仕事をしなければならなかったのだ。新しい空軍は彼らが若い頃に習得した技術、知識、経験、それに訓練を再度活用する機会を与えてくれた。彼らは基本的にエーリッヒと同じ窮状にあったが、ほとんどは戦前からの職業軍人で年上だった。ある日、エーリッヒは戦闘中に窮地に陥ったり、収容所で重圧に晒されたりした時のように、そっと独り言をつぶやいた。

「エーリッヒ、君には戦闘機の操縦がすべてだし最善だ。パイロットになるチャンスを得た一九四〇年に、自分は軍隊生活が好きじゃなくても気にならなかったように、今はそれを気にするべきではない」。この考えは、その後数ヵ月でかなり強くなった。

説得力があり信頼できる人々がエーリッヒに空軍への復帰を促し始めた。かつて第52戦闘航空団の司令だったディーター・フラバクは、説得のため個人的に彼の家を訪れた。フラバクはシュタインホフと空軍の組織作りに携わり、ジェット機の再訓練でアメリカにいたことがある。彼は威勢良く専門用語を使って空軍の概要を説明した。エーリッヒには居場所がある。しかもそこは安全だった。

フラバクに続いてやってきたのはアデナウアー政権の文化大臣で、エーリッヒにとってかつての恩師であるシンプフェンデールファー氏だった。ボン政府の国防省高官であるベーンシュ氏も一緒だった。今回はさらに強く勧誘された。

「エーリッヒ、戻ってくれ。空軍には君が必要だ」。ベーンシュ氏は誠実で真面目だった。「君は世界最高の撃墜王でダイヤモンド付を持っている。これから私たちが訓練する若いパイロットにとっても重要な人物だ。部隊に戻ってくれるだけでいい」

クルピンスキー、ゲルト・バルクホルン、ギュンター・ラルは揃って定期的に電話をかけたり会いに来たりした。シュタインホフはエヒターディンゲン空港でエーリッヒと会い、かなり強引に説得した。楽園が約束されたわけではないが、立派な経歴と安全がある程度は確実に得られる。彼の現状はこの話とは対照的に、失望の連続だった。自分の重要性と価値をいくら強調しても、商売には何の足しにもならないのが現実だった。数ヵ月が過ぎ、エーリッヒは行動しなければならないと感じた。空軍は彼が得意で馴染みのあるものを提供してくれる。人生はこれからも続く。

危機的な数ヵ月間、ウーシュは彼をどちらかに向かわせるようなことは何も言わなかった。エーリッヒは自分一人で決断するべきだとウーシュは承知しており、好きにさせていた。一九五六年末に彼が空軍への復帰を決めると、彼女はその判断を受け入れた。スツーカ・パイロットとして有名なハンス＝ウルリッヒ・ルーデルも同様に復帰した。エーリッヒが軍に戻った時点では、第二次世界大戦でダイヤモンド付を獲得した唯一の現役将校だった。ウーシュはエーリッヒの決断に不安を覚えたが、そう感じていたのは彼女だけではなかった。

弟のアルフレートはずっと後悔していた。彼は現在、当時の様子についてこう語っている。「軍隊が根本的に彼の気質に合わないのは分かっていたから、そこに留まるのを見るのは心苦しかった。それは長年の獄中生活が要求した恐ろしい代償だ。当時の彼は軍隊以外ではうまく生活を立て直せなかったんだ」

若い頃、戦闘機乗りとして不死身でいられた空軍で、エーリッヒ・ハルトマンは再出発することとなった。金髪の騎士は、若い頃や収容所時代でもそうであったように、これからの人生においても、新たな馬上槍試合に闘志を燃やす必要に迫られていた。

第十九章　再生

敵がいない奴は役立たずだ。
――サー・パーシー・ホバート少将

エーリッヒ・ハルトマンが再入隊を決めた直後、ドイツ空軍では彼の地位に関して意見の相違があった。この些細だが重大な論争は、のちに起こる様々な問題の典型であり、エーリッヒの新たな経歴とその後に悪影響を与えた。こうしたもめ事の特徴は新生ドイツ軍が創設された発端とその基本理念に由来している。

西ドイツ連邦共和国における新しい軍隊の編成は、ヒトラー政権時代の反動に大きく影響されていた。ドイツ国民は敗戦から十年も経たずに復活した軍隊に無関心だった。新しい軍を組織化した者たちは、イギリスやアメリカと同様に、軍に対する文民統制の確保に苦心した。他国とは異なる政治理念によって、ドイツでは新しい軍隊をかつてのような厳密に非政治的な存在にするのではなく、政治的な性格を持たせる傾向があった。国家元首に忠誠の義務を負う古い職業軍人制度が、全く新しいものに取って代わられた。

かつては伝統と慣習に則り民主的な政治から距離を置いていた将校が、政党に所属できるようになった。文民統制に進みすぎた組織化の影響は、将校団にも及んだ。軍の専門的な功績と同じ程度に、将校の任命や昇進、成功が政治によって決定される傾向が見られるようになった。

政治と軍が密になりすぎたことで、新生ドイツ空軍は被害を被った。こうした問題は現役将校にとって周知の事実であり、信頼できる部外者には遠慮がちながらも熱心に語ってくれる。新生ドイツ空軍の創設期、将校団は政治的な縁故主義に苦々しい思いをした。政治的に有利な人脈を持ち、高官に支持された将校が、最初の数年間は大きな間違いを冒さなかったものの、理由を付けては功績のある者を締め出し閑職に追いやったのが明らかになっている。このような行為は、実力以外の基盤で出世した者の保身のためのものである。

エーリッヒは再入隊して以来、政治的な権謀術数とは距離を置いていた。彼は誰の操り人形でもなかった。空軍に戻ればキリスト教民主同盟に入党を期待されると薄々感じていた。これは明言された要求ではないが、エーリッヒが最初のジェット戦闘機航空団を指揮することになった際、暗黙の了解となっていたようだ。率直な彼はどの政党であれ入るつもりはないと明言した。これまで政党に所属したことはなく、すでに十年以上も政治の犠牲になっていた。しかし、エーリッヒのこうした姿勢は関係者にとって好ましくなかった。

その後、人事局から「終戦時は少佐になって二ヵ月も経っていなかった」として、エーリッヒを大尉として復帰させる提案がなされた。ハルトマン少佐が服役した十年は士官に相応しく正当な行動を取っていたが、それより現在の都合の方がより重要だとみなされた。彼を大尉として入隊させる案を知ったギュンター・ラルらの将校は呆れ果てた。世界最高の戦闘機エースにして新しい軍でダイヤモンド付を唯一保持する者が、第二次世界大戦中より低い階級に就くなど考えられないと非難した。

エーリッヒの友人たちはこの些細な小競り合いに勝ったが、当時の彼は何も知らなかった。舞台裏をしっかり目を通せば、彼を降格させる案はそれほど奇妙に思えなかったかもしれない。当時、ドイツ空軍の人事部門で絶大な影響力を持っていたのは旧空軍の元少佐だった。戦時中、彼は東部戦線の偵察機パイロットだった。エーリッヒ・ハルトマンを知っていた彼は、おそらく心穏やかではなかっただろう。

一九四三年一月、エーリッヒは黒海のクラスノダールを飛び立った偵察機の護衛を務めた。この偵察任務はバトゥミ港にソ連艦隊の存在を確認するのが目的だった。最前線を越えて間もなく、ソ連軍の対空砲が射撃を始めたので、偵察機を操縦していた少佐は機首を返して基地に戻った。トゥミにおける任務は代わりに戦闘機が遂行し、ソ連艦隊の存在を報告したが、事態はそれで終わらなかった。任務を放棄した少佐を取り調べるため、さっそく軍事裁判官がやってきた。少佐は偵察任務を解かれてドイツ本国に送還された。この士官は戦後の一九五〇年代にドイツ空軍で階級、昇進、任命に関する裁定で頭角を現した。

結局、エーリッヒは少佐として再入隊した。だが、これは自分の考えを貫いて懸命に歩むための長いイバラの道の始まりにすぎなかった。嫉妬や狭量さは無能な怖がりに特有な生来の気質だが、こうした性格の者は、自分が憎み恐れる者が大いなる挑戦を行うことを予想していない。ゆえに、エーリッヒの前に立ちはだかる障壁は現実味を帯びていた。エーリッヒは意地の悪い小物の策略に苛立ち、かえって何度も彼らの犠牲になった。

実は再入隊する前、エーリッヒはデュッセルドルフでかつての整備員長ハインツ・〝ビンメル〟・メルテンスを探し出している。時を超えて聞き覚えのあるエーリッヒのしゃがれ声を聞いたビンメルは電話を落としそうになった。エーリッヒが戦地で任務に就いていた頃は双子のように仲が良かったが、十一年以上も口をきいていなかった。一九四五年五月、ドイッチュブロートで第52戦闘航空団の残存物に松明を捧げた時、二人は最後の言葉を交わした。エーリッヒは唯一無二の整備員長であるビンメルをできれば連れて行きたかった。だが、元整備員長がそれを了承したとしても、彼の人生を狂わせてはいけないと以前から心に決めていた。

エーリッヒはビンメルが民間人としてうまくやっているのに気づいた。デュッセルドルフの水道局で順調に仕事をしており、子供も二人いた。空軍に入隊するという選択は安全で幸せな家庭を築いている彼にとって明らかにまずい。エーリッヒはビンメルに軍の復帰について決して切り出さなかった。金髪の騎士は別の整備員長を探さなければならないと考えた。一週間後、ビンメルは新聞の全国ニュースにある見出しを目にした。

「ハルトマンが空軍に復帰」

　この見出しが出て数日後、エーリッヒは人事試験と健康診断に合格した。医師は獄中の試練から十分に回復したと認めた。アメリカ軍の指導により八週間の語学コースで基礎的だが流暢な英語を身につけたエーリッヒは、それからランツベルクでアメリカ空軍の教官の下、再訓練を受けるよう命じられた。

　一九五五年五月時点で、西ドイツは前年の十月にＮＡＴＯ（北大西洋条約機構）からの加盟要請を正式に受け入れて以来、軍備拡張を続けていた。ＮＡＴＯは一九四八年のベルリン封鎖後に西ヨーロッパで協調的な防衛措置が必要となったのを受けて設立された。その防衛機構において、ドイツは極めて重要かつ中心的な位置にあった。新生ドイツ空軍の飛行訓練は国内にある何ヵ所かの基地で米英の航空機と教官によって始まった。数百人のドイツ人将校がジェット機で行う高度な訓練場は、アメリカ空軍がアリゾナ州フェニックス近郊のルーク空軍基地に開設していた。

　エーリッヒは療養中の数ヵ月間に、軽飛行機の操縦免許を再取得するため友人が所有する二人乗りのパイパー・カブで飛行した。最後に飛行機と接してから十一年も経っていたが、小型機の操縦席の扉を開けて中を見ると、自分がつい前日まで飛行していたような奇妙な感覚になった。小型のパイパーは戦時中に彼がよく乗っていたシュトルヒと大きさや操縦性が似ている。すぐに操縦感覚が戻り、何の問題もなく機体を上昇させた。軽快なエンジン音は死んだはずの友人の声を聞いているようだった。こうした経験を経て、一九五六年末にランツベルクに出頭し、再び軍用機で飛びたいと熱望するようになった。

パイパー・カブを操縦している時に失われた年月を超えて突如として昔の感覚を取り戻したエーリッヒに、ランツベルクのアメリカ人教官は強い印象を受けた。通常、戦闘機パイロットはやたらと生意気で、同世代よりも若く見られがちだが、ランツベルクにひっそりと出頭してきたエーリッヒ・ハルトマンに会ったアメリカ人教官はわが目を疑った。世界最高の戦闘機パイロットは一四〇〇回の戦闘任務とロシアで十年半の抑留生活を経たにもかかわらず、二十五歳にしか見えなかったのである。

友好的なテキサス出身のアメリカ空軍軍人であるジェームズ・マンガム大尉の元で、エーリッヒは危なげなくT-6とT-33を検分した。六〇〇馬力の星形エンジンと二枚羽プロペラを備えたノースアメリカンT-6は高等練習機だった。機体はパイパーから大きく進歩していたが、エーリッヒが何百時間も過ごしたMe109には遠く及ばない。T-33はロッキード社製の二人乗りジェット機だったが、一九四五年に双発エンジンのMe262を操縦したエーリッヒには目新しくはなかった。

強力な航空機で再び空に浮かぶと自由な気分になり、まるで生まれ変わったように感じた。そう感じたのは彼だけではなかった。一九五六年夏にウーシュが妊娠した。軍用飛行に再挑戦していたエーリッヒは、暖かく、輝かしい展望に満たされていた。獄中にいて会えなかった息子の死はとても痛手だったが、新たな家族と生活を共にするのだ。

一九五七年二月二十三日、ヴァイル近郊のチュービンゲンでウーシュとエーリッヒの間にかわいい金髪の娘が生まれ、二人は限りない喜びに包まれた。ウルスラ・イザベルはすぐに〝リトル・ウーシュ〟となった。満ち足りた生活は両親の過去を忘れさせた。親子の絆を取り戻したエーリッヒの、人生で最も幸せな日であった。

一九五七年、エーリッヒはアリゾナ州フェニックス近郊のルーク基地でジェット戦闘機の上級訓練に配属された。ウーシュやリトル・ウーシュと別れるのは辛かったが、ルーク基地の新しい環境に来たことで、アリゾナがエーリッヒの第二の故郷になった。ほぼ毎日が飛行日和で、T－33とF－84で射撃、機銃掃射、爆撃、反跳爆撃の訓練を行った。

本書の共著者、レイモンド・トリヴァー米空軍大佐はエーリッヒと旧知の間柄だ。当時イギリスにいたトリヴァーはルーク空軍基地で開かれるアメリカ空軍第20戦術戦闘航空団（トリヴァーはその元司令官）の同窓会にエーリッヒを招待するよう手配し、それをきっかけにエーリッヒとアメリカ人社会の交流が広がった。イギリスのエセックスにあるウェザーズフィールド英空軍基地に第20戦術戦闘航空団が駐留していた頃に、金髪の騎士はそこの名誉会員だったことがある。ルーク基地のアメリカ人パイロットは、この世界的な英雄を同胞愛で受け入れた。友好的な懇親会が目まぐるしく続いた。かつての敵と肩を並べ、彼らのうちの七機をはるか遠いヨーロッパで撃墜したという皮肉な事実に思いを馳せる暇もなかった。

第二次世界大戦中にアメリカ軍機がガン・カメラで撮影したフィルムがルーク基地で上映された。このフィルムは、エーリッヒが若いアメリカ人パイロットたちに語った自身の戦闘戦術を裏付けた。「ものにしたければ近づけ」と彼は繰り返し言った。「二五〇メートル？　まだ遠すぎる」。一部の若いパイロットは懐疑的だったが、フィルムは彼の言葉が真実であることを物語っていた。

カメラのレンズいっぱいに映った追撃機が発砲すると、必ずといっていいほど目標の機体は爆発し、至近弾が機体を粉々にした。対照的に遠距離から撮影されたガン・カメラの映像は、大半の銃弾が弧を描きながら減速し、たまに命中する様子を映し出した。相手の機体が実際に墜落するのを見るのはまれだった。ただし、燃えやすい日本軍機がこのようなわずかばかりの攻撃で派手に吹き飛んで墜落する場合は例外である。遠距離から撮影したフィルムで、至近距離から攻撃した惨状を映したものはほとんどなかった。

エーリッヒに興味をそそられた若いアメリカ人パイロットたちは、控えめで率直な彼を称賛した。また彼らは八〇〇回以上の空中戦の中で信じ難いほど蓄積された経験の恩恵を受けた。一方、アメリカ空軍の精神と士気は昔のドイツ空軍を彷彿とさせ、金髪の騎士に驚異と感銘を与えた。一九五七年のドイツ空軍にはそうした内面的な強さがなかった。エーリッヒはその欠如を痛感した。

エーリッヒはドイツ軍の政治的な空気を経験していたために、さらに頑張ろうとする者を励ます士気がアメリカ軍に備わっていることに気づいたのである。

エーリッヒはアメリカに来て心温まる友情を得ていた。アメリカ空軍のフランク・バズ少佐と妻のウィリーンが彼をフェニックスの自宅に招いた。エーリッヒはバズ家のようなアメリカの正規軍人の家庭生活が信じられなかった。近代的な設備が揃った家で暮らし、立派なスポーツカーを乗り回し快適で幸福な生活を送っていた。

邪悪な十年を経たエーリッヒにとってアリゾナの経験はすべてがおとぎ話のようで、そんな生活をウーシュと共に送りたいと思った。バズ家はエーリッヒがルーク基地にいる間、彼が妻と少しでも長く一緒にいられるように夫婦を招待した。エーリッヒはありったけの旅費をかき集め、ウーシュは小さな娘をシュトゥットガルトの祖父母に預けてアリゾナに飛んだ。

ウーシュにとってもアリゾナの経験は忘れがたいものになった。果てしなく広がる何もない田園地帯と荒れた砂漠を、このドイツ人夫婦はこれまで見たことがなかった。雄大なグランドキャニオンに包まれてキャンプをし、フェニックスの広大なスーパーマーケットやおしゃれな店は夫婦を魅了した。牧歌的な日々が終わり彼らはドイツに戻った。ウーシュは今でもその日々を懐かしそうに語っている。

「私たちの人生で一番素敵な時間でした。私たちドイツ人に少しの恨みもなく、皆が親切で助けてくれた。すっかり我が家にいるような気分になって、ドイツ以外に住むならこの国しかないと思いました。フランクとウィリーンの夫婦は、これまで会った中で最高の人たちです。父親と母親のような親しみを感じられる、さっぱりした友人でした。ドイツに戻っても時々フェニックスやウィリーン、そこのすべてを恋しく思い出したものです」

アメリカでの冒険はエーリッヒに強烈な職業意識と微かな光明をもたらした。F－104（＊1）はこの種の兵器システムとしては世界で最も先進的であり、彼が興味をそそられたのは当然だ。彼が訪れたネバダ州ラスベガス近郊のネリス空軍基地にはF－104の訓練飛行隊があり、エーリッヒは航空機のチェック表で何をやっているかを知った。アメリカ人パイロットは基地にいる間、そのスピード、性能、上昇力、武器など、機体に関することで頭がいっぱいだった。エーリッヒが勤務時間外にバーで同じ年頃の若いパイロットたちと話すと、思っていたのとは少し事情が違うのが分かった。

彼は稼働率の低さについて尋ね、F－104のいくつかの難点を話し合った。エンジントラブル、ノーズホイールの問題、ノズルの不具合などが整備性の低い原因として挙げられた。エーリッヒが整備員に問い質すと、彼らは飛行できる状態に維持するための現実的な問題を語った。予備品の不具合、機器の欠陥、保守の問題など、それらの項目は決してたやすいものではなかった。

エーリッヒはF－104を評価するためアメリカに派遣されたわけではなかったが、プロの軍用機パイロットであり、間もなく航空団の指揮官になる者として、いずれNATO軍で使用される航空機に深い関心を抱いていた。エーリッヒが親しくしていたアメリカ空軍の若い大尉から、これまでに起こったF－104の事故に関する分厚い調査報告書をもらった。これらの技術的な証拠を注意深く厳密に調べ、確実に疑う余地のない結論に至った。ドイツ空軍がこの種の航空機を扱えるようになるには、さらに経験と専門知識が必要だろう。この見解は事実であり的確だったが、これがのちに彼を苦しめる原因となる。

エーリッヒはドイツに戻り戦闘爆撃機部隊を指揮する任務を打診された。しかし彼はそれを自分の仕事と考えていなかったため、任命を辞退し、それより最初のジェット機完全装備の戦闘機航空団ができるのを待ちたいと当局に伝えた。彼は一九五八年春にオルデンブルクで戦闘機パイロット学校の副校長（*2）としてしばらく勤務し、そして六月に歴史的な出会いを果たすことになった。

新生ドイツ空軍最初のジェット戦闘航空団がアールホルンで編成され、第71戦闘航空団「リヒトホーフェン」と命名された。第一次世界大戦におけるドイツ最高のエースの名を冠したこの航空団は、第二次世界大戦時のドイツ空軍第2戦闘航空団「リヒトホーフェン」の伝統を引き継ぐものであった。航空団司令は第二次世界大戦のリヒトホーフェンであるエーリッヒ・ハルトマン少佐がふさわしい。再建を祝うパーティーでドイツ空軍監察官カムフーバー将軍が演説し、ここに空軍将校エーリッヒ・ハルトマンにとって最大の冒険が始まった。

この人事はドイツ空軍が正しい決断をする能力があると同時に間違いも冒すことを示した。エーリッヒに第71戦闘航空団の指揮権を与える決定は、人と任務を統合し、互いを調和させる方法においては、本当に素晴らしい名案のように思えた。ドイツ空軍は金髪の騎士をリヒトホーフェン航空団の指揮官に任命し、その栄誉を称えると共に、彼に課題を課した。それはF‐86マークⅥでドイツ初の近代的なジェット戦闘機の航空団を立ち上げるという、問題の塊のような困難な任務だった。この状況は、「金髪の騎士よ、君がエースパイロットの資質と射撃の腕前以上の何を持っているか、見てやろう」と言われているに等しかった。

闘争心を掻き立てられたエーリッヒは全身全霊で仕事に打ち込んだ。航空団に配属された若いパイロットたちは、最初から司令官に畏敬の念を抱いた。エーリッヒは指導力の高さでそれを気迫と活気に変え、新生ドイツ空軍における士気の基準を打ち立てた。第二次世界大戦でもガーランド、メルダース、フラバク、トラウトロフト、プリラーといった偉大な指揮官の下で、同様な気迫が戦闘航空団に注ぎ込まれた。

エーリッヒは講習会を開き、航空団に配備されたアメリカ製のF-86で飛び続け、週末にはアールホルン・グライダー・クラブの中心人物になった。リヒトホーフェン航空団の若いパイロットたちには、ずっと昔に母親から教わった滑空技術をすべて教えた。

ハンブルクの士官養成所にいたディアテルカ収容所の仲間、グラーフ・フォン・デア・シューレンブルクを、副司令官として第71航空団に異動させた。エーリッヒは小さなドルニエで飛び回り、NATOの将校と会見を行い、航空団の資材調達などもやった。誰もが、自分よりも大きな何かのために死に物狂いで働こうという気にさせられた。

彼は新しい飛行隊を編成し、さらに飛行経験の必要性を延々と説いた。エーリッヒは、F-104がやがて配備されることも、それがどれほどの難物であるかも分かっていた。彼にとって重要なのは、できるだけ早く多くの飛行経験を積ませることであり、組織に関する平凡な事柄は後回しにして、細部に注意を払わなければならない。やがて「超高性能のF-104」がやって来たら、若いパイロットたちの命は、彼らがどれだけ経験を積んでいるかにかかっている。F－104Gの操縦は人的要素の優劣がものをいう。そのため絶え間ない訓練の一方で、気力と士気の向上に集中した。彼は東部戦線でソ連空軍を恐怖に陥れたカラヤ1のスピナーに描いた黒いチューリップ模様を、第71航空団の機体にも採用した。チューリップ模様は機体の点検整備の際に塗装された。パイロットたちはこの苦い過去とつながりを気に入ったが、基地を訪問した将軍は愕然とした。彼はかつて飛行機乗りではなく対空火器の士官だった。

「あれを塗装したのか？」。対空砲将軍（＊3）は早口でまくしたてた。

「はい、将軍殿」とエーリッヒは答える。

「塗装した機体は半分だけだな。航空団がめちゃくちゃだ」

「点検整備をしている間に塗装し、稼働率を維持しています。もうすぐ、全機塗装し終わります」

「ハルトマン少佐、塗装には金がかかるよ」

「何の問題もありません。ペンキ代は自分もちです。目印になるこの塗装は航空団の精神を高めます」

彼は第二次世界大戦中のロシアでクルピンスキーがやったように第71航空団の飛行隊酒場を設置した。一日の飛行が終わるとパイロットたちは基地内の酒場に繰り出した。そこでくつろぎながら話ができた。だが、新生ドイツ空軍には準備ができていなかった。エーリッヒの上官は命令に基づいて酒場を撤去した。だが、現在のドイツ空軍にはどの飛行隊にも酒場があり、士気を高めるとして奨励されている。

このような高官を巻き込んだ出来事から、「ハルトマンは好ましい将校ではない」という話が繰り返し流された。ほとんどの高官や人事担当者は航空機での戦闘経験がなかった。ある意味、エーリッヒ・ハルトマンは〝好ましい将校〟ではなかったかもしれないが、そう思うのは批判する者の視点とその背景による。ソ連の収容所でドイツ軍将校団の醜態を目にしたエーリッヒは、好ましい将校とは何かという常識的な概念が、基本的に正しくないことを知っていた。

かつて第52戦闘航空団にいた仲間がエーリッヒ指揮下のリヒトホーフェン航空団に配属された。彼はエーリッヒと親しい人物ではなかったが、戦友であると同時にソ連の収容所で一時期一緒だった。この将校が戦闘でひどく頭を打ったのを知っていた。彼は頭部の負傷で最盛期とは比べものにならないほど衰えていた。

この将校は時折、アールホルンでの些細な規則違反をエーリッヒの上官に告げ口していた。彼には上官であるエーリッヒに対する忠誠心がほとんどなかった。エーリッヒの人生観では当然といえるが、かつての戦友が耐えてきたものをすべて考慮し、それを大目に見た。この将校は頻繁に酔っぱらった。それで下士官と殴り合いになっても、エーリッヒは罰しなかった。この将校のふるまいを聞いた将軍は、暴力を振るった古参兵を罰するようエーリッヒに要求した。

十年にわたり内務人民委員部の棍棒に耐えた金髪の騎士は、自由人として侵すわけにはいかないと感じる倫理的な原則を捨てられなかった。戦争で英雄になり高位の勲章を授与された将校を罰すること自体忌まわしいが、規律より医師が必要な男を罰するなど全く考えられなかった。エーリッヒはこの姿勢を崩さず、勲功を挙げた仲間の処罰を拒んだ。この件で彼は一段と「好ましくない将校」と見なされた。

エーリッヒ・ハルトマンを批判する者たちは、多くの場合、現実から隔絶した場所に生きていた。ドイツ空軍は、他のほとんどの軍事組織と同様に、何がそれらしく、正しく、効率的かという時代遅れの概念に囚われていた。原子力時代になっても依然として軍の指導者は平時と戦時を区別している。たいていは整列し、プレスされたズボン、敬礼、装飾品がすべてであり、それらは超音速機の時代においては無意味なだけでなく危険だ。

エーリッヒは航空団司令官として自分の経験を生かした。「悪習を身につけない」ために戦時中であるかのように第71航空団を運営した。飛行経験のない着飾った将校が仰々しい検査をする間、航空機が整然と列をなし、整列した兵たちが親指を制服の縫い目の上に立てるなどという閲兵式の形式主義は、彼にはほとんど意味がなかった。彼は、作戦準備態勢とはもっと強固なものであるべきと考えている。

エーリッヒは将来の戦争では作戦準備に余裕などないと信じている。そのため彼の取り組みは常に作戦の即応性と分散につながっている。ドイツ空軍にはどの軍隊とも異なる方法で機能するべき正当な理由がある。一九四一年六月、ドイツ空軍は地上に留まっていたソ連軍航空隊を粉砕した。それは航空兵器史上（＊4）で最も完全な破壊だった。ソ連軍機は前線に近い野原に整然と並べられていた。ジェット機やロケットと共に到来した超音速時代において同じ状況が出現すれば、それははるかに迅速で破壊的な攻撃となるだろう。ドイツ空軍はそんな一撃を受けるために準備されるべきではないとエーリッヒは考えているのだ。

彼は中途半端な作戦準備態勢に満足できず、直属の上官たちと衝突した。彼らはカムフーバーのような仕事の分かる将軍ではなく、専門性に欠けるが政治的に有能な、外部からやって来た空軍将校たちだった。大半が戦時中の陸軍将校で、中にはドイツ空軍出身者もいたが、一九四五年以来飛行した者はほとんどおらず、あらゆる点で時代遅れの見識しか持ち合わせていなかった。

ハルトマンの人を読む力は、現在の彼を好ましくない将校と評価する人々が決して経験できない、ソ連での監禁生活で形成され、苛酷で容赦のない状況により頑強に鍛えられた。内務人民委員部は十年を費やしてドイツ人の模範となるべき健全な若者を壊そうとしたが、逆に彼らはエーリッヒ・ハルトマンを正直な意見を率直に守る男へと成熟させた。十年間、彼は無数の地下壕の暗闇の中で真実にしがみついた。そして今、自由の純粋な空気の中で、軍事的に間違っていることに関して、彼から政治的に同意を無理やり引き出すなど誰にもできなかった。

政治的に引き立てられ、偽りの人生を送る上官たちは、率直すぎる金髪の男に当然ながらひるんだ。政治的に構築されたご都合主義に合わせて彼を曲げられない。この気質は十年にわたる人格への攻撃に抵抗してきた彼の財産である。エーリッヒ・ハルトマンは、神経質に体裁を保つ者たちが享受している平安な気分を脅かす存在だったのだ。こうして、エーリッヒを好ましくない将校であるとする政治的な傾向が定着し、彼を擁護すれば昇進の妨げになった。

彼の栄光の日々を知る、ロシアで共に監禁された将校たちは、大佐や将軍であっても無能な上官に対するエーリッヒのやり方を生々しく語っている。

「彼は機を見て行動を変えたりはしない。彼らがあたかも政治に思考回路が混乱させられた内務人民委員部の士官であるかのように話しかけるんだ」

リヒトホーフェン航空団の若者たちにとって、彼はチェス盤を支配する者たちとはまさに正反対だった。戦後に成人となったほとんどの若者と同様に、若いパイロットたちもでっち上げを見分ける優れた嗅覚と事実を理解する鋭敏な感覚があった。金髪の騎士は彼らの精神を刺激し、その気にさせられる指導者だった。誰もが三十歳を超えると心身ともに消耗するとみなされる職場において、これは並大抵ではなかった。

彼が話す射撃や空中戦に関して、その誠実さに寄せる部下の信頼は揺るぎないものだった。彼は戦闘機パイロットとして最も成功を収めた人物だ。ソ連の心理学や内務人民委員部による人格破壊の方法に、彼らは聞き耳を立てた。若いドイツ人たちは、やがてこのような出来事が自分にも降りかかるかもしれないと思い、生々しい現実を知った。

第71戦闘航空団「リヒトホーフェン」がＮＡＴＯに配属されたのは、エーリッヒが部隊編成に着手してからわずか半年後の一九五八年十月だった。航空団を育て上げた彼の功績は大きく、大抵の戦闘航空団ならＮＡＴＯの水準に達するまでには少なくとも一年はかかるだろう。「望ましくない将校」である指導者は十年の空白をものともせず、並ぶ者のない輝かしい実績を残した。

エーリッヒは父親のように部下を見守った。一九六〇年九月、彼は息子たちを誇る手紙を著者に寄こしている。

「昨年中は我が航空団の射撃命中率が平均で二四パーセントに達した。ドイツ空軍では最高得点だろうから幸せだ。息子たちは素晴らしい！　平均得点が六〇パーセントに達した射撃の名手は六人いる。二十四歳の若者を分隊長にした。今では老いた雄猫の航空団司令より、若者たちの方が上手だ」

新生ドイツ空軍がよちよち歩きしていた頃に第71戦闘航空団に所属した男たちは、毅然とした金髪の司令官を今でも崇拝している。彼らは地獄の門までエーリッヒについていっただろう。今日、彼らの多くは航空団を指揮しており、政治家の不興を買って出世が遅れたエーリッヒよりも早く昇格している。様々に対立する陰謀の中にあっても、互いに競い合って実績を積み上げたのだろう。

ドイツ空軍はF-104の購入を決定したが、それはエーリッヒの経歴を傷つける結果になった。彼はドイツ上層部にいる、徹底して有能な専門家たちとエーリッヒの信頼関係は素晴らしかった。彼はドイツ連邦空軍の初代総監であるカムフーバー将軍を賞賛し、その能力と功績を尊敬した。現在、ドイツ空軍の首脳となったシュタインホフ将軍との関係も同様だった。そうした人たちに対してなら、率直な見解を述べられた。

ある時、カムフーバーとの会話でF-104の話題が上った。エーリッヒはアメリカ滞在中にF

－104を調査して得た見解を基に、F－104は当時のドイツ空軍に相応しい航空機ではないと指摘した。おそらく、このような見解を上官に述べた者は彼が初めてだろう。彼はF－104の取得を遅らせるべきだと考えていた。

「私は優秀なパイロットだったと思う。だがそれは、特別な専門知識のないごく普通のパイロットが、運に恵まれた結果だ。ビジネスマンなら誰でも言うだろう、どんな実務経験を積んでも運は必要だ。私は運良く経験を積めた。この経験と私がアメリカで得たF－104に関する情報と合わせて考えると、当時の若いパイロットには、このような複雑な兵器システムへの転換に対応できる経験がなかったといえる。F－104の兵器システムが悪いのではなく、問題を引き起こすのはむしろ私たち人間のほうであると考えていた」

エーリッヒはカムフーバー将軍にありのままの見解を述べた。ドイツの航空界には十年以上も空白があり、その間にパイロットは養成されず、技術者も経験を積めず、組織もなかったと指摘した。彼はカムフーバーに対して、政治的な事柄を抜きにして、アメリカで調査したF－104について現実的な批評をした。さらにドイツ人パイロットが若くて経験がなく、上に立つ指導者もジェット機の操縦経験が不足していると強調した。

「現時点でF－104の購入は我々にとって間違った決断だと思います。我々が操縦できない航空機は購入すべきではありません」

エーリッヒが尊敬するカムフーバー将軍はずっと耳を傾けていた。

「しばしばドイツ人が世界で嫌われる理由は、ここにあるのと思います。我々は〝ドイツ人だから大丈夫だ〟と言う。ドイツ人だから、これほど複雑な航空機でもすぐに扱えると思っています」

カムフーバーはどうすべきかと尋ねた。

「アメリカからF-100とF-102を導入しましょう。次世代の航空機であるこれらによって、アフターバーナーなど先進技術の経験が得られます。その後、適切な知識と経験を基にして、段階的にF-104を導入できます。扱えない航空機を購入すべきではありません」

カムフーバーはエーリッヒの見解について何も言わなかった。彼の曖昧だが好意的な返答には、明らかに忠告の意図があった。

「エーリッヒ、この話はするな。我々は今回の購入を歓迎している。政治家たちはこの航空機を受け入れると決定したんだ」

エーリッヒが当時のドイツ空軍でうまく立ち回れる将校だったなら、この忠告に従っただろう。しかし彼は、自分に率直な意見を求めた人々に対して、F-104は後から導入すべきだという見解を、率直に繰り返した。F-104に関する彼の見解は、噂話として政治方面に伝わり、好ましくない将校という通説が定着した。

ドイツ空軍で起こったF-104の痛ましい事故は、エーリッヒの現実的な分析が的確だったことを、高くついた悲劇として証明した。F-104の墜落事故は、切羽詰まったドイツ空軍が一九六六年に指揮権をヨハネス・〝マッキー〟・シュタインホフに渡すまで続いた。第二次世界大戦でM e262ジェット戦闘機のエースだったシュタインホフも政治家たちと同様に問題を抱えていた。戦闘と指揮で輝かしい戦歴を持ち、組織を統率する才能も証明していたにもかかわらず、一九四五年のジェット機墜落事故で負ったひどい火傷の跡が顔にあったことを表向きの理由に、シュタインホフは政治的な抵抗にさらされていた。

彼の起用に抵抗があった本当の理由は、将軍として自分の職務を熟知していたからである。彼はワシントンのNATO常設委員会でドイツ代表として最初の大役を任され、最終的に良識と論理を優先させた。彼は会う人全員に忘れがたい印象を与え、火傷を負った顔はドイツの代表として、活発な性格と知性を発揮するのに何の障害にもならなかった。一九六六年秋、諸々の事情から政治権力が彼に総監（＊5）の引き継ぎを迫った。彼の指導力と、責任に見合った権限を要求した結果として、F-104の危機は克服された。（＊6）。

シュタインホフが着手したF-104の改革計画は大きく前進した。そこに貢献したのは、エーリッヒが第71戦闘航空団の育成で職務上の損失を被ってまで追求した訓練と飛行経験の重視だった。リヒトホーフェン航空団で訓練を受けた最初のパイロット十六人は一人を除き全員が現在も生きている。金髪の騎士の先見の明は鮮やかに証明されたといえる。亡くなった一人の若者はF-104のテストパイロットだった。彼は離陸時に強風に見舞われて命を落とした。それはパイロットのミスでも機体の欠陥でもない。残りの十五人のほとんどは、F-104での飛行時間が八〇〇時間から一〇〇〇時間に達した。

Ｆ－１０４に関してエーリッヒの警告と分析の正当性が証明されるまでに、彼はその実名を出すのが躊躇われるような将軍たちの標的になり、信じられないほどくだらない嫌がらせを受けた。ドイツの軍用飛行士官は、現役でいる間は操縦免許を定期的に更新する。手続きは必要書類に記入し、確認のため免許証と一緒に提出し認証を受けるだけだ。

リヒトホーフェン航空団が置かれていたアールホルンで激務の日々を送る間に、エーリッヒは年に一度の操縦免許の更新を失念した。その後、書類がどこにあるか分からなくなった。ある将軍が金髪の騎士の隙を突き、彼から専門職としての生命を奪おうとした。軍法会議同然の愚かな訴訟手続きがエーリッヒに対して起こされた。しかしその将軍の見込みは外れ、この行動は期待外れに終わった。

エーリッヒが困難に直面しているという噂はアメリカにも広まった。カムフーバーに代わってドイツ空軍総監になったヴェルナー・パニツキ将軍は当時ワシントンにいた。ある退役アメリカ空軍将校が、ソ連の監獄で十年もドイツのために耐えたハルトマンに対して、ドイツ連邦空軍は本気で訴訟を起こすつもりなのかと単刀直入に尋ねた。パニツキは困り果てて、ただ「エーリッヒは優秀なパイロットだが、将校としては好ましくない」と決まり文句を返しただけだった。間もなく軍法会議の判決が下り、エーリッヒは責任を問われなかった。それにもかかわらず、ある種の名誉毀損という形で被害を受けた。多くの者が事の始まりを耳にしたが、結末がどうなったかは知らなかったのだ。彼は第71戦闘航空団「リヒトホーフェン」を指揮する任務を解かれ、ケルン近郊のポルツ・ヴァーンにある参謀本部に異動した。

率直で誠実なエーリッヒは、駆け引きのうまい下級将校が次々と上位に押し上げられるような風土の政治的主流の外に置かれた。戦術評価の専門家である彼は何年も忘れ去られたまま過ごし、第71戦闘航空団で訓練した若者たちが先に大佐へ昇進するのを見守った。そして〝息子たち〟の成功に大いに満足した。盟友の中にはエーリッヒを常に称賛し、仕事を評価する上級将校がおり、彼を大佐に昇進させようと努力したが、その試みは一九六八年半ばまで退けられ続けた。その頃には中佐になって八年近くが経っており、ドイツ軍で最高位の勲章を受章した将校であるにもかかわらず、その階級に留まったままなのは、いささかみっともなく見えた。

時には落胆し、時には恨み言も口にしたが、ユーモアや、人生はすべて因果応報であるという哲学は失っていない。彼は政治家を、ある種の必要不可欠な厄介者として悪意なく見続けている。一九六六年にエーリッヒは、「政治は奇妙な縁で仲間を結びつける。君も彼らと手を結ぶのか」と著者に語った。彼はその分析力と優れた報告書の作成能力で、戦術評価の職務に活路を見い出し、現在はエーリッヒ・ハルトマン大佐としてドイツ空軍で先頭に立っている。

彼自身や彼に起こった出来事を知る人々は、ドイツ空軍が彼をどう扱えばいいのか、彼の世界的名声をどう生かせば良いか、そして何よりも、この老いた雄猫の内に今なお燃える虎のようなエネルギーをどう生かせばいいのか、よく分からないでいる。たぐいまれな個人主義者である彼は、公正、正義、誠実といった先天的な感覚で、その人生を高潔なものにしてきた。彼は英雄的な男であり、その欠点をよく観察すれば、それは極めて積極的な性格の現れでしかない。

金髪の騎士の髪は褐色に変わり始めて、整った顔立ちには太いシワが刻まれている。それは中世の先人たちが装飾盾に帯びた紋章のようである。そこには勝利と敗北、成功と悲劇など、人生の戦いがすべて刻まれている。人生の馬上槍試合の大半に勝利を収めたが、鞍から振り落とされ、無礼極まりない敵にねじ伏せられ、踏みつけられた経験もある。

彼は愛する女性と共に生きてきた。彼の人生は、恋愛経験のあるすべての人の心を温かくするはずだ。彼の人生と恋物語は、優しさと勇敢さを織り交ぜた生ける伝説だ。彼は人生と戦うには歳を取りすぎたが、もし新天地への誘いがあれば、昔と変わらないやり方で戦うだろう。昔より賢明になり、夕闇が迫る頃には投げ捨てられた籠手の音に耳を傾ける。この先、これまでよりもはるかに大きな挑戦が待ち受けているかもしれない。おそらくそれは、彼の強靭な精神と意志のすべてを奮い立たせ、結集させるに十分な挑戦だろう。その時、戦う馬上の彼に天の助けがありますように。

＊1　F－104「スターファイター」はカリフォルニア州バーバンクのロッキード・エアクラフト社が製造したマッハ2を超える速度の制空戦闘機だ。それは戦闘機パイロットの夢であり、あらゆる戦闘機の集大成とみなされている。二五五〇機以上が生産され、世界十五か国で使用されている。
＊2　校長は撃墜三六機のエース、ヘルベルト・ヴェーネルト大佐。
＊3　対空砲将軍とは対空火器を指揮する士官の経験者で、パイロットの階級ではない。

＊4　一九六七年の六日間戦争（第三次中東戦争）でイスラエルがアラブ諸国空軍を壊滅させたのは、一九四一年六月二十二日の大量破壊に比べればほとんど取るに足りない。

＊5　総監（Inspekteur）はドイツ空軍では総司令官の地位となる。

＊6　何千人もの人々がF－104問題の克服に関わった。これには、経営者の専門知識こそが事業の成否を分けるのと同じように、指導力という要素が重要だった（一九六五年のドイツ空軍におけるF－104の十万飛行時間当たりの損失率は四一・九パーセントで、一九六七年の損失率は一〇・七パーセントだった。一九六七年の損失率はF－104を使用する主要国の中でも最低記録であった）。

運命のいたずら
1959年5月、イギリス空軍のウェザーズフィールド基地で行われたアメリカ空軍第20戦術戦闘航空団主催の航空ショーが終了したところ。手にタバコを持ったエーリッヒの左側に座っているのは、ロンドンから来た私服姿のソ連大使館員である。(写真:USAF)

金髪の騎士がアメリカ空軍第20戦術戦闘航空団を訪問
エーリッヒ・ハルトマンは1959年5月、エセックス州のイギリス空軍ウェザーズフィールド基地のアメリカ空軍第20戦術戦闘航空団を訪れた。(左から)ウォルター・R.ウォラー大佐、ジェイ・T・ロビンス大佐(22機撃墜のエース)、ハルトマン、著者レイモンド・F・トリヴァー大佐(司令官)、ダニエル・F・シャープ大佐、ハワード・リード大佐。

中佐に昇進
すべてジェット戦闘機で編成された最初の航空団である第71戦闘航空団「リヒトホーフェン」の編成と訓練を行ったエーリッヒ・ハルトマンは中佐に任命された。左は第一次世界大戦中にドイツ最高位のエースを生み出した著名な一族のボルコ・フォン・リヒトホーフェン。

戦後の友人
エーリッヒ・ハルトマンと彼の旧友ヴァルター・クルピンスキー（左）が1961年5月、西ドイツのビュヒャー空軍基地で新しい友人、ヒューバート・ゼムケと話している。ゼムケは第二次世界大戦中はイギリスにおり、アメリカ陸軍航空軍第56戦闘航空群の司令官であった。彼は今日もカリフォルニア州オーヴィル近郊に健在である。

互いに称賛する
1961年5月、エーリッヒ・ハルトマンとアメリカ海軍のエース、ユージン・A・ヴァレンシア。アメリカ軍の戦闘機エースたちはドイツ軍戦闘機パイロット協会の招待でドイツを訪れた。

アメリカを訪れた金髪の騎士
当時第71戦闘航空団司令官であったハルトマンは1961年5月にアメリカを訪問。コロラド州コロラドスプリングスのアメリカ防空軍団で、司令官ロバート・M・リー中将と会談した。

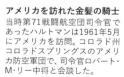

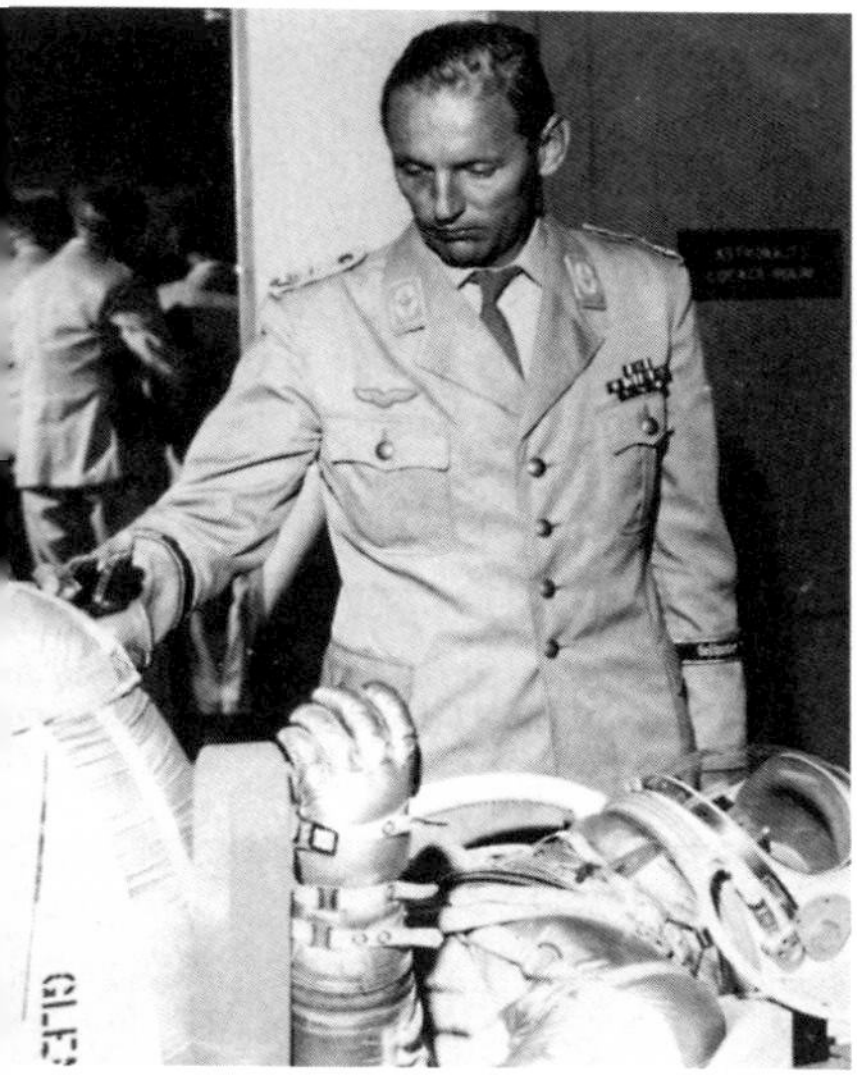

未来に深い思いを抱く
1961年の訪米時、宇宙飛行士ジョン・グレンの宇宙服を真剣に見つめるエーリッヒ・ハルトマン。当時まだ40歳になっていなかったハルトマンは、自分が生きているわずかな間に人類が航空宇宙分野で遂げた進歩に強い衝撃を受けた。(写真:NASA)

1961年、アメリカ空軍士官学校訪問
ハルトマンはこの年の5月、コロラドスプリングスの空軍士官学校を訪れた。ここで彼は、士官学校を卒業したマコーミックの卒業指輪に感心している。彼の双子の兄弟は同じ日に米海軍兵学校を卒業する。

F-106慣熟飛行
エーリッヒ・ハルトマンはアメリカ空軍訪問中の1961年6月に、防空軍団のF-106迎撃機で飛行した。1人のアメリカ空軍大尉がハルトマンに説明している。「Rice」と書かれたヘルメットはハルトマンと大尉のどちらが着用したかのか不明。(写真:USAF)

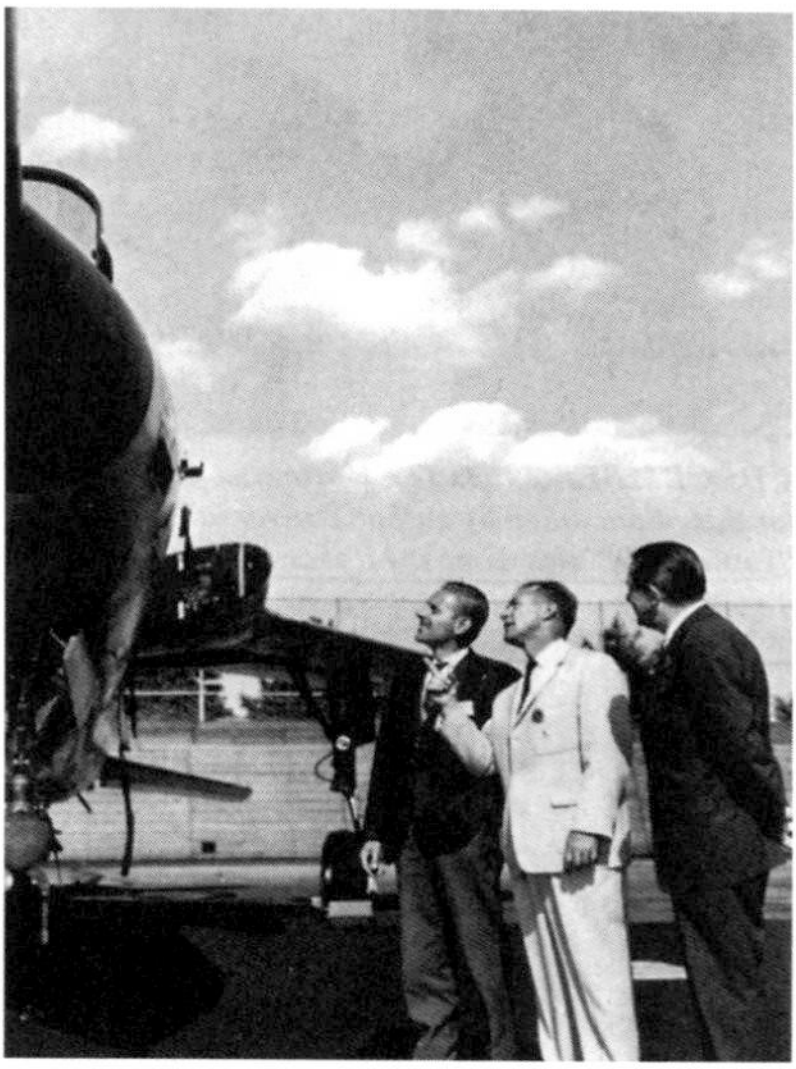

ファーミングデールを訪問
白いスーツを着たアメリカ人戦闘機エース、ロバート・S・ジョンソンは91回の戦闘飛行で28機のドイツ軍機を撃墜した。ハルトマンは28番目の“獲物”を194回の戦闘飛行で仕留めている。その後ジョンソンは本国へ帰還したが、エーリッヒは1400回以上飛行し、戦い続けた。写真は1961年6月、ジョンソンがハルトマンにF-105(愛称はサンダーチーフまたはサッド)のメカニズムを説明しているところである。

シュトライプ将軍の退役
ヴェルナー・シュトライプ将軍は1966年3月23日退役した。ケルン近郊のポルツ・ワーンにて。シュトライプに挨拶するアドルフ・ガーランド元中将とエーリッヒ・ハルトマン大佐。

シュタインホフの自宅にて
1967年12月4日、ヨハネス・シュタインホフ中将（左）の自宅でくつろぐハルトマン中佐。

1967年12月4日
ポルツ・ワーンにて、著者のトリヴァーが撮影した写真。ハルトマン一家がポーズをとる。“小さなウーシュ”が11歳ぐらいの頃である。

ウルスラ・ハルトマンとハヨ・ヘルマン：
1967年10月21日、ドイツ空軍の公式パーティーにて。ディナーのお相手であるハヨ・ヘルマンとポーズをとるウーシュ。第二次世界大戦中に爆撃機パイロットだったヘルマンは、単発機を夜間戦闘機に使用する「ヴィルデ・ザウ」戦法の発案者である。その後、彼は「エルベ特別攻撃隊」を組織した。

1983年5月7日
エーリッヒ・ハルトマンが光栄にも本書［英語版原書］のカバーにも使われたハーレイ・コピックのリトグラフにサインをしている。

ハルトマンと有名なムスタング
1971年5月30日、イリノイ州イースト・アルトンでの実験航空機協会（EAA）の航空ショーで、チューンアップされたP-51ムスタングを間近に見るエーリッヒ・ハルトマン。

エピローグ

本書が出版された直後、エーリッヒ・ハルトマン大佐は現役を退き、故郷の村に戻った。友人であり将軍のディートリッヒ・フラバクとヴァルター・クルピンスキー、そしてギュンター・ラルは、軍での態度を軟化させるようハルトマンに懇願した。彼らは、もっと機転を利かせて、将官に昇進できるまでドイツ空軍に留まるよう促したのだ。

他にもハルトマンを敬愛する人々が翻意を促したが、彼の信念は揺るぎなかった。彼は「観察・決断・攻撃」という戦訓を信条としていた。すでに決断は下されており、変えるつもりはなかった。彼は問題点を見ながら、正しい事実に基づいて上官に助言することが将校としての義務だと信じていた。いったん上官が決断すれば、その命令に従う。彼は政治指向の強い空軍の階層組織が期待するような「イエスマン」にはとうていなれるはずはない。彼は名誉を選んで退官を申し出た。エーリッヒ・ハルトマンの最終階級は大佐となった。

エーリッヒは、そのまま民間人としての活動的な仕事に飛び込んだ。手始めとして、自宅を素敵な改造するため、自分ですべてを設計して作業を行った。その後はいくつか飛行学校の経営と運営を引き受け、アメリカ連邦航空局（ＦＡＡ）のヴュルテンベルク地区代表を務めた。彼はしばしば大会に参加し、時にはチームメイトとしてアドルフ・ガーランド将軍とヴュルテンベルクで飛ぶこともあった。

ハルトマン夫妻には旧友がたくさんおり、多忙な交友関係を保っている。彼の古巣である第71戦闘航空団「リヒトホーフェン」では毎年開かれる戦友会に夫婦で出席し、他にも戦闘機パイロットの集まりがあれば参加する。ある時はミズーリ州セントルイスに赴き、イギリス空軍のエース、ピーター・タウンゼントと共に賓客として迎えられた。

さらにエーリッヒとウーシュは写真で綴った彼の伝記を数百時間かけて制作し、一九七八年にシュトゥットガルトのモーターブーフ（Motorbuch）社から出版した。こうした努力と自宅の改築のおかげで、エーリッヒとウーシュは一段と親密になった。エーリッヒはかつて著者に、「ウーシュなしでは何もできない」と語った。その言葉は本心だった。彼のライフスタイルそのものが彼女の献身を物語っている。心の中心にあるのはウーシュなのだ。

一九八〇年、ハルトマンの人生に突如として変化が訪れた。彼は戦友会や催しに出席しなくなり、飛ぶことも、アメリカ連邦航空局の仕事も辞めた。戦闘機パイロットたちは彼らのリーダーを失ったと感じた。エーリッヒと会うには自宅を訪れるしかなかった。もはやそれ以外にはエーリッヒに会う手段はなくなった。彼は著者に、人生で望むものはすべて自宅から簡単に手が届くところにあると語った。

突然ともいうべき不可解なハルトマンの変化は、多くの友人に偉大なエースが友情を捨てたと思わせた。だがそれは間違いだ。エーリッヒは自らの行動の理由について、わざと口を閉ざしていたのだ。病気で休養を余儀なくされていと知れ渡れば、同情の声が上がるのは避けられない。しかし、すでに出回っている事実無根の噂を訂正するためにも、真実を伝えなければならない。エーリッヒの同意を得て、ここで著者たちは事実を明らかにする。

彼は一九八〇年に風邪が元で狭心症になった。彼の父親は五十八歳で狭心症によって亡くなっている。エーリッヒは自分の心臓が弱っていれば、父の二の舞になるかもしれないとひどく心配したが、「ベッドで四週間寝込み、回復するにはさらに二週間かかったけど、なんとかなったよ！」ということだった。

主治医である弟のアルフレートは、何であろうがストレスを避けるように忠告した。今度発作が起きれば心臓が衰弱すると警告している。エーリッヒはこの医師からの忠告に従い、人生最大の試練に勝利したようだ。一九八〇年十月にはすっかり回復し、飛行に備えた健康診断に再び合格した。彼は飛行学校での指導を再開し、アメリカ連邦航空局に復帰した。

エーリッヒはアウトバーンや幹線道路は決して利用せず、戦闘機パイロットの戦友会や各種の催しへの出席を辞退し続けている。エーリッヒの内面は相変わらず闘士のままで、旧友の前では興奮しすぎる傾向がある。そのため、ハルトマンは今回のような出来事で命を危険にさらす可能性のある場面を制限しているのだ。「私は引退して民間人になった。今は休息と安らぎを得たい。催しのために生きているのではない」

彼は今日も健康そのものだ。現役時代と同様にエーリッヒは規律正しい日課をこなしている。かけがえのないウーシュの愛情に支えられながら、人生の最後までその道を歩むだろう（＊1）。

＊1　エーリッヒ・ハルトマンは、一九九三年九月二十日に再び狭心症の発作に見舞われ、七十一歳で亡くなった。

■ドイツ空軍戦闘機エース最高位*受勲者

名　前	撃墜数
アドルフ・ガーランド	104
ゴードン・ゴロプ	150
ヘルマン・グラーフ	212
エーリッヒ・ハルトマン	352
ヘルムート・レント	110（夜間戦闘102）
ハンス＝ヨアヒム・マルセイユ	158
ウェルナー・メルダース	101（+スペイン内戦14）
ヴァルター・ノヴォトニー	258
ハインツ・シュナウファー	121（夜間戦闘）

*柏葉・剣・ダイヤモンド付騎士鉄十字章（ドイツ軍の最高位軍事受章）

■柏葉・剣付騎士鉄十字章（第二位）受章者

名　前	撃墜数
ハインツ・ベーア	220（Me-262で16）
ゲルハルト・バルクホルン	301
ウィルヘルム・バッツ	237
クルト・ビューリゲン	112
アントン・ハックル	192
ハヨ・ヘルマン	9（夜間戦闘）
ヘルベルト・イーレフェルト	130（スペイン内戦7を含む）
オットー・キッテル	267
ギュンター・リュッツオウ	108（スペイン内戦5を含む）
エゴン・マイヤー	102（西部戦線）
ヨアヒム・ミュンヒェベルク	135
ヴァルター・エーザウ	123（スペイン内戦 8を含む）
マックス＝ヘルムート・オステルマン	102
ハンス・フィリップ	206
ヨーゼフ・プリラー	101
ギュンター・ラル	275
エルンスト＝ヴィルヘルム・ライネルト	174
エーリッヒ・ルドルファー	222
プリンツ・ツー・ザイン＝ヴィトゲンシュタイン	83（夜間戦闘）
ヴェルナー・シュレーア	114
レオポルト・シュタインバッツ	99
ヨハネス・シュタインホフ	176
ヴェルナー・シュトライプ	66（夜間戦闘）
ヴォルフ＝ディートリッヒ・ヴィルケ	162
ヨーゼフ・ヴュルムヘラー	102

昇進歴

1943年7月1日	中尉
1944年9月1日	大尉
1945年5月8日	少佐
1960年12月12日	中佐
1967年7月26日	大佐

受章歴

騎士鉄十字章	1943年10月29日
柏葉付騎士鉄十字章	1944年3月2日
柏葉・剣付騎士鉄十字章	1944年6月4日
柏葉・剣・ダイヤモンド付騎士鉄十字章	1944年7月25日

■第二次世界大戦のドイツ空軍トップエース

トップエース	エーリッヒ・ハルトマン少佐:撃墜352機
夜間戦闘機トップエース	ハインツ・シュナウファー 少佐:撃墜121機
スペイン内戦(1937〜38)の ドイツ軍トップエース	ヴェルナー・メルダース中佐:撃墜14機
ドイツ空軍で最初に認定されたエース	ハンネス・ゲンツェン少佐
世界最初にマンフレート・フォン・リヒトホーフェン(撃墜80機)を超えたエース	ヴェルナー・メルダース大尉
最初に撃墜100機を達成	ヴェルナー・メルダース少佐(1941年7月15日)
最初に撃墜150機を達成	ゴードン・ゴロブ少佐(1942年8月29日)
最初に撃墜200機を達成	ヘルマン・グラーフ大尉(1942年10月2日)
最初に撃墜50機を達成	ワルター・ノヴォトニー少佐(1943年10月14日)
最初に撃墜300機を達成	エーリッヒ・ハルトマン大尉(1944年8月24日)
最初に撃墜350機を達成	エーリッヒ・ハルトマン少佐(1945年4月4日)
一日で最高の撃墜数	エミール・ラング少佐(18機)
一回の出撃で最高の撃墜数	エーリッヒ・ルドルファー少佐(1943年11月6日、13機)
西部戦線(地中海を含む)で最高の撃墜数	ハンス=ヨアヒム・マルセイユ(158機)
東部戦線で最大の 撃墜数	エーリッヒ・ハルトマン(352機)
出撃数(昼間戦闘機)当たりの 最高撃墜比率	ギュンター・シェール中佐 (東部戦線、総出撃70回、総撃墜数71機)
四発重爆撃機の撃墜数で最高の戦闘機エース(昼間戦闘機)	ヘルベルト・ロールワーゲ中佐 (総撃墜数102機のうち四発重爆撃機は44機)
四発重爆撃機の最高撃墜数(夜間戦闘機)	ハインツ・シュナウファー少佐 (121機、四発重爆撃機の最大撃墜数)
ジェット戦闘機(Me262)エースの 最高撃墜数	ハインツ・ベーア少佐(16機)

■エーリッヒ・ハルトマンの個人データ

名前	エーリッヒ・アルフレート・ハルトマン
誕生日	1922年4月19日
出生地	ヴュルテンベルク州ヴァイザッハ
父	アルフレート・エーリッヒ・ハルトマン
父親の誕生日	1894年10月1日
父親の出生地	ヴュルテンベルク州エーインゲン
母の旧姓	エリザベート・ヴィルヘルミーネ・マハトルフ
母親の誕生日	1897年2月16日
母親の出生地	ヴュルテンベルク州エーインゲン
両親の結婚日	1920年9月2日
結婚式の場所	ヴュルテンベルク州シュトゥットガルト
エーリッヒとウルスラ・ペーチュの結婚日	1944年9月10日
結婚式の場所	バート・ヴィーゼ

正規の教育歴

1928年4月～1932年4月	ヴァイル・イム・シェーンブッフの小学校
1932年4月～1936年4月	ベーブリンゲンのギムナジウム
1932年4月～1937年4月	ロットヴァイルのナポァ(NPEA)・ギムナジウム
1937年4月～1940年月	コーンタールのギムナジウム(高校)
専門教育	医学を学ぶつもりだったが戦争に身を投じた。

最初の勤務地と日付	第10飛行連隊。 1940年10月1日、東プロイセン(ケーニヒスベルク近郊)

勤務基地

1940年	10月1日	ノイクーレン、第10飛行連隊
1941年	3月1日	ベルリン・ガトー、航空戦学校(Luftkriegsschule)、
	11月1日	ラーヘン=シュパイヤードルフ、第2予備戦闘機学校
1942年	3月1日	アンハルト=ツェルブスト、第2戦闘機学校
	8月20日	東グリヴィッツ／上シュレジエン、戦闘補給飛行隊
	10月10日	東部戦線、第52戦闘航空団第II飛行隊
1943年	9月2日	東部戦線、第52戦闘航空団第III飛行隊、第9飛行中隊長
1944年	10月1日	東部戦線第52戦闘航空団第II飛行隊第6飛行中隊長
	11月1日	東部戦線第52戦闘航空団第I飛行隊長
1945年	3月1日	レヒフェルト、Me262ジェット戦闘機の機種転換
	3月25日	第52戦闘航空団第I飛行隊長

士官に任命された日	1942年3月1日
任務地	ツェルブスト、第2戦闘機学校

■第52戦闘航空団第Ⅱ飛行隊の動き（1942年12月1日〜1944年6月1日*）

期間		飛行場／地域†
1942年	12月1日〜1943年1月4日	ソルダツカヤ
1943年	1月5日〜1月10日	ミネラーリヌィエ・ヴォードィ
	1月11日〜1月22日	アルマヴィブ
	1月22日〜2月7日	ロストフ
	2月8日〜3月14日	ニコラーエフ
	3月15日〜3月31日	ケルチⅣ
	4月1日〜7月2日	タマン半島
	7月3日〜7月13日	ウグリム
	7月14日〜7月19日	オレイ
	7月20日〜8月2日	イワヌフカ
	8月3日〜8月5日	ヴァルヴァルフカ
	8月6日〜8月12日	ハリコフ近郊ローガン
	8月13日	ハリコフ南方
	8月14日〜8月18日	ペレチェピーノ
	8月19日〜8月23日	クタニコヴォ
	8月24日〜9月1日	マケエフカ
	9月2日〜9月5日	スターリノ北方
	9月6日〜9月7日	グリスキーノ
	9月8日	ボグスラフ
	9月8日〜9月23日	ドゥジェプロペトロフスク
	9月24日〜10月15日	ノヴォサパロージェ
	10月16日〜10月18日	アレクサンドリア近郊マラヤ・ベレソウカ
	10月19日〜10月31日	キロヴォグラード
	11月1日〜1944年1月6日	アポストロヴォ
1944年	1月7日〜1月9日	マラヤ・ウイスキ
	1月10日〜2月22日	ノヴォクラスノージェ
	2月23日〜3月6日	ウーマニ
	3月7日	カリノフスキー
	3月8日〜3月11日	ウィーニチャ東方
	3月12日〜3月23日	プロスクロフ
	3月24日	カメネツ・ポドリスク
	3月25日〜3月26日	コロミア
	3月27日〜4月5日	レンベルク（リヴィウ）
	4月6日〜4月9日	ロマン
	4月10日〜5月10日	クリム・シェルソネーズ
	5月11日〜5月17日	ザルネシュティ
	5月18日〜5月31日	ロマン

＊上記のリストは第52戦闘航空団第Ⅱ飛行隊の本部が各期間に置かれた場所を示している。第Ⅱ飛行隊は3個飛行中隊で編成され、各飛行中隊は数キロ離れた航空基地から作戦を実施するのが通常だった。辺鄙な場所にあった各基地は、この資料に記載していない。この一覧を調べると第Ⅱ飛行隊は絶えず移動する3つの作戦部隊に物資を供給し続けなければならず、兵站においてほとんど乗り越えられない問題を抱えていたのは確かだ。第Ⅲ飛行隊があれほどうまく自らの責任を果たせたのは、著者たちもほとんど信じられない。掲載されている基地はすべてウクライナとカフカス地方にある。
（地名は第52戦闘航空団第Ⅲ飛行隊の日誌から引用し、読み方もそのままである）

■エーリッヒ・ハルトマンが第二次世界大戦で搭乗した航空機の種類

●ビュッカーBü131「ユングマン」初等練習機

●フォッケウルフFw44練習機

●クレムKl-35練習機

●アラドAr66練習機

●フォッケウルフFw58練習／輸送機

●フォッケウルフFw56「シュテッサー」高等練習機

●ハインケルHe46偵察機

●ユンカースW34輸送機

●ハインケルHe51戦闘機

●ハインケルHe50急降下爆撃機

●ユンカースF.13旅客機

●ユンカースW33 輸送機

●ビュッカーBü133「ユングマイスター」高等練習機

●ノースアメリカンNA-64練習機

●アラドAr96高等練習機

●フィゼラーFi156「シュトルヒ」連絡機

●クレムKl25練習機

●コードロンC.445「ゴエラン」輸送機

●メッサーシュミットBf108「タイフン」スポーツ機

●メッサーシュミットMe109B, C, D, E, F, G戦闘機

●メッサーシュミットMe262ジェット戦闘機

［戦闘で使用したMe109の型式］メッサーシュミットMe109G-7、G-10、G-14、G-16、Me109R-4

撃墜(〜機目)	日付	時間	撃墜機	基地
224〜225	1944.5.21		ムスタング	ブカレスト
226〜228	1944.5.29		LaGG-7	ロマン
229〜231	1944.5.31		エアラコブラ	ロマン
232〜237	1944.6.1		ムスタング	プロイエスティ
238〜239	1944.6.2			
240〜243	1944.6.3			
244〜250	1944.6.4		Yak-9	ボブルイスク
251〜256	1944.6.5			
257〜261	1944.6.6			
262〜266	1944.6.24			
267〜290	1944.6.25			
291〜301	1944.9.24		エアラコブラ	バラノフ
302〜306	1944.10.27			
307	1944.11.8			
308〜309	1944.11.8			
310〜311	1944.11.12			
312〜313	1944.11.15			
314〜315	1944.11.16			
316	1944.11.21			
317〜322	1944.11.22			
323〜327	1944.11.23			
328〜331	1944.11.24			
332	1945.2.5			
333〜346	1945.26〜27			
347〜351	1945.4.4			
352*	1945.5.8	0830〜0920	Yak-11	ブリュン

＊ハルトマンの撃墜352機目は、1405回目の出撃任務（空中戦としては825回目）で記録された。

■エーリッヒ・ハルトマンの撃墜承認記録②

エーリッヒ・ハルトマンに関する最初の戦闘日誌はドイツで安全に保管されている。残りの戦歴(戦時中)を含む2冊目の日誌は終戦時にアメリカ軍かチェコスロヴァキア人の捕虜に奪われており、著者にとって緊急の調査対象である。

この時点以降、ハルトマンの戦歴は第52戦闘航空団第Ⅰ飛行隊の記録と、のちに結婚する婚約者ウルスラ・ペーチュに宛てた手紙から引用した。

撃墜(〜機目)	日付	時間	撃墜機	基地
151〜153	1943.12.5			
154〜156	1943.12.18			
157〜159	1943.12.20			
160	1944.1.3			
161	1944.1.6		エアラコブラ	キロヴォグラード
162	1944.1.6		エアラコブラ	キロヴォグラード
163〜165	1944.1.9			
166〜168	1944.1.16			
169〜172	1944.1.17			
173〜176	1944.1.23		LaGG-7	ノヴォクラスノエ
177	1944.1.24		LaGG-7	ノヴォクラスノエ
178〜183	1944.1.30			
184〜185	1944.1.31			
186〜190	1944.2.1			
191	1944.2.3			
192	1944.2.4		エアラコブラ	ノヴォクラスノエ
	1944.2.22(ウーマニで不時着)			
193〜202	1944.3.2(1日で10機撃墜)			ノヴォクラスノエ
203	1944.4.23			セバストポリ
204〜205	1944.4.25			
206〜207	1944.4.26			コロミア
208	1944.5.3			クリミア・シェルソネーズ
209	1944.5.4			クリミア・シェルソネーズ
210〜215	1944.5.5			
216〜221	1944.5.7			
222〜223	1944.5.8(当日、2機撃墜後にハルトマンは整備員2名を自機のMe109に乗せてクリミア半島を飛行した。			

撃墜（〜機目）	出撃回数（〜回目）	日付	時間	撃墜機	基地
119	337	1943.10.2	0820〜0925	Pe-2	ノヴォザポロージャ
120	338	1943.10.2	1110〜1210	エアラコブラ	ノヴォザポロージャ
121	339	1943.10.2	1335〜1425	LaGG-5	ノヴォザポロージャ
122	340	1943.10.3	0930〜1030	LaGG-5	ノヴォザポロージャ
123	342	1943.10.3	1525〜1630	LaGG-5	ノヴォザポロージャ
124	343	1943.10.4	0645〜0740	エアラコブラ	ノヴォザポロージャ
125	348	1943.10.11	1240〜1400	LaGG-5	ノヴォザポロージャ
126	349	1943.10.12	0650〜0745	LaGG-5	ノヴォザポロージャ
127	349	1943.10.12	0650〜0745	LaGG-5	ノヴォザポロージャ
128	349	1943.10.12	0650〜0745	LaGG-5	ノヴォザポロージャ
129	351	1943.10.12	1415〜1515	LaGG-5	ノヴォザポロージャ
130	353	1943.10.13	0955〜1055	LaGG-5	ザポリージャ
131	355	1945.10.14	0740〜0835	LaGG-5	ザポリージャ
132	355	1945.10.14	0740〜0835	LaGG-5	ザポリージャ
133	357	1945.10.14	1505〜1555	LaGG-5	ザポリージャ
134	359	1945.10.15	0835〜0925	LaGG-5	ザポリージャ
135	359	1945.10.15	0835〜0925	LaGG-5	ザポリージャ
136	360	1945.10.15	1100〜1200	LaGG-5	ノヴォザポロージャ
137	366	1945.10.20	0630〜0705	エアラコブラ	キロヴォグラード
138	366	1945.10.20	0630〜0705	エアラコブラ	キロヴォグラード
139	368	1945.10.20	1420〜1505	エアラコブラ	キロヴォグラード
140	369	1945.10.21	0720〜0740	LaGG-7	ベレソフカ
141	376	1945.10.24	1355〜1450	LaGG-7	ノヴォザポロージャ
142	376	1945.10.24	1355〜1450	LaGG-7	ノヴォザポロージャ
143	377	1945.10.25	0920〜1020	Pe-2	ノヴォザポロージャ
144	379	1945.10.25	1550〜1545	LaGG-7	ノヴォザポロージャ
145	380	1945.10.26	0740〜0840	エアラコブラ	ノヴォザポロージャ
146	380	1945.10.26	0740〜0840	エアラコブラ	ノヴォザポロージャ
147	385	1945.10.29	0825〜0910	LaGG-7	キロヴォグラード
148	386	1945.10.29	1020〜1120	エアラコブラ	キロヴォグラード
149	387	1945.11.7	1305〜1405	LaGG-7	アポストロヴォ
150	391	1945.11.13	0923〜1020	LaGG-7	アポストロヴォ

註：ハルトマンは90機目を撃墜した午前6時15分頃、ソ連領内に不時着した。

撃墜（〜機目）	出撃回数（〜回目）	日付	時間	撃墜機	基地
79	283	1943.8.17	0455〜0550	LaGG-5	バルヴェンコヴォ
80	285	1943.8.17	1215〜1315	エアラコブラ	バルヴェンコヴォ
81	285	1943.8.17	1215〜1315	エアラコブラ	バルヴェンコヴォ
82	286	1943.8.17	1700〜1805	エアラコブラ	ペレシチェピノ
83	288	1943.8.18	0930〜1030	LaGG-5	ペレシチェピノ
84	288	1943.8.18	0930〜1030	LaGG-5	ペレシチェピノ
85	289	1943.8.18	1230〜1330	LaGG-5	ペレシチェピノ
86	292	1943.8.19	1000〜1105	LaGG-5	クタニコヴォ
87	292	1943.8.19	1000〜1105	LaGG-5	クタニコヴォ
88	294	1943.8.19	1555〜1645	エアラコブラ	クタニコヴォ
89	295	1943.8.20	0530〜0615	IL-2	クタニコヴォ
90	295	1943.8.20	0530〜0615	IL-2	クタニコヴォ
91	297	1943.9.15	1143〜1245	LaGG-5	ドニエプロ川の南
92	299	1943.9.18	0711〜0805	LaGG-5	ドニエプル川の南
93	300	1943.9.18	1010〜1105	LaGG-5	ドニエプル川の南
94	301	1943.9.18	1320〜1420	LaGG-5	ドニエプル川の南
95	301	1943.9.18	1320〜1420	LaGG-5	ドニエプル川の南
96	305	1943.9.19	1416〜1520	LaGG-5	ザポリージャ
97	305	1943.9.19	1415〜1520	LaGG-5	ザポリージャ
98	308	1943.9.20	1305〜1350	LaGG-5	ドニエプロ河の南
99	308	1943.9.20	1305〜1350	LaGG-5	ドニエプロ河の南
100	309	1943.9.20	1512〜1610	LaGG-5	ドニエプロ河の南
101	309	1943.9.20	1512〜1610	LaGG-5	ドニエプロ河の南
102	314	1943.9.25	0725〜0825	LaGG-5	ノヴォザポロージャ
103	315	1943.9.25	1200〜1305	LaGG-5	ノヴォザポロージャ
104	316	1943.9.25	1550〜1650	LaGG-5	ノヴォザポロージャ
105	317	1943.9.26	0635〜0738	LaGG-5	ノヴォザポロージャ
106	317	1943.9.26	0635〜0738	エアラコブラ	ノヴォザポロージャ
107	318	1943.9.26	0930〜1035	エアラコブラ	ノヴォザポロージャ
108	321	1943.927	1145〜1243	LaGG-5	ノヴォザポロージャ
109	321	1943.9.27	1145〜1243	LaGG-5	ノヴォザポロージャ
110	324	1943.9.28	1615〜1710	LaGG-5	ザポリージャ
111	325	1943.9.29	0635〜0735	LaGG-5	ザポリージャ
112	326	1943.9.29	0837〜0940	エアラコブラ	ザポリージャ
113	330	1943.9.30	0643〜0715	LaGG-5	ザポリージャ
114	332	1943.9.30	1353〜1445	エアラコブラ	ザポリージャ
115	333	1943.9.30	1620〜1710	エアラコブラ	ザポリージャ
116	334	1943.10.1	1200〜1255	LaGG-5	ザポリージャ
117	334	1943.10.1	1200〜1255	LaGG-5	ノヴォザポロージャ
118	337	1943.10.2	0820〜0925	LaGG-5	ノヴォザポロージャ

撃墜（〜機目）	出撃回数（〜回目）	日付	時間	撃墜機	基地
39	233	1943.7.17	1845〜1945	LaGG-5	ウグリム
40	240	1943.7.31	0930〜1040	LaGG-5	イワニフカ（ドネツ州）
41	241	1943.7.31	1637〜1733	LaGG-5	イワニフカ
42	242	1943.8.1	1110〜1215	LaGG-5	イワニフカ
43	243	1943.8.1	1355〜1500	LaGG-5	イワニフカ
44	244	1943.8.1	1629〜1732	Yak-7	イワニフカ
45	245	1943.8.1	1903〜1950	Yak-7	イワニフカ
46	245	1943.8.1	1903〜1950	Yak-7	イワニフカ
47	245	1943.8.3	1107〜1155	LaGG-5	ヴァルヴァロフカ（ハリコフ州）
48	250	1943.8.3	1107〜1155	Yak-7	ヴァルヴァロフカ
49	250	1943.8.3	1107〜1155	Yak-7	ヴァルヴァロフカ
50	251	1943.8.3	1730〜1830	LaGG-5	ヴァルヴァロフカ
51	253	1943.8.4	1009〜1102	LaGG-5	ヴァルヴァロフカ
52	253	1943.8.4	1009〜1102	LaGG-5	ヴァルヴァロフカ
53	253	1943.8.4		LaGG-5	ヴァルヴァロフカ
54	254	1943.8.4	1304〜1405	Yak-7	ヴァルヴァロフカ
55	255	1943.8.4	1520〜1610	LaGG-5	ヴァルヴァロフカ
56	256	1943.8.5	0812〜0915	LaGG-5	ヴァルヴァロフカ
57	257	1943.8.5	1117〜1215	Yak-7	ヴァルヴァロフカ
58	257	1943.8.5	1117〜1215	Yak-7	ヴァルヴァロフカ
59	258	1943.8.5	1647〜1748	LaGG-5	ヴァルヴァロフカ
60	258	1943.8.5	1647〜1748	LaGG-5	ヴァルヴァロフカ
61	262	1943.8.6	1530〜1620	Yak-1	ハリコフ
62	263	1943.8.7	0810〜0910	Yak-1	ハリコフ
63	263	1943.8.7	0810〜0910	Yak-1	ハリコフ
64	264	1943.8.7	1140〜1235	Pe-2	ハリコフ
65	264	1943.8.7	1140〜1235	Pe-2	ハリコフ
66	264	1943.8.7	1140〜1235	Yak-1	ハリコフ
67	265	1943.8.7	1930〜2025	LaGG-5	ハリコフ
68	265	1943.8.7	1930〜2025	LaGG-5	ハリコフ
69	266	1943.8.8	0657〜0755	YAK-1	ハリコフ
70	267	1943.8.8	1244〜1340	LaGG-5	ハリコフ
71	269	1943.8.9	0604〜0604	LaGG-5	ハリコフ
72	270	1943.8.9	0835〜0950	Yak-1	ハリコフ
73	271	1943.8.9	1615〜1654	Yak-1	ハリコフ
74	271	1943.8.9	1615〜1654	Yak-1	ハリコフ
75	277	1943.8.12	0810〜0910	LaGG-5	ハリコフ
76	280	1943.8.15	0830〜0935	Pe-2	ペレシチェピノ
77	281	1943.8.15	1745〜1805	LaGG-5	ペレシチェピノ
78	281	1943.8.15	1745〜1805	LaGG-5	ペレシチェピノ

■エーリッヒ・ハルトマンの撃墜承認記録①

撃墜（～機目）	出撃回数（～回目）	日付	時間	撃墜機	基地
1	19	1942.11.5	1120～1225	IL-2	ジゴラ（カフカス地方）
2	41	1943.1.27	1040～1145	MIG-1	アルマヴィル
3	52	1943.2.9	0650～0725	LaGG-3	スラビャンスク（クバン州）
4	54	1943.2.10	0600～0625	ボストン	スラビャンスク
5	68	1943.3.24	1200～1306	U-2	ケルチ（クリミア半島）
6	75	1943.3.27	1110～1230	I-16ラタ	アナパ
7	91	1943.4.15	1455～1555	エアラコブラ	タマン
8	113	1943.4.26	1047～1155	R-5	タマン
9	117	1943.4.28	0822～1945	LaGG-3	タマン
10	120	1943.4.30	1554～1638	LaGG-3	タマン
11	120	1943.4.30	1554～1638	LaGG-3	タマン
12	130	1943.5.7	0730～0825	LaGG-3	タマン
13	131	1943.5.7	1620～1725	LaGG-5	タマン
14	143	1943.5.11	0453～0603		タマン
15	153	1943.5.15	1540～1650	U-2	タマン
16	157	1943.5.16	1415～1515	LaGG-3	タマン
17	158	1943.5.18	1725～1840	LaGG-5	タマン
18	182	1943.7.5	0323～0420	エアラコブラ	ウグリム
19	183	1943.7.5	0648～0744	エアラコブラ	ウグリム
20	184	1943.7.5	1345～1445	エアラコブラ	ウグリム
21	185	1943.7.5	1735～1845	LaGG-5	ウグリム
22	191	1943.7.7	0306～0405	IL-2	ウグリム
23	191	1943.7.7	0306～0405	IL-2	ウグリム
24	192	1943.7.7	0545～0645	IL-2	ウグリム
25	192	1943.7.7	0545～0645	LaGG-5	ウグリム
26	194	1943.7.7	1707～1805	LaGG-5	ウグリム
27	194	1943.7.7	1707～1805	LaGG-5	ウグリム
28	194	1943.7.7		LaGG-5	ウグリム
29	195	1943.7.8	0820～0932	LaGG-5	ウグリム
30	195	1943.7.8	0820～0932	LaGG-5	ウグリム
31	198	1943.7.8	1742～1845	LaGG-5	ウグリム
32	198	1943.7.8	1742～1845	LaGG-5	ウグリム
33	204	1943.7.10	0633～0730	LaGG-5	ウグリム
34	206	1943.7.11	1620～1718	LaGG-5	ウグリム
35	213	1943.7.15	1334～1436	LaGG-5	ウグリム
36	214	1943.7.15	1704～1745	LaGG-5	ウグリム
37	216	1943.7.16	0646～0736	LaGG-5	ウグリム
38	217	1943.7.16	1400～1434	LaGG-5	ウグリム

訳者あとがき

航空機が本格的に投入された戦争は第一次世界大戦からだった。当初は偵察任務にすぎなかったが、間もなく航空機同士の空中戦が始まる。戦闘機や爆撃機が登場すると戦闘機パイロットは撃墜数を競うようになり「エース」が生まれた。

膨大な戦死者を出した凄惨な地上戦の一方で、空の戦いは十九世紀以前の「騎士道精神」を重んじたフェアプレーが保たれていたとされる。第二次世界大戦でもそうした風潮は見られた。

第一次世界大戦の撃墜王（トップエース）はドイツ空軍のマンフレート・フォン・リヒトホーフェン（八〇機）である。第二次世界大戦の撃墜王は同じドイツ空軍で本書の主人公エーリッヒ・ハルトマン（三五二機）だった。

撃墜数を一〇〇機以上記録したのはドイツ空軍では一〇〇名余り、日本海軍では二名いるが、連合国を始めその他の国にはいない。ドイツ空軍は撃墜数で突出している。撃墜数の大半は独ソ戦（東部戦線）で記録されており、三〇〇機以上撃墜したハルトマンとゲルハルト・バルクホルン（三〇一機）はいずれも東部戦線の主力航空部隊である第52戦闘航空団の所属だった。

本書はハルトマンの伝記ではあるが、彼の仲間や上官と共に腕抜きのエースパイロットが揃った第52戦闘航空団の戦いを詳細に描き出している。戦後になってマクロな戦いに関しては連合国を中心に戦史として記された。だが、敗戦国となったドイツはナチス政権と不可分である戦争の忌まわしい記憶を掘り起こすことを長らく避ける傾向にあり、ハルトマンは一部の戦史マニアにとってのみ、知る人ぞ知る存在になっていた。

戦時中のハルトマンはナチス政権によってドイツ国防軍の英雄として大々的に宣伝された。その反動で戦後にドイツで刊行された戦史では批判の憂き目に遭っている。また、ソ連の抑留生活から帰還したパイロットの回顧録などもハルトマンと仲間たちの実像に悪い印象を与えた。

ハルトマンがソ連で捕虜として十年半もの抑留生活を送り、西ドイツとなった母国では忘れ去られていたのも不運だった。

戦争を体験した兵士や士官の証言は生々しさをもって読者に語りかける。だが、体験談は個人の視点であり立場が変われば見方も変わり様相は一変することを念頭に置かねばならない。戦いに敗れた原因を追究するだけではなく、何が起こったのか客観的な立場と徹底した史料の積み重ねが必要になる。

そうした意味で本書がアメリカ人の著者によって書かれたのは幸いだったといえるだろう。著者の一人トリヴァーはアメリカ空軍士官として、西ドイツ空軍時代のハルトマンと交流があり、本人の証言や史料を入手できたことが本書の執筆に大きな助けとなっている。

著者たちはハルトマンと戦友の戦いに、失われゆく古き良き時代の「騎士道精神」を投影している。

ドイツ空軍の撃墜数が多すぎるため、戦後はその表面的な数字を多くの戦史研究家が疑った。誰も一次史料から精査しなかった時代に、著者はドイツ空軍の記録を調べ上げて連合軍よりも厳格な戦果判定が行われていたことを明らかにしている。著者の史料調査はドイツ空軍だけでなく、ソ連空軍の記録にも及んでいる。もちろん多くの記録が失われており、完璧ではないが、その調査結果は現在においても最も信頼できるといえるだろう。それらの記録は文中の表や巻末の資料に掲載されている。

本書は一九七〇年にアメリカで、翌七一年にドイツ語訳が出版された。当時はアメリカ大統領ニクソン、ソ連のブレジネフ書記長が二大国の指導者の地位にあり、東西冷戦の真っただ中である。ベトナム戦争は後半を迎えて反戦運動が高まりを見せていたアメリカでは、一九七一年にニクソンの訪中が発表された。

そうした時代背景は著者のソ連に対する見方にも反映されており、出版後はドイツ空軍の記述に対して批判する戦史家もいた。

二〇二四年現在からみれば本書の政治的側面は半世紀余り前の視点であると留意する必要がある。それを除けばハルトマンの人となりや人生について、家族（取材時には母親が存命）や戦友など多くの関係者からの取材を元にしており、最も信頼できる伝記といえる。

曲がったことが大嫌いで、弱い者いじめや妥協が許せないハルトマンの実直な性格がどのように形成されたかは本書でも幼少時代の記述から良く分かる。融通の利かない性格は、ソ連での抑留生活を長引かせる結果となる一方で、苦難を耐え抜く原動力になった。

だがそれは、帰国後に西ドイツ空軍の士官となってからはハルトマンを孤立させ苦しめる原因になる。そうしたハルトマンの精神的な支柱は妻であるウーシュだった。本書では二人の出会いから晩年まで双方の家族を含めて戦争に翻弄される人々の姿がかなりの分量を割いて描かれている。

日本語訳は昭和六十一（一九八六）年に朝日ソノラマから出版され、平成二十（二〇〇八）年に学研プラス（学研M文庫）で再版されている。いずれも絶版となっており、今回、新たに翻訳し直して再び出版する運びとなった。

昭和、平成、令和と時代を繋いで本書が日本の読者に長く読み継がれることを願う。

令和六（二〇二四）年二月先勝

HJ軍事選書 011
不屈の鉄十字エース
“ブロンドの騎士”エーリッヒ・ハルトマンの闘い

レイモンド・F・トリヴァー
トレヴァー・J・コンスタブル
時実雅信 訳

2024年3月27日　初版発行

編集人　木村学
発行人　松下大介
発行所　株式会社ホビージャパン
〒151-0053　東京都渋谷区代々木2-15-8
Tel.03-5304-7601(編集)
Tel.03-5304-9112(営業)
URL;https://hobbyjapan.co.jp/
印刷所　株式会社広済堂ネクスト

定価はカバーに記載されています。

乱丁・落丁(本のページの順序の間違いや抜け落ち)は購入された店舗名を明記して当社出版営業課までお送りください。送料は当社負担でお取り替えいたします。ただし、古書店で購入したものについてはお取り替えできません。

The Blond Knight of Germany: A biography of Erich Hartmann by R. Toliver & T. Constable
Japanese translation rights arranged with MCGRAW-HILL, LLC
through Japan UNI Agency, Inc., Tokyo

Printed in Japan　ISBN978-4-7986-3429-6 C0076

Publisher/Hobby Japan Co., Ltd.
Yoyogi 2-15-8, Shibuya-ku, Tokyo 151-0053 Japan
Phone +81-3-5304-7601　+81-3-5304-9112